문정인의 미래 시나리오

코로나19,
미·중 신냉전,
한국의 선택

문정인 지음

문정인의 미래 시나리오

코로나19, 미·중 신냉전, 한국의 선택

STATUS QUO

NEW MEDIEVAL AGE

PAX UNIVERSALIS

PAX AMERICANA II

PAX SINICA

청림출판

한 그루의 나무가 모여 푸른 숲을 이루듯이
청림의 책들은 삶을 풍요롭게 합니다.

누구도 예상하지 못한
바이러스와 그 이후

"제3차 세계대전은 핵전쟁일 줄 알았는데 코로나였다"라는 아베 신조安倍晋三 전 일본 총리의 독백이 새삼 가슴에 와닿는다.[1] 그만큼 코로나바이러스감염증-19COVID-19의 충격이 크다. 아베 총리 재임 중 그렇게 공을 들였던 도쿄 하계올림픽이 무산되고 일본 경제가 휘청대고 있으니 그럴 만도 하다. 그러나 코로나 사태가 어디 일본만의 문제인가. 오대양 육대주 전 세계가 코로나 공포에 떨고 있다. 충격적인 것은 선진국인 미국이 코로나의 가장 큰 피해를 입고 다른 개발도상국들보다 더 큰 충격을 받았다는 사실이다. 에드 영Ed Young이라는 미국 언론인은 이를 두고 "흙먼지의 1000분의 1밖에 되지 않는 바이러스균이 지구상 가장 강력한 국가를 능욕하며 초라하게 만들고 있다"[2]라고 표현한 바 있다.

그 누구도 예상하지 못한 코로나 바이러스의 충격은 깊고 치명적이다. 이러한 충격을 체계적으로 분석하고 그에 따른 세계 질서의 변화 가능성을 탐구하는 것이 내가 이 책을 쓴 이유다. 특히 이번 코로나 사태가 미국과 중국의 관계를 급격히 악화시켜 신냉전의 출현 가능성을 높이고 있다는 사실에 주목하여, 미중 사이에 전개되고 있는 신냉전의 성격을 규명하는 동시에 미중 대결 구도하에 한국은 어떤 전략적 선택을 해야 하는가를 다루고자 한다.

보다 구체적으로, 이 책은 1부와 2부로 구성되어 있다. 1부에서는 코로나19 확산의 실체를 역사적으로 규명하고 이 바이러스가 경제, 사회, 정치에 미치는 영향을 분석하고자 한다. 그리고 코로나 사태 이후의 변화된 국제정치 지형도 함께 살펴보고자 한다. 더불어 안보 개념의 변화, 전쟁과 평화에 대한 함의, 황화론Yellow Peril, 黃禍論의 부활과 문명 충돌, 세계화의 종언 등 코로나19가 수반하는 국제 정치적 파장을 상세히 분석하고 있다. 그리고 1부의 마지막 부분에서는 코로나19 이후 세계 질서의 미래에 대한 5가지 시나리오를 제시하고 있다. 지금과 같은 미중 대결 구도가 지속하는 현상 유지 시나리오, 세계화와 자유의 질서를 역행하는 성곽도시의 부활, 국제연합United Nations, UN과 다자주의를 통한 세계 평화, 미국 주도의 세계 질서 재현, 그리고 중국 패권을 통한 세계 질서라는 5가지 미래 시나리오를 비교적 풍부한 자료와 함께 세밀하게 비교·분석하고자 한다.

코로나19 창궐 이후 1년이 지난 지금, 백신과 치료제 개발이 가속되면서 세계 질서는 미중 양강 구도의 현상 유지 가능성이 커지고 있다. 따라서 2부에서는 코로나19 이후 미국과 중국의 관계를 심층적으로 다룰 것이다. 현재 미중 관계는 양국이 대타협을 통해 양두지도체제bigemony로 가는 길, 현재와 같이 협력과 경쟁의 긴장 상태를 유지하는 '차가운 평화Cold Peace' 관계, 그리고 치열한 경쟁과 대결의 신냉전New Cold War 구도로의 세 가지 경로가 있다. 나는 트럼프 행정부가 만들어놓은 신냉전 구도의 지속 가능성이 크다고 진단하고 그에 따른 미중 지정학적 대결, 지경학적 경쟁, 기술민족주의 마찰, 그리고 이념과 가치의 충돌을 각론적으로 다루었다. 2부의 끝부분에서는 바이든 행정부 출범 이후의 미중 관계를 조심스럽게 조망해 본다.

이 책의 결론 부분에서는 코로나19와 미중 신냉전 구도 아래서 한국은 어떤 전략적 선택을 해야 하는가를 밀도 있게 논의하며 5가지의 선택지를 제시하고자 한다. 중국 견제를 위해 미국과의 동맹을 강화하는 전략, 미국으로부터 이탈하여 중국에 편승하는 전략, 편가름의 진영 논리에서 벗어나는 '홀로서기' 전략, '안보는 미국, 경제는 중국'이라는 줄타기 외교를 계속하는 현상 유지 전략, 그리고 다자주의와 협력과 통합의 새로운 질서를 만드는 '초월적 외교' 전략이다. 나는 개인적으로 초월적 외교 전략이 가장 바람직하다고 본다. 물론

이 전략을 이행하기 위해서는 과거의 관성에서 벗어난 스마트 외교, 원칙에 충실한 결기 외교, 국내 지지를 담보해주는 국민적 합의 외교, 그리고 창의적인 공공외교가 필요할 것이다. 코로나19와 미중 신냉전이라는 전 세계적 위기는 우리의 생존, 평화, 번영과 직결된 문제이다. 미래는 지금 이 순간 우리의 선택에 달려 있다.

STATUS QUO

NEW MEDIEVAL AGE

PAX UNIVERSALIS

PAX AMERICANA II

PAX SINICA

1부

코로나 바이러스가
세상을 바꾸다

1장
코로나 사태와 새로운 일상

"흙먼지의 1000분의 1밖에 되지 않는 바이러스균이
지구상 가장 강력한 국가를 능욕하며 초라하게 만들었다"
_에드 영

우리는 모두 미래 예측에 관심이 있다. 예측은 불확실성을 최소화하고, 정책을 세우는 데 도움을 주어 앞으로 일어날 사태를 통제할 수 있게 해준다. 그래서 각국 정부, 대기업, 싱크탱크, 학자들은 미래 예측에 많은 관심을 기울인다. 그 가운데서도 미국 국가정보협의회National Intelligence Council, NIC에서 발간하는 「세계 미래 예측 보고서Global Trends Report」는 국제적으로 가장 정평이 나 있다.[1] NIC는 미국 국가정보부 산하 조직으로, 분야별 최고 전문가들을 국가정보관National Intelligence Officer으로 두고 미국의 중·장기 국가안보 위협과 도전을 식별해내어

이에 대한 예측 보고서를 작성한다. NIC는 1990년대 말부터 5년마다 15년 후를 내다보는 「세계 미래 예측 보고서」를 작성해왔고, 지난 2004년에는 2020년을 예상한 보고서를 발간했다.[2]

빗나간 예측

NIC가 발간한 2020년 「세계 미래 예측 보고서」에서는 미래에 대한 4가지 시나리오를 제시했다. 첫째, '다보스 월드Davos World의 출현'이다. 2020년이 되면 통신·교통·과학 기술이 무서운 속도로 발전하고 무역과 투자가 활성화하면서 세계화가 더욱더 심화할 것으로 보았다. 이에 따른 모순 역시 더 커질 것으로 예측했다. 세계경제가 통합·확대되는 과정에서 중국과 인도처럼 세계화에 성공적으로 안착하는 국가도 나타나겠지만, 수많은 개발도상국은 적응하지 못하고 큰 어려움을 겪게 된다는 것이다. 그뿐 아니라 정보혁명이 가속되는 과정에서 국가 안, 그리고 국가 간 불평등이 더욱 고조될 것으로 예측했다.

둘째, 미국 중심의 세계 평화, 즉 '팍스 아메리카나Pax Americana'다. 2020년이 되면 중국과 인도 그리고 러시아, 브라질 같은 신흥 강대국들과 일본, 유럽 국가처럼 노화하는 국가들이 공존하게 될 것이라고 내다보았다. 신흥 강대국의 대두는 국제사회에서 더욱 치열한 에너지 확보 경쟁으로 이어질 것이다. 이 변화하는 환경에서 미국이 팍스 아메리카나의 단극적 순간unipolar moment을 유지할 수 있는지가 새로운 과제로 등장했다. 이 보고서가 발간된 2004년이 9·11테러가 일어난 지 채 3년이 되지 않은 시점이라는 것을 고려하면, 미국이 9·11테러를 극복하고 포용적인 태도를 취해 자유주의적 세계 질서가 계속 유지될 것이라는 예측을 전제로 하고 있다.

셋째, '뉴 칼리프 세계New Caliphate의 출현'이다. 칼리프는 이슬람교 창시자 무함마드의 후계자를 가리키는 용어로, 뉴 칼리프 세계란 중동의 이슬람 원리주의자들이 정치적으로 득세하여 이슬람 국가들이 생겨나는 것을 의미한다. 9·11테러 이후 중동을 중심으로 한 이슬람 세력의 정치력이 커진 것을 우려한 데서 비롯한 예측인데, 이는 민주주의가 퇴행하고 종교색이 강한 정체성의 정치가 대두하는 것을 의미하기도 한다.

넷째, '공포의 악순환Cycle of Fear'이다. 이 시나리오에서는 국제 테러리즘이 변형·확대되어 종족 갈등이나 분리주의 운동 등으로 국가 내부의 갈등이 증폭되는 동시에, 신흥 강대국의 등장으로 강대국 간 긴장과 갈등이 고조될 것으로 전망한다. 이에 더해 대량살상무기, 특히 핵확산에 대한 통제가 효과적으로 이루어지지 않으면서 핵위협의 강도가 커질 수 있다. 공포의 악순환이야말로 우리에게는 최악의 시나리오다.

NIC의 보고서는 2020년에 위의 시나리오 중 2~3가지가 동시에 나타날 것으로 내다보았다. 2020년의 시점에 다시 복기해보면 NIC의 예측은 대부분 들어맞았다. 세계화의 모순과 불평등의 심화, 중국과 인도의 부상, 팍스 아메리카나, 이슬람 세력의 확대와 민주주의의 퇴행. 국제 테러리즘은 다소 퇴색하고 있지만 시리아와 예멘 내전, 미국과 중국의 패권 경쟁, 더 나아가 대량살상무기의 확산도 우려대로 현실이 되고 있다. 그러나 이 보고서에는 치명적인 한계가 있다. 바로 코로나19라는 전염병이 전 세계적으로 창궐한다는 사실을 놓쳤다는 것인데, 최고의 실력을 지닌 분석가들이 오랜 논의를 거쳐 작성한 예측 보고서가 허망해지는 대목이다. 그 누구도 오늘날 코로나 사태가 출현할 것을 예측하지 못했다.

2020년 '딥 임팩트'

'딥 임팩트Deep Impact.' 갑작스럽고도 치명적인 충격이란 뜻을 가진 1998년 공상과학영화의 제목이다. 소행성이나 혜성이 지구에 충돌할 때 오는 충격을 딥 임팩트로 표현하는데 코로나 사태는 우리 인류에게 치명적인 딥 임팩트로 받아들여지고 있다. 특히 충격적인 것은 코로나 사태가 지역공동체, 국가, 더 나아가서는 인류의 생존 그 자체에 대한 위협으로 나타나고 있다는 사실이다. 2005년, 공공 정책 전문가 로리 개릿Laurie Garrett은 당시 중증급성호흡기증후군SARS을 경험하면서 "전 세계 인구의 40%를 감염시키는 바이러스가 머지않아 출현할 것"이라고 경고한 바 있다.[3] 미국 미네소타대학교 감염학 연구실의 마이클 T. 오스터홀름Michael T. Osterholm 교수와 마크 올셰이커Mark Olshaker 교수도 최근 「포린어페어스Foreign Affairs」에 게재한 글에서 전염병의 역습과 그 재앙적 결과에 대한 경고가 수차례 있었는데도 우리가 이를 간과했기 때문에 현재와 같은 상황에 봉착하게 되었다고 지적했다.[4] 1990년대 후천성면역결핍증후군AIDS, 2003년 사스, 2012년 중동호흡기증후군MERS, 그리고 2014년과 2016년의 에볼라Ebola 사태가 보여주었듯이 다양한 형태의 신종 전염병이 거의 주기적으로 재발했지만, 백신과 치료제가 개발되고 나면 바로 망각하는 우를 범한 것이다. 인간예외주의human exemptionalism를 과신한 나머지 바이러스의 부단한 변형과 진화를 간과한 데서 온 오류라고 할 수 있다.

그러나 이번에는 달랐다. 2019년 12월 30일, 우한중심병원의 안과 의사 리원량은 지인들에게 사스와 유사한 증상을 보이는 7명의 환자가 사망했다는 소식을 SNS를 통해 알리며 이 바이러스의 위험성에 대해 최초로 경고했다. 그러나 리 박사는 유언비어를 유포했다는 혐의로 우한시 공안 당국에 체포되어 처벌받았다. 추후 석방되어 인민 영웅으로까지 추대되었지만 그가 경고했던, 화난 수산물시장의 야생동물 거래인들로부터 시작된 것으로 추정되는 이 바이러스는 곧 빠른 속도로 전 중국에 퍼졌다.[5] 우한폐렴 또는 신관폐렴으로 불리는 이 전염병은 2019년 12월 하순부터 2020년 2월 4일까지 중국에서만 2만 438명의 확진자와 425명의 사망자를 냈다. 그리고 사태가 심각해지면서 중국 당국은 인구 1000만의 우한시를 봉쇄lockdown하기에 이르렀다.[6]

이때까지만 해도 세계보건기구World Health Organization, WHO의 반응은 미온적이었다. 2020년 1월 23일, WHO는 "중국에게는 비상사태인 것이 맞지만 아직 전 세계적인 전염병pandemic으로 선포할 때는 아니다"라고 했다. 그런가 하면 2월 3일에는 "바이러스 확산이 아주 적고 속도도 느리다. 확산 방지를 위해 여행과 교역을 금지할 필요가 없다"라고 밝혔다. WHO는 2월 11일에 가서야 이 바이러스를 공식적으로 'COVID-19'라 부르기 시작했다.[7] 우리나라 정부도 WHO의 권고에 충실하게 따랐다. 그러나 1월 20일에 첫 중국인 확진자가 파악된 후 두 자릿수에 머물던 국내 확진자 수가 2월 23일 신천지 대구교회 슈퍼 전파 사건 이후 기하급수적으로 늘어나기 시작했다. 그리고 3월 11일에 총 확진자가 1만 명을 넘어서면서 절정에 달했다가 3월 하순부터는 진정세를 보이기 시작했다. 당시만 해도 한국은 중국에 이어 두 번째로 확진자가 많이 발생한 국가였다.

중국과 한국에서 코로나19의 방역이 안정세를 보이던 시기에 이탈리아, 영국, 스페인 등 유럽 국가와 미국에서 코로나가 창궐하기 시작했다. 그리고 2020년 8월 중순을 기준으로 코로나는 전 세계 200여 국가로 퍼져 나갔다. 2021년 2월 7일 기준 전 세계 코로나 확진자는 1억 600만 명이고, 사망자는 231만 명을 넘어섰다. 확진자 수는 미국이 2690만 명을 넘어서며 압도적 1위이고, 인도가 1080만 명으로 그 뒤를 따르고 있으며, 브라질 940만 명, 영국 390만 명으로 집계되고 있다. 사망자 수도 미국 46만 2000명, 브라질 23만 명, 인도 15만 5000명 그리고 영국 11만 2000명으로 나타나고 있다. 여기서 흥미로운 현상은 세계 최고의 의료 시스템을 갖춘 미국에서 전 세계 확진자의 25%가 나왔다는 점이다. 그뿐 아니라 미국, 영국, 스페인, 이

전 세계 코로나 확진자 수

(2021년 2월 7일 기준, 단위: 명)

출처: https://www.nytimes.com/interactive/2020/world/coronavirus-maps.html.

탈리아 등 선진국의 사망률이 대부분의 후진국보다 높다는 점도 특이하다. 사망률은 영국이 2.87%, 이탈리아 3.4%, 스페인 2.04%, 미국 1.7%로 집계되는데 이는 우리나라의 1.2%보다 높은 수치다.[8]

이보다 더 치명적인 '임팩트'는 코로나 바이러스가 수반하는 불확실성이다. 우선 전파 양태를 보자. 이번 바이러스가 과거의 바이러스에 비해 치사율이 낮은 것은 분명한 사실이다. 사망자가 70세 이상의 노년층에 집중되고 있는 것 또한 특징이다. 이는 고무적이지만, 확산 양태는 가공할 만하다. 2020년 2월을 기점으로 코로나 바이러스는 모든 국가의 검역과 방역 노력에도 불구하고 놀라운 양상으로 전 세계로 퍼지고 있다.[9] 더 심각한 문제는 코로나 사태가 아직 정점에 이른 것이 아니며 추가 충격파가 지속적으로 올 수 있다는 것이다. 이미 유럽과 한국에는 제2파, 제3파가 닥쳐왔다. 게다가 어떤 변이의 바이러스가 엄습할지 모르는 상황이다. 사실 미국 같은 경우에는 코로나로 죽는 사람이 전쟁에서 죽는 사람보다 더 많아질 거라는 관측까지 나온다.[10] 이러한 불확실성은 인간의 생물학적 안전, 바로 인간안보human security에 대한 우려를 고조시키고 있다. 국가의 존재 이유는 국민의 생명과 안전, 재산을 보호하는 데 있다. 그뿐 아니라 제2파, 제3파가 엄습하고 나라마다 특정 지역을 봉쇄하며 사회적 거리두기가 지역 및 생활 방역 차원에서 더 엄격하게 적용된다면 경제는 나락으로 떨어질 것이 자명해 보인다.

코로나 사태의 불확실성을 증폭하는 것은 비단 전파 양상만은 아니다. 문제는 백신과 치료제가 언제 개발·공급되어 사태를 진정시킬지 알 수 없다는 점이다. 전문가들 사이에서도 이에 대해 의견이 분분하다. 홍콩대학교의 위안궈융袁國勇 교수는 코로나 사태가 2020년 안에 끝나지 않는다고 예측하는가 하면,[11] 미네소타 대학교의 마이크 오스터홀름 교수는 18~24개월 동안 전 세계 인구의 60~70%를 감염시켜야 집단 면역이 생기면서 코로나 사태가 진정될 것으로 내다보았다.[12] 반면에 WHO의 마이크 라이언Mike Ryan 사무차장은 코로나 바이러스가 인간면역결핍바이러스HIV처럼 영원히 사라지지 않을 수도 있다고 전망했다.[13] 코로나 퇴치에 앞장서고 있는 빌 게이츠 Bill Gates 또한 "선진국에서도 2021년까지는 백신과 치료제가 나오기 어렵다"라고 예측한 바 있다.[14] 이 대목에서 알베르 카뮈Albert Camus의 소설 『페스트The Plague』의 마지막 구절이 떠오른다. "그는 그 기쁨에

잠겨 있는 군중이 모르고 있는 사실, 즉 페스트균은 결코 죽거나 사라지지 않으며 수십 년간 가구나 속옷들 갈피에서 잠자고 있을 수가 있고, 방이나 지하실이나 트렁크나 손수건이나 낡은 서류 같은 것들 속에서 꾸준히 기다리고 있으며, 따라서 아마도 언젠가는 인간에게 불행과 교훈을 갖다 주기 위해서, 페스트가 또다시 저 쥐들을 깨워 어떤 행복한 도시로 그것들을 몰아넣어, 거기서 죽게 하는 날이 온다는 것을 알고 있었다."[15] 카뮈가 경고한 역병의 불확실성, 바로 여기에 문제의 본질이 있다.

인류 문명과 전염병, 그 불가분의 조우

코로나 사태로 전 세계가 쇼크에 빠져 있지만, 전염병으로 말미암은 인류의 피해는 결코 새로운 현상이 아니다. 인간이 가축과 더불어 살면서 전염병은 끊임없이 발생해왔다. 다만 앞서 지적했듯이, 백신과 치료제가 개발되면서 전염병의 도전을 간과해왔을 뿐이다. 여기에는 인간의 오만이 깔려 있다. 사실 인류 문명의 핵심은 '인간중심주의 anthropocentrism' 또는 '인간예외주의'에 있다. 이는 인간이 호모사피엔스Homo Sapiens, 즉 이성적 동물이기 때문에 과학 기술을 통해 자연을 정복하고 인류 문명의 진보를 성취할 수 있었다는 이론이다. 정착된 농경 생활, 제국의 흥망성쇠, 르네상스, 근대국가의 탄생, 산업혁명, 정보혁명, 더 나아가 제4차 산업혁명에 이르기까지 인류의 역사는 인간 중심의 역사였고, 그 어떤 도전도 인간의 이성으로 극복할 수 있다는 자신감이 인류 문명의 추동력이 되어왔다.

그러나 일부 역사가들과 인류학자들은 이러한 인간 중심의 문명관이 근본적으로 잘못되었다고 본다. 영국의 저명한 역사학자 아널드 조셉 토인비Arnold Joseph Toynbee는 『역사의 연구A Study of History』에서 인류 문명은 물론이고 제국의 흥망성쇠가 전염병을 포함한 자연환경에 좌우된다는 주장을 편 바 있다.[16] 토인비의 전통을 이어받은 시카고대학교의 역사학자 윌리엄 맥닐William McNeill 교수도 『전염병과 인류의 역사Plagues and Peoples』에서 인류 역사는 인간의 이성과 의지만으로 이루어진 것이 아니라고 설파한다. 크고 작은 전쟁이 제국의 흥망과 인류 역사의 변곡점을 만들어온 것이 사실이나 이 못지않게 중요한 것은 인간이 가축을 사육하면서 만연하게 된 전염병이라는 것이다.[17] 캘리포니아대학교 로스앤젤레스 캠퍼스의 재레드 다이아몬드Jared Diamond 교수도 라틴아메리카 아즈텍 문명과 잉카제국에 관한 연구를 통해 제국의 흥망에 외적 환경, 특히 전염병이 얼마나 결정적 역할을 했는지를 생생히 보여주었다.[18] 유발 하라리Yuval Harari도 『호모 데우스Homo Deus』에서 인류 미래에 대한 가장 큰 위협은 전염병으로부터 올 것이라고 예측했다.[19] 이러한 경고에도 불구하고 우리는 전염병의 위험성을 간과했다.

중국 한나라의 예를 보자. 중국에서는 '한나라처럼 강하고 당나라처럼 부유하다'라는 의미의 '강한부당強漢富唐'을 하나의 이상향으로 여겨왔다. 지금 시진핑習近平 주석이 바라는 '중국몽中國夢, China

Dream'도 그런 중국을 만들어내겠다는 것이다. 이처럼 한나라는 강한 국가의 모델이었다. 그러나 기원전 206년에 세워진 한나라는 기원후 220년에 허망하게 무너지고 만다. 한나라의 멸망에 대해서는 다양한 해석이 있지만, '페스트bubonic disease'라는 역병으로 멸망했다는 것이 다수의 견해다. 한나라 말기, 즉 후한 시대인 기원후 100년에서 120년 사이에 역병이 창궐했고, 한나라 인구가 50~60년 만에 6000만 명에서 2000만 명으로 급격히 감소했다고 한다.[20] 조조가 거느린 군대가 역병으로 이미 궤멸 직전에 있었기 때문에 적벽대전에서 패배했다는 이야기도 있다.[21] 그토록 강한 한나라가 전쟁도 아닌 역병 때문에 무너졌다는 사실에 우리는 주목할 필요가 있다.

　로마제국도 마찬가지다. 로마제국의 흥망에 대해서는 여러 이론이 있다.[22] 약한 군사력, 귀족·관료 등 기득권 세력의 나태와 부패, 급격한 기후변화와 자연재해, 기독교의 특권 그리고 상하수도로 말미암은 납중독 등 다양한 원인이 열거된다. 그러나 분명한 역사적 사실은 476년 게르만 용병대장 오도아르케의 침공에 따른 패망이다. 그리고 여기서 전염병이라는 변수를 간과해서는 안 된다. 서로마제국의 말기, 165년과 180년 사이 15년 동안 천연두 또는 홍역으로 추정되는 안토니우스 역병이 창궐하여 500만 명 이상이 사망했다. 241~266년에는 역병이 재발하여 하루에 5000명의 사망자가 났다.[23] 역병에 따른 인구 감소와 경제적 침체가 로마제국의 국력을 와해했고, 이를 공략한 외부의 침공이 제국의 몰락으로 이어졌다.

　아즈텍 문명과 잉카제국의 멸망도 같은 맥락에서 이해될 수 있다.

지금의 멕시코 지역에 둥지를 틀었던 아즈텍만 하더라도 16세기 초반에는 인구 2000만 명의 대제국이었다. 그러나 1519년, 스페인의 에르난 코르테스Hernán Cortés 장군이 겨우 병사 600명으로 아즈텍을 정복했다. 1529년에는 2000만 명에 달했던 아즈텍 인구가 약 100년이 지난 1618년에는 160만 명으로 줄어들고 만다. 스페인 정복군이 가지고 온 천연두 때문이었다. 천연두에 대한 면역이 없던 현지 토착민들은 맥없이 쓰러졌고, 스페인은 손쉽게 식민지를 정복할 수 있었다. 잉카제국의 사례도 비슷하다. 1531년 스페인의 프란시스코 피사로Francisco Pizarro는 병사 168명을 이끌고 잉카제국을 침공했다. 당시 잉카제국의 인구는 8만 명으로 추정되는데, 이들 역시 천연두라는 전염병의 희생양이 되고 말았다.[24]

전염병이 제국의 흥망에만 영향을 미쳤던 것은 아니다. 인류 문명의 궤적에도 심오한 영향을 미쳤다. 14세기 중엽, 흑사병이 발생하면서 당시 유럽 인구의 3분의 1에 해당하는 2500만 명 정도가 희생되었다. 페스트의 주된 희생자는 농민과 소작농이었고, 자연히 농민 인구는 급격히 감소했다. 그 결과 농민의 실질임금이 증가하고 도시 노동자들의 권익도 더불어 개선되었다. 이렇게 농업자본주의가 탄생하게 되었고, 이는 봉건체제의 붕괴를 가속하면서 화폐경제의 발달을 가져왔다. 1918~1920년, 2년에 걸쳐 유럽에 창궐했던 스페인독감도 마찬가지다. 당시 스페인독감은 유럽에만 국한되지 않고 중국, 일본까지 확산되었다. 적게는 세계 인구의 3%인 5000만 명부터 많게는 5%인 1억 명 정도가 스페인독감에 희생된 것으로 추산된다. 물론 스페인독감만으로 세계 질서가 변한 것은 아니다. 그러나 스페인독감은 예방접종부터 의료기관의 확장, 의료기관 종사자들의 안전에 이르기까지 공공 보건에 혁명적 변화를 가져왔다.

　인간과 전염병의 조우는 인류 사회의 진화 과정에 내재해왔다. 그리고 전염병의 위협에 대한 우리의 망각이 깊어진 순간, 각종 전염병은 여러 형태로 되살아났다. 이번 코로나 바이러스의 엄습도 그런 맥락에서 이해해야 한다. 그러나 이번 코로나 사태가 불러온 충격은 아주 깊고 치명적이다. 그리고 이는 우리가 과거의 일상으로 돌아갈 수 없다는 점을 강력히 시사한다. 포스트 코로나 시대에 우리는 어떤 형태의 새로운 일상을 맞이하게 될까?

새로운 일상: 경제, 사회, 정치

인류 역사상 코로나 바이러스처럼 짧은 시간에 우리의 사고와 삶의 양상에 지대한 영향을 끼친 사례는 드물다. 충격은 아직도 계속되고 있다. 빠른 시일 내에 백신과 치료제가 개발된다면 상흔은 남겠지만 우리는 과거의 일상으로 되돌아 갈 수 있을 것이다. 그러나 코로나 사태가 중·장기화된다면 사정은 달라진다. 일부 과학자들은 이번 코로나 사태가 시작일 뿐, 앞으로 수십만 개의 바이러스가 변종 형태로 나타날 것으로 내다본다.[25] 코로나 바이러스와 뒤이은 움직임이 만만치 않다는 이야기다. 그런 까닭에 우리의 불확실성은 더욱 심해진다. 그러면 코로나 사태는 우리 사회에 어떠한 변화를 가져오고 있을까? 아무리 짧은 시간에 코로나 바이러스의 충격에서 벗어나 정상 상태를 되찾더라도, 전문가들은 코로나 사태 이후는 그 이전과 다를 거라고 전망한다. 이미 지난 일 년 동안의 충격이 너무 커서 2021년 안에 코로나가 진정된다 해도 오래된 일상으로 돌아가기는 어려워 보인다. 지금부터 경제·사회·정치 전반에 걸친 코로나의 충격을 검토해보고, 그에 따른 새로운 일상의 성격을 살펴보자.

1. 경제적 충격과 새로운 일상

코로나 사태의 가장 큰 충격은 경제 분야에서 발생했다. 코로나 사태가 중국과 한국에 국한되었을 때만 해도 서구에서는 그다지 신경을 쓰지 않았다. 그러나 이탈리아, 영국, 스페인 등 유럽 국가들을 거쳐 미국으로 퍼져 나가면서 사정은 달라졌다.

　뉴욕주를 기점으로 주요 도시들이 봉쇄되면서 주민들이 사실상 가택 연금 상태에 놓이게 되었다. 대기업 등 견실한 직장의 노동자들은 재택근무를 하며 급료를 받을 수 있었지만, 서비스 부문에 종사하는 많은 일용직 근무자는 직장을 잃었다. 재택근무의 일상화와 대량 실업 현상은 현저한 소비 감소로 이어졌고, 이는 곧 생산과 투자의 위축으로 나타났다. 재택근무와 실업, 소비 감소, 생산 감소, 투자 감소의 악순환이 코로나 사태가 가져온 대표적인 경제 현상이다. 자연히 주식은 폭락하고 경제 전반이 패닉에 빠졌다. 경제학자 대부분은 성장률, 실업률, 그리고 산업과 무역 등 경제 전반에 미치는 심대한 영향에 주목하며, 코로나 사태로 말미암은 2020년 상반기 대봉쇄Great Lockdown가 1930년대 중반의 대공황Great Depression과 2008~2010년의 대침체Great Recession의 경제위기를 능가할 것으로 내다본다.[26]

경제협력개발기구Organization for Economic Cooperation and Development, OECD의 2020년 8월 보고서에 따르면 제1차 코로나 쇼크의 영향으로 2020년 2분기 경제성장률은 미국 −9.5%, 영국 −11.5%, 독일 −10.1%, 프랑스 −13.8%, 일본 −6.0%로 집계되었다.[27]

그러나 미 상무부는 2020년 2분기 성장률을 미국 역사상 최악의 기록인 −32.9%로 발표했다. 이는 1947년 관련 통계를 집계하기 시작한 이래 가장 낮은 수치다. 그리고 2008년 4분기 금융위기가 한창이던 때의 −8.4%보다도 4배 정도 낮아진 수치다. 독일도 1970년 관련 통계를 집계하기 시작한 이후 최악의 기록인 −10.1%를 기록했다. 이렇듯 전 세계가 마이너스 성장을 보인 경우는 대공황 이후 처음이다. 심지어 대공황 시기에도 미국 최악의 성장률은 1932년의 −12.9%였다. 영국은 최악의 불황기인 1931년 성장률이 −4.9%였다. 2008년 10월 대침체 때도 코로나 바이러스가 불러온 지금의 이 정도까지는 아니었다. 여기서 중국은 예외다. 중국은 2020년 상반기에 11.5%라는 경이로운 기록을 보였다. 한국도 −3.3%로 OECD 36개 회원국과 중국, 러시아, 인도, 인도네시아, 브라질, 남아공을 포함한 42개국 중 2위를 차지했다.[28] 비교적 선방한 셈이다. 그러나 수출의존도가 높은 한국 경제가 세계 성장률이 위축되면 부정적 영향을 받을 것은 자명하다.

2020년 12월에 IMF는 최근의 경제성장률 추세를 발표했다. 제2파, 제3파 코로나 확산 여파에도 불구하고 2분기보다는 나아졌다. 2020년 전 세계 평균 성장률은 -3.5%, 선진국은 -4.9%, 그리고 미국은 -3.9%를 기록했다. 특히 스페인은 -11.1%, 영국은 -10.0%, 이탈리아는 -9.2%, 프랑스는 -9.0%를 기록했다. 일본도 -5.1% 로 어려움을 겪었다. 중국은 유일하게 2.3%로 플러스 성장을 했고, 한국도 -0.11%로 OECD 회원국 중 가장 좋은 성과를 보였다. 반면에 개도국 대부분은 마이너스 성장률을 보였다. 2020년 상반기의 암울한 예측과 달리 세계경제가 회복세를 보이고 있기는 하지만 낙관하기는 어려워 보인다.[29]

성장률 침체는 바로 고용에 대한 부정적 영향으로 이어진다. 국제노동기구International Labor Organization, ILO는 2020년에만 세계적으로 최대 2470만 명의 실업자가 나올 것으로 본다. 미국 의회예산국Congres-sional Budget Office, CBO은 2020년 2분기 실업률이 10%를 넘어설 것이라는 전망과 함께 2021년 말까지 수치가 9% 선에 머물 것이라는 의견을 내놓았다.[30] 특히 우려되는 것은 코로나 사태가 2008년 금융위기로 이미 한 차례 충격을 받은 밀레니얼 세대(1981~1996년 출생)를 경제적으로 더 뒤처지게 했다는 점이다. 세인트루이스 연방준비은행에 따르면, 2020년 2월부터 5월 사이에 미국의 밀레니얼 세대 480만 명이 실업자가 되었다. 미국의 싱크탱크인 퓨리서치센터Pew Research Center의 2020년 5월 데이터에 따르면, 밀레니얼 세대의 실업률은 12.5%다.[31] 한국도 역시 실업이 큰 문제로 나타났다. 2020년 7월, 한국은 국제통화기금International Monetary Fund, IMF 외환위기 직후인 1999년 이후 가장 높은 수준의 실업률을 보였다. "고용 충격이 장기화하면 대거 감원 대상이 될 수 있어 잠재적 실업자로 볼 수 있는 일시 휴직자까지 포함하면 일자리에서 밀려난 노동자 규모가 182만 3000명에 달한다."[32] 한국 정부가 고용 창출을 위해 다양한 정책을 내놓고 있으나 그 효과는 미미해 보인다.

그뿐 아니라 코로나 사태는 서비스 부문에도 큰 타격을 주었다. 사회적 거리두기와 여행 금지·제한은 항공 부문을 포함한 교통 산업을 초토화했고, 이는 숙박 업계와 여행사 등에 엄청난 부정적 파급 효과를 가져왔다. 이미 영국의 버진에어라인 같은 건실한 항공사들이 파산선고를 했고, 숱한 선진국 항공사들이 구제금융을 받거나 국유화되고 있다.[33] 제조업과 무역 부문에 대한 충격도 적지 않다.[34]

그러나 가장 큰 문제는 미래 전망에 있다. 전 세계 모든 국가가 코로나 위기를 겪으면서 대규모 양적 완화에 나서고 있다. 2020년 4월, 미국은 추가 경기 부양책으로 2조 2000억 달러를 풀었다. 그 중 대부분은 기본소득으로 1인당 1200달러, 주당 600달러의 특별 실업수당으로 지급되었다. 공공 보건, 특히 방역과 관련된 분야의 예산도 증액되었다. 급작스러운 불황 때문에 어려움을 겪는 기업들에 대해서도 선별적으로 무이자 대출을 해주고 있다.[35] 그뿐 아니라 바이든 대통령은 취임하자마자 1조 9000억 달러(한화 2090조 원) 상당의 긴급 구조 및 부양 예산을 상원에서 통과시켰다. 이는 그야말로 천문학적 부양책이라 하지 않을 수 없다. 영국은 기준금리를 0.1%로 인하하고 294조 규모의 양적 완화 조치를 취했다. 유럽중앙은행European Central Bank, ECB도 7500억 유로(한화 약 1032조 원) 규모의 추가 양적 완화 조치에 나섰다.[36] 한국도 예외는 아니다. 세 차례의 추경을 통해 59조 원을 확보하고 재난 지원금을 포함하여 전무후무한 경기 부양책을 펴고 있다. 그리고 지난 1월에는 제3차 긴급재난 지원금을 지급하기 시작했고, 제3파 코로나 확산으로 영세 상인들이 어려움을 겪으면서 제4차 지원금 지급까지 고려하고 있다.

　대다수 경제학자들은 "경기 부양책이 크지 않으면 우리는 수년간 대가를 치르게 될 것"이라는 의견을 내고 있다. 코로나라는 경제 외적 변수에 경제가 흔들릴 때는 정부가 재정 통화정책을 통해 과감히 개입하여 경기를 부양해야 한다는 것이다. 미국의 가장 보수적인 연방준비은행의 제롬 파월Jerome Powell 총재까지도 경제를 살리기 위해 금리를 0% 수준으로 동결하고, 국채와 모기지 담보증권을 거의 무차별적으로 사들이고 있다.[37] 평상시라면 상상도 할 수 없는 일이다. 그리고 이러한 현상은 코로나 사태로 고통받는 거의 모든 국가에서 일어나고 있다. 국제금융연구소Institute for International Finance, IIF에 따르면, 2020년 세계 각국이 진 부채를 합산하면 277조 달러(약 30경 9400조 원)이 넘을 전망이다.[38] 한국도 예외는 아니다. 문제는 과도한 재정지출과 통화량 증가의 책임을 누가 지느냐는 것이다. 이런 정부 지출 증가는 결국 적자 재정으로 이어질 것이고, 이를 해소하기 위한 증세는 불가피하다. 증세와 아직 해결되지 않은 정부의 부채는 젊은 세대의 몫이 되고 만다. 게다가 경제성장은 둔화하는 반면, 부채가 증가하고 있다는 데 더 큰 문제가 있다.

이에 더해 경제적 불확실성 또한 새로운 일상이 될 것이다. 코로나 이후의 경제에 대해 분석가마다 예측이 다르다. 어떤 이는 'V'자형으로 회복될 것으로 전망하는가 하면, 비관적인 분석가들은 'L'자형으로 경제 회복 없이 장기간 침체 상태가 지속될 것으로 점친다. 'W'자형 회복을 예측하는 학자들도 있다. 침체와 회복의 반복을 의미한다.[39] 여기에 더해 'K'자형 모델도 거론되고 있다. 그것은 한 국가 안에서 코로나 사태 이후 성장하는 부분과 침체하는 부분이 양극화되는 현상을 의미한다. 코로나 사태가 국가 내의 불평등 구조를 심화하고 있다는 이야기다. 물론 이러한 예측은 코로나 바이러스의 극복 속도와 연동되어 있다. 코로나 사태의 전개 양상을 예측할 수 없듯이, 세계경제의 회복도 불확실하다.

2. 사회적 영향과 새로운 일상

코로나 바이러스는 경제 영역 못지않게 사회 영역에도 커다란 영향을 미치고 있다. 사실 산업혁명 이후에 사회 변화는 경제 변화와 밀접한 관계를 맺어왔다. 산업혁명 이후 공업화가 이루어졌고, 이는 시장경제를 통해 분업화를 가속했다. 애덤 스미스Adam Smith가 말하는 분업화는 무역을 포함한 경제활동을 촉진했고 사회적 직능 변화, 보편 교육의 확산과 도시화 등을 수반했다. 그 과정에 부침이 있었지만, 사회 역시 꾸준히 발전했다. 특히 경제의 활성화는 새로운 일자리를 만들어냈고, 그와 더불어 노동의 정치적 힘도 향상되었다. 그리고 사람들의 삶의 질도 선진국과 후진국을 가릴 것 없이 크게 개선되었다.

그러나 코로나 사태는 사회적 안정에 타격을 가하면서 불확실성의 사회를 예고하고 있다. 코로나 바이러스에 따른 사회적 거리두기와 봉쇄는 즉각적으로 경제적 타격을 가져왔다. 일용직 노동자들은 일자리를 잃고, 미국같이 부유한 국가에서도 대량으로 실업자가 발생하고 있다. 미국에서만 2300만 명 이상의 실업자가 집세를 내지 못해 거리로 내몰릴 위기에 처해 있다. 홈리스 재앙을 막기 위해 연방정부와 주정부가 퇴거 유예 조치 등 특단의 조처를 취하고 있지만 한계가 있다.[40] 문제는 이와 같은 대량 실업과 홈리스 양산이 사회적 해체와 혼돈을 심화한다는 사실이다. 사람들이 일자리도 희망도 없는 빈털터리로 전락한다고 가정해보자. 이들은 좌절, 무기력, 절망의 늪에 빠질 것이고 그만큼 우울증, 자살 등 사회병리 현상도 깊어지기 마련이다. 경제 부분에서도 지적했지만, 코로나 바이러스가 부유층보다는 빈곤층을 포함한 취약 계층에 더 큰 영향을 주면서 사회의 불평등 구조를 악화시킬 것이라는 점이 우려된다. 활력을 잃어버린 암울한 사회, 그것이 우리의 새로운 일상이 될 수 있다는 이야기다.[41]

또 한 가지 중요한 것은 코로나 사태에 따른 가상현실의 일상화다. 가장 대표적인 것은 국제적 접촉 양식의 변화다. 나만 하더라도 코로나 이전에는 일 년 중 5~6개월 정도를 국제회의에 참석하기 위해 해외 출장을 다녀오고는 했다. 그러나 2020년에는 1월 초에 미국, 그리고 2월 상반기에 프랑스와 독일 출장을 다녀온 뒤 해외 출장을 한 번도 다녀온 적이 없다. 물론 국제 행사가 아예 없는 것은 아니다. 거의 일주일에 한 번꼴로 '웨비나webinar'라는 화상회의를 하는데, 대면 회의와 별반 차이가 없다. 오히려 집중도는 더 높은 편이다. 이렇듯 앞으로 국제회의 문화가 크게 달라질 것으로 보인다. 국제회의 산업계의 충격은 크겠지만, 이는 이제 새로운 일상이 될 것이다.

이스라엘의 사학자 유발 하라리도 지적했듯이, 포스트 코로나 시대의 가장 큰 변화는 대학에서 일어날 것이다.[42] 나 또한 작년 두 학기에 온라인 강의를 했다. 처음에는 준비 작업도 많고 탐탁지 않았지만, 강의 진행 과정에서 집중력이 높아지고 수강생들과 직접 접촉하는 빈도수도 많아지면서 더 큰 교육 효과를 낼 수 있었다. 한국뿐 아니라 전 세계적으로 비대면 교육이 대세가 되면서 대면 교육의 비중이 줄어들고 있다. 이는 대학의 미래에 대하여 본질적인 문제점을 제기한다. 효과 면에서 비대면 방식이 대면 방식과 다를 바 없다면, 꼭 비싼 비용을 들이면서 대면 교육을 해야 하는가? 대면 교육의 장점 중 하나는 교수와 학생 간의 직접 접촉, 학생들의 캠퍼스 라이프인데, 단지 그 이유만으로 꼭 대면 교육을 해야 하는가? 만일 비대면 교육이 대세가 된다면 기존의 대학 시스템은 어떻게 변화해야 하는가? 비대면 교육의 시대에 대학의 미래는 있는가? 물론 인문 사회과학 분야에서는 비대면 교육이 효과적일 수 있지만, 실험이 필수적인 자연과학 분야나 실기가 필요한 학문 분야에서는 사정이 다를 수 있다. 그러나 이러한 전반적인 추세는 바뀌고 있으며, 새로운 일상이 다가오고 있다는 것을 누구도 부인할 수 없다.

직장 환경도 바뀌고 있다. 한국은 봉쇄가 아닌 생활 방역 단계에 있으므로 재택근무를 채택한 기업이 그리 많지 않다. 그러나 미국은 거의 모든 기업이 재택근무를 하고 있다. 구글은 코로나 사태가 진정된 뒤에도 재택근무를 영구화할 것을 고려하고 있다고 한다. 페이스북은 2020년 말까지는 전 사원이 재택근무를 하고, 2021년부터는 본인의 희망에 따라 사무실 출근과 재택근무 중 하나를 선택하는 제도를 채택했다고 한다. 재택근무가 항상 바람직한 것만은 아니다. 여성들이 지게 될 부담이 커지고, 그에 따른 불평등이 심화할 것이라는 전망도 있다.[43] 그뿐 아니라 회사에 대한 충성과 집단의 정체성이 약해질 수 있고, 직원들을 감독하고 평가하는 데도 문제가 있을 것이다. 게다가 이 세상에는 온라인으로는 대체할 수 없는 여러 직종이 있다. 따라서 코로나 이후 세상이 모두 비대면 온라인 가상현실이 되지는 않을 것이다. 그보다는 온라인과 오프라인이 공존하는 세상이 될 것이다.

코로나 사태 이후 가장 우려되는 사회적 변화는 가상 사회의 출현과 제4차 산업혁명이 접목되면서 빚어내는 자본과 기술의 독점적 지위, 국가의 무기력 그리고 노동의 소외 현상이다. 사회적 거리두기에 따른 노동 현장의 재택화가 영구화할 때 기업은 이윤의 극대화를 위해 제4차 산업혁명에 따른 기술 혁신을 가속할 것이다. AI 기술이 발전하여 로봇이 상용화된다면 인간의 노동이 설 자리는 점차 없어지게 된다. 노동 현장의 비인간화가 현실이 될 것이다. 가상현실이 불러온 인간과 노동의 소외가 정치·사회적으로 가장 큰 쟁점으로 부상할 수 있다. 자본과 기술을 독점적으로 보유하고 있는 자본가들에게는 이러한 상황이 축복이 될 수 있다. 물론 국가가 이들이 극대화한 이윤에 누진세를 적용하고 일부를 노동자를 포함한 시민들에게 되돌려줄 수도 있다. 이러한 배경에서 코로나 사태 이전부터 기본소득을 제도적으로 보장하는 문제가 제기되어왔다. 그러나 노동 없는 인간이 행복할 수 있을까? 노동과 자본의 관계는 어떻게 재정립되어야 하는가? 국가는 어떤 비전을 가지고, 어떤 방식으로 노동과 국가에 개입해야 할까? 노동의 새로운 일상이 엄청난 불확실성과 함께 우리에게 다가오고 있다.

유발 하라리를 포함한 여러 학자는 코로나가 감시사회의 등장을 앞당겼다고 주장한다.[44] 간단한 이유에서다. 코로나 방역의 핵심은 추적, 검사, 분류와 격리 그리고 치료에 있다. 즉 확진자 유무를 추적하고 의심 대상자들을 검사한 후 증상에 따라 환자를 무증상자, 확진자 그리고 경증·중증·위증 환자로 나누어 각기 다른 조치를 취한다. 여기서 중요한 것은 이 환자들에 대한 데이터다. 당뇨, 고혈압, 호흡기 질환 등 확진자의 기존 병력에 대한 자료가 구축되어 있으면 환자를 분류하고 대응책을 마련하기가 쉬워진다. 한국이 초기 대응이나 지역 및 생활 방역에 성공적이었던 이유는 의료보험공단에서 전 국민의 의료 데이터를 가지고 있었기 때문이다. 서울대학교 장덕진 교수가 최근 카오스 사이언스 강좌에서 지적했듯이, 코로나 방역의 핵심은 빅데이터다. 빅데이터를 활용한 IT 기술을 통해 방역 시스템

이 더 효과적으로 작동한다는 것이다.[45]

그러나 문제는 정부가 개인의 정보를 독점적으로 보유하는 데 있다. 개인정보뿐 아니라 물리적 생체 정보와 사회적 정보를 국가가 독점적으로 보유·활용한다고 가정해보자. 개인의 프라이버시는 물론 자유까지 침해받을 수 있다. 중국이 국제사회의 비난을 받는 이유도 여기에 있다. 중국은 QR 제도는 물론이고 이미 전 국민의 지문 인식, 그리고 최근에는 안면 인식, 홍채 인식 기술까지 개발하여 적용하고 있다. 최근 영국의 한 매체가 분석한 세계 주요 도시의 CCTV 분포 현황을 보면,[46] CCTV를 가장 많이 설치한 세계 20개 주요 도시 중에 3위인 런던을 제외하고는 19개 도시가 모두 중국에 있는 것으로 집계되었다. 이를 통해서도 알 수 있듯이, 중국은 이미 감시사회로 들어섰다.

유발 하라리도 지적했지만, 감시사회는 권위주의로 흐를 경향이 크다. 빅데이터, 추적, 모니터링이 일상화된 사회에서 개인의 자유와 프라이버시가 온전히 보장되기는 힘들다. 국가 주도의 권위주의적 정치체제가 나타날 수 있다. 그것은 조지 오웰George Orwell이 『1984』에서 그려낸 '빅 브라더'가 현실로 나타나고 있음을 보여준다. 최근 도널드 트럼프Donald Trump 전 대통령이 틱톡과 위챗 등 중국의 SNS 매체를 미국 시장에서 퇴출하려 시도한 것도 이들이 미국 시민들의 사생활을 침해할 수 있기 때문이다. 민간 기업도 아닌 국가가 시민에 대한 정보를 독점한다면 아무리 민주주의 체제일지라도 권위주의의 유혹을 피하기 어려울 것이다. 여기서 하나의 역설이 발생한다. 전염병을 극복하기 위해 국가가 개인정보에 접근하는 것은 바람직하지만, 그 결과로 발생할 수 있는 개인의 자유와 프라이버시 침해를 감당해야 하는 상황은 수용하기 어렵다는 것이다. 이러한 모순 또한 우리의 새로운 일상으로 등장하고 있다.

마지막으로, '사회적 거리두기'의 패러독스를 지적하지 않을 수 없다. 코로나 바이러스 같은 대형 전염병을 극복하려면 공공은 물론 개인의 안전을 위해서도 사회적 거리두기가 필수적이다. 그러나 이는 대면성을 특징으로 하는 인간 사회에 족쇄가 되고 있다. 종교 모임, 길거리 집회, 심지어는 지인들끼리의 모임조차 제약을 받게 된다. 우리 삶의 일부가 되어온 스포츠 경기장과 영화관은 과거의 유물이 되고, 결혼식과 장례식도 가족들만의 행사가 되고 만다. 와글와글 모인 상태에서 침 튀기며 웃고 싸우며 사는 것이 인간의 삶이었다. 2미터라는 사회적 거리를 유지하며 홀로 살아가야 한다고 가정해보자. 사람들 간의 공감과 감정이입은 훼손되고, 사회적 유대감은 실종될 것이다. 이처럼 메마른 사회가 우리 일상이 된다는 것은 생각만 해도 끔찍하다. 그러나 코로나 사태가 장기화하면 그것은 피할 수 없는 우리의 현실이 될 것이다.

3. 정치적 파장과 새로운 일상

코로나 바이러스는 정치 영역에도 심대한 영향을 미칠 것이다. 컬럼비아대학교의 셰리 버먼Sheri Berman 교수가 지적했듯이, "모든 위기가 커다란 변화를 가져오지는 않는다."[47] 코로나 사태가 위기인 것은 사실이나 정치체제에 어떤 영향을 미칠지는 기득권 정치 세력의 대응에 달려 있다는 것이다. 위기에 당면한 정치 세력이 담대한 계획을 가지고 능동적으로 대응하면 위기를 극복하는 것은 물론 새로운 개혁과 변화를 가져올 수 있다. 반면에 아무런 계획도 없이 당황한다면 위기는 증폭되고 정치권은 걷잡을 수 없는 나락으로 빠지게 될 것이다.

1930년대의 대공황 사례를 보자. 미국과 유럽에 전대미문의 경제 위기가 닥쳤다. 여기에서 우리는 2가지 각기 다른 대응을 찾아볼 수 있다. 하나는 미국과 스웨덴의 대응으로, 이들은 진보주의 플랫폼으로 맞섰다. 미국은 뉴딜 정책으로 경기를 부양하면서 미국 경제의 근간을 바꿔놓았으며, 민주당 주도의 케인스적 복지국가로 탈바꿈하면서 미국의 정치·경제 지형을 바꿔놓았다. 스웨덴도 마찬가지다. 자본주의의 위기를 사회민주주의라는 대안으로 극복하여 정치·사회적 불만을 해소하고, 자국을 세계 최고의 복지국가로 전환했다. 집권 세력의 능동적이고 진취적인 대응이 긍정적 변화를 가져온 것이다.

그러나 독일은 다른 경로를 걸었다. 제1차 세계대전 후 전쟁 배상금으로 고통을 겪고 있던 독일 경제는 대공황이 닥치면서 더욱 어려워졌다. 살인적인 인플레이션, 높은 실업률 그리고 심각한 국제수지 적자가 독일인들을 옥죄었다. 아돌프 히틀러Adolf Hitler의 나치당은 이러한 사회적 불만을 교묘히 자극하여 1932년 총선에서 승리했다. 그리고 이내 나치 독일은 민족주의, 반유대 인종주의 그리고 외국인 혐오증에 뿌리를 둔 대중 선동주의로 일관했다. 그 결과는 유대인 학살이라는 인류에 대한 범죄, 제2차 세계대전의 발발, 그리고 영원히 지워지지 않는 역사의 허물이었다.

코로나 사태도 마찬가지다. 현재의 위기를 기득권 세력이 어떻게 관리하느냐에 따라 정치적 변화의 궤적은 달라진다. 그러나 대부분의 국가는 배타적·내부 지향적 경향을 보인다. 국경을 제한하거나 폐쇄하고 이민을 금지하며, 민족주의나 인종주의 정책이나 성향이 여과 없이 드러나고 있다. 물론 코로나 바이러스의 확산을 막고 효과적으로 방역하기 위해 국내 지역도 봉쇄하는 현실에, 사람들이 자유롭게 이동하기는 어려울 것이다. 그러나 경제적 침체와 그에 따른 사회적 불만과 일탈 현상이 반동적 정치 분위기를 고조하는 것은 부인할 수 없는 사실이다.

이러한 정치 토양 속에서 배타적 민족주의와 인종주의가 싹트고 있다. 문제는 선진 민주주의 국가에서조차 이러한 현상에 대한 억제 기조가 약해지고 있다는 점이다. 스탠퍼드대학교의 프랜시스 후쿠야마Francis Fukuyama 교수는 코로나 사태가 세계화에 제동을 걸고 민족주의, 고립주의, 외국인 공포증, 자유무역 질서에 대한 반격 등을 고착화할 우려가 있다는 점을 상기시키면서 파시즘의 부활 가능성을 내비쳤다.[48] 사실 코로나 사태를 악용해, 필리핀과 헝가리 지도자들은 독재정치를 더 공고화하는 경향이 있다. 중국에 대해서도 그런 우려가 제기되고 있다. 바로 이런 이유로 과거 어느 때보다 정치 지도자들에 대한 시민사회의 감시와 통제가 필요하다.

코로나 사태는 개인과 공동체, 국가의 관계에 대한 정치철학적 논쟁을 촉발했다. 민주주의의 핵심은 사회계약이다. 국가는 선험적으로 존재하는 것이 아니라 한 지리적 공동체의 구성원들 간 사회계약으로 만들어지기 때문이다. 엄격히 말해 헌법은 통치와 관련된 일련의 규범, 원칙, 규칙과 절차를 담고 있어서 사회계약의 구체화 작업이라고 할 수 있다.[49] 그뿐 아니라 코로나 사태와 같은 위기 상황에 어떻게 대응할 것인지는 헌법의 성격에 따라 달라질 수 있다.

「블룸버그Bloomberg」의 선임 편집인senior editor인 존 아서스John Authers는 이와 관련하여 흥미로운 주장을 했다.[50] 코로나 사태에 대한 대응이 나라마다 다르다는 것인데, 그는 4가지 도덕철학적 접근법을 제시했다. 그에 따르면, 가장 바람직한 접근법은 존 롤스John Rawls의 자유주의적 처방이다. 하버드대학교 철학 교수였던 존 롤스는 『정의론A Theory of Justice』에서 정의로운 사회에 대한 심오한 철학적 성찰을 제시했다.[51] 롤스는 공동체의 구성원들이 서로 성별, 피부색, 재산과 그 밖의 개인적 배경을 전혀 모르는 '무지의 베일veil of ignorance'이라는 원초적 상태에서 헌법을 기초한다고 가정하면, 이들은 가장 어려운 사람들에게 더 많은 혜택을 주는 제도를 택하게 될 것이라고 주장한다. 인간은 이성을 가지고 있기 때문이다. 그는 공정과 정의라는 것은 최대 다수의 최대 행복에 있는 것이 아니라 가장 불행한 최하위층의 행복을 극대화하는 데 있다고 본다. 사실 역지사지의 관점에서 보면 롤스의 접근법은 지극히 상식적이다. 이를 코로나 사태에 적용하면 해법은 간명하다. 인간의 생명은 소중하기 때문에 사회에서 가장 취약한 사람들에게 먼저 의료 혜택이 가야 하고, 사망자를 최소화하기 위해 봉쇄는 정당화될 수 있다는 것이다.

그러나 반론도 만만치 않다. 대표적인 반론은 공리주의자로부터 나온다. 19세기 영국의 철학자 존 스튜어트 밀John Stuart Mill은 군주의 책무가 "최대 다수의 최대 행복the greatest good for the greatest number"을 달성하는 데 있다고 보았다. 공리주의를 코로나 사태에 적용하면 2가지 해법이 도출된다. 하나는 사회 전체가 붕괴하는 것보다는 일부 피해자들이 희생되는 것이 공공의 이익에 부합한다는 것이고, 다른 하나는 병상 등 의료 시설이 제한된 환경 아래서는 생존 가능성이 적은 노약자보다는 젊고 건강한 환자를 우선적으로 치료해야 한다는 것이다. 보리스 존슨Boris Johnson 영국 총리의 수석 보좌관인 도미닉 커밍스Dominic Cummings의 "일부 연금 생활자들이 죽는 것은 안 된 일이나 전국적인 집단면역herd immunity을 구축하고 경제를 보호하기 위해 더 많은 이들이 코로나 바이러스에 감염되도록 내버려두는 것이 바람직할 수도 있다"[52]라는 발언이 이를 압축한다. 전 호주 총리 토니 애벗Tony Abbott도 "코로나19 고령 환자들은 자연사하도록 두어야 한다"라고 발언했다. 노인 한 명의 생존 기간 일 년을 늘리는 데 20만 호주달러(한화 1억 9000만 원)가 든다는 이유 때문이었다.[53] 사실 영국과 이탈리아 정부는 코로나 사태 초기에 이러한 공리주의적 처방을 내렸다가 사태가 악화하면서 철회했다. 아울러 집단면역 방식을 고수하던 스웨덴 정부는 2020년 11월 한 달 동안 코로나19로 인한 사망자가 1400명에 달했고, 코로나19 중증 환자가 폭발하면서 의료 시스템 마비 직전에 도달하여 이웃 나라에 의료 도움을 받아야 할 판국에 처했다.[54] 공리주의의 한계를 보여주는 대목이다.[55]

세 번째 접근법은 자유지상주의다. 영국의 계몽주의 철학자 존 로크John Locke[56]를 필두로 자유지상주의는 영미 정치사상의 큰 흐름으로 자리잡아왔다. 미국 건국의 아버지들은 물론 아인 랜드Ayn Land[57]부터 존 롤스[58] 교수와 자유와 정의의 개념을 놓고 치열한 논쟁을 전개했던 로버트 노직Robert Nozick[59]에 이르기까지 다수의 학자들이 자유지상주의를 주장해왔다. 우리에게 익숙한 프리드리히 아우구스트 폰 하이에크Friedrich August von Hayek[60]도 이 학파에 속한다. 이들의 주장에 따르면, 국가는 개인들이 사회적 계약을 통해 만들어낸 인위적 구성물이다. 따라서 개인의 단순한 합이 국가이기 때문에 국가는 개인의 자유를 침해할 수 없다. 최소한의 국가가 가장 바람직하며, 각 개인이 스스로 노력하여 난관을 헤쳐나가야 한다.

실제로 이 접근법을 택하는 국가는 드물다. 오히려 시민들이 이러한 주장을 펼치며 정부의 방역 정책에 반기를 들고 있다. 2020년 4월 미국 정부가 봉쇄 정책을 펴자 일부 시민들은 자택 대기령 해제를 요구하며 총을 들고 거리로 나와 "자유가 아니면 죽음을 달라"고 외쳤다. 8월 8일 기준으로 미국의 코로나 확진자 수가 500만 명을 넘었고, 지금도 계속 확산되고 있다. 그러나 워싱턴에서는 젊은이들이 야간 파티를 열고, 사우스다코타주 소도시인 스터지스에서 열린 '스터지스 모터사이클 랠리' 축제에는 25만 명이 마스크도 착용하지 않고 참석했다. 여기에는 공화당 출신 주지사까지 참석했다.[61] 이런 주장은 우리나라의 신천지 관계자들에게서도 나온 바 있다. 그들은 "죽어도 내가 죽는 것인데 정부가 죽을 자유마저 박탈한다"라고 불평하며 정부의 개입에 반기를 들기도 했다. 프랑스의 비르지니 프라델Virginie Pradel 변호사도 한국의 코로나 방역 대책을 거론하면서 한국에서 행하는 감염자 동선 추적은 개인의 자유를 침해하는 것으로 한국은 "개인의 자유를 존중하지 않는 최악의 국가"이자 "극도의 감시 문화를 갖고 있는 나라"라고 비난하는 글을 프랑스 언론에 게재하기도 했다.[62]

마지막으로, 아서스는 공동체주의를 제시한다. 이 접근법의 대표적 학자는 우리에게도 널리 알려진 하버드대학교의 마이클 샌들Michael Sandel[63]이다. 샌들은 개인의 권리와 자유도 중요하지만 공동체의 규범과 이익이 더 중요하다고 여긴다. 조지워싱턴대학교의 아미타이 에치오니Amitai Etzioni[64]도 여기에 속한다. 샌들은 '집단 면역' 같은 공리주의적 처방은 적자생존의 사회적 다윈주의와 다를 것이 없다고 비판한다.

그리고 롤스의 자유주의적 접근에 대해서도 비판적이다. 샌들에 따르면 정의라는 것은 '무지의 베일' 상태 같은 진공 속에서 결정될 수 있는 것이 아니고 사회 속에 뿌리를 내리고 있어서, 정의론은 기본적으로 공공재common goods에 기초해야 한다. 샌들은 다음과 같이 말했다. "공공재라는 것은 우리가 공동체에서 어떻게 살 것인지에 관한 것이다. 우리가 추구하고 있는 윤리적 이상, 우리가 공유하는 혜택과 부담, 그리고 서로를 위한 희생이 공공재다."[65] 그는 사회적 거리두기나 마스크 착용 거부 등을 표방하는 자유지상주의적 접근 역시 공동체의 이익을 크게 훼손하는 행위로 본다. 결국, 공동체의 이익을 위해 개인의 자유와 권한을 잠정적으로나마 희생하는 것이 바람직하다는 것이다.

이러한 공동체주의의 가장 성공적 사례가 한국이라 해도 과언은 아니다. 한국 정부가 집단감염을 우려하여 종교 단체들에 비대면 예배를 요청했을 때 불교, 가톨릭 그리고 대부분의 개신교 교회가 이에 협조했다. 일부 자유지상주의적 개신교 교회들이 정부의 이러한 조치를 종교와 집회의 자유에 대한 탄압이라 주장하며 저항했지만, 국민 대부분이 정부 시책을 지지하면서 이러한 저항은 무위로 끝났다. 이러한 공동체의식이 한국의 코로나 방역을 성공적으로 이끌어 냈다고 할 수 있다. 대만과 싱가포르도 한국과 비슷한 공동체주의 양상을 보였다. 중국 역시 초기의 어려움에도 불구하고 코로나 사태를 진정시키는 데 성공했다. 여기에는 다분히 강제된 공동체주의가 작동했다. 우한 봉쇄가 대표적인 예다. 권위주의적 국가주의가 공동체의식을 강제했다고 볼 수 있다.[66]

일본도 한국과 중국처럼 공동체의식이 강한 나라이지만, 일본은 극단적 공동체주의 국가로 분류할 수 있다. 도쿄 하계올림픽을 성사하기 위해서는 코로나 확진자 수를 줄여야 했기 때문에 공공의료 선진국인 일본이 애초에 검사를 적게 한 것이 아니냐는 추측도 이어지고 있다. 이러한 정부의 태도에 국민은 순응하고, 언론은 침묵했다.[67] 공동체주의의 어두운 단면이 드러나는 대목이다. 그리고 중국은 사회계약설에 따른 민주국가라고 보기 힘들다.

코로나 사태는 국내 정치 지형에도 커다란 충격을 안겼다. 아직 코로나 사태가 끝나지는 않았지만, 대응 정책의 성공 여부에 따라 정치 지도자들의 지지도가 부침하고 있다는 사실에 주목할 필요가 있다. 아마 가장 성공적인 사례는 한국의 문재인 정부일 것이다. 남북 관계 악화, 경제 침체 등으로 문재인 정부의 집권 여당인 더불어민주당이 2020년 4월 총선에서 참패할 것으로 전문가들은 내다보았다. 2020년 2월 첫째 주만 해도 문재인 대통령의 지지율은 44%에 지나지 않았다. 그러나 4월 총선 직전에는 57%로 상승하고 5월 첫째 주에는 71%에 이르렀다. 총선에서는 집권 여당이 국회 전체 의석수 300개 가운데 179석을 거머쥐었다.

이렇듯 압도적으로 승리한 것은 문재인 정부의 효과적인 코로나 대응 정책 때문이다. 물론 훌륭한 의료 시스템과 메르스 사태의 교훈에서 얻은 혁신적인 감염병 대응 체계, 우수한 의료진의 헌신과 희생, 수준 높은 시민의식 등이 한국의 성공에 일조했다. 그러나 이 모든 것을 조합하여 신속하고 과감한 대응 체계로 시의적절하게 전환한 것은 문재인 정부이고, 그런 점에서 높이 평가받을 만하다. 국민의 평가도 인색하지 않았다.

중국, 대만, 뉴질랜드 정부도 코로나 사태의 수혜자라고 할 수 있다. 특히 시진핑 주석은 코로나 사태를 계기로 인민들의 정치적 지지도가 더 올라갔다고 한다. 2020년 7월 17일자 여론조사에 따르면 코로나 사태와 관련한 정부 정책에 대한 중국 국민 만족도가 93.1%에 달했다.[68] 독일의 앙겔라 메르켈Angela Merkel 총리와 이탈리아의 주세페 콘테Giuseppe Conte 총리도 코로나 사태를 잘 관리하면서 정치적

지지도가 각각 79%와 71%로 올랐다.[69]

반면에 효과적인 정책 대응에 실패하면서 정치적으로 고충을 겪고 있는 지도자도 있다. 대표적인 예가 미국의 트럼프 대통령이다. 2020년 초까지만 해도 경제 분야의 업적을 높이 평가받으며 11월 선거에서 재선이 확실시되다가, 코로나 사태 이후 지지율이 30% 선으로 하향 곡선을 그렸다. 2020년 11월 초에는 미국의 코로나19 확진자 수가 903만 명, 사망자 수는 22만 9000명을 넘어섰다. 결국 코로나 사태가 악화하면서 방역에 실패한 트럼프 대통령은 2020년 11월 대선에서 패배하고 말았다.

일본의 아베 총리도 마찬가지다. 코로나 사태의 초기 대응 실패가 계속 아베 총리의 발목을 잡았다. 2020년 8월 10일자 「요미우리신문読売新聞」의 여론조사에 따르면 응답자의 78%가 아베 총리가 코로나 사태에 지도력을 발휘하지 못했다고 답변했다.[70] 그는 일본 국민의 관심을 경제 문제로 전환하려 노력했으나 여의치 않았다. 2020년 8월 아베의 지지율은 32%로 역대 최저였고, 9월에는 총리직을 사임했다.[71] 영국의 보리스 존슨 총리[72]와 프랑스의 에마뉘엘 마크롱 Emmanuel Macron 대통령도 코로나 사태 때문에 국내에서 정치적 지지도가 떨어졌다.

상상할 수 없는 충격

2020년의 코로나 사태는 누구도 예견하지 못했다. 사스, 메르스, 에볼라 등 불길한 전조가 계속 있었지만 우리는 간과했고, 그 충격은 가히 상상을 초월할 정도다. 2019년 12월 말에 시작된 이 전염병은 모든 나라의 방역 조치에도 불구하고 반년도 안 되는 시간에 오대양 육대주 180여 개국에 퍼져나갔다. 아직 1918년 스페인독감에 비견할 정도는 아니지만, 인류 사회에 엄청난 충격을 주고 있다. 경제적 영향은 1930년대 대공황에 육박하고 있으며, 사회적 해체와 무기력도 무서운 속도로 심화하고 있다. 특히 가상현실의 일상화와 감시사회의 등장은 누구도 예상치 못한 초현실주의적인 새로운 일상이라 하지 않을 수 없다.

정치적으로도 충격파는 크다. 코로나 사태는 거의 모든 나라에 새로운 도전을 가져오고 있다. 포퓰리즘과 배타적 민족주의의 대두는 애써 이루어놓은 민주주의를 위협한다. 슬로베니아의 철학자 슬라보예 지젝Slavoj Žižek은 적자생존의 야만적인 공리주의적 처방이나 강제 봉쇄 같은 억압적인 수단으로는 코로나 사태는 물론 그에 수반되는 경제·사회적 문제를 극복할 수 없다고 본다. 그는 새로운 형태의 공산주의 또는 공동체주의를 만들어야 한다고 주장하며[73] 코로나 바이러스가 가져온 커다란 충격을 시사한다.

코로나 사태는 국내의 경제, 사회, 정치 영역에 못지않게 국제사회에도 엄청난 충격을 가져왔다. 코페르니쿠스의 전환과 같은 변화가 국제사회에서도 일어나고 있다. 2장에서는 코로나 바이러스가 국제사회에 미칠 영향과 그 변화를 심도 있게 다루어보자.

2장
코로나19와 국제 정치 변화의 동학

"코로나 바이러스는
세계화의 종언을 알리는 부고장이다"
_피터 굿맨(Peter Goodman)[1]

코로나 사태는 국제정치에도 커다란 영향을 미치고 있다. 무엇보다 국가 단위의 군사안보에 치중하던 종래의 안보 개념에서 지구촌 수준의 인간안보가 새로운 화두로 대두하고 있다. 전쟁과 평화에 미칠 영향도 커 보인다. 코로나 사태가 일으킨 경제적 공황 사태가 1930년대처럼 세계대전으로 이어지지 않을까 하는 우려 때문이다. 또한 코로나 사태를 계기로 역사의 관에 묻혀 있었던 황화론의 망령이 되살아나면서 문명충돌론이 새롭게 거론되고 있다.

그뿐 아니라 코로나 바이러스라는 팬데믹의 엄습에 무기력하기만 한 국제사회의 빈틈에서 자국우선주의가 기승을 부리면서 국제 리더십과 공조가 실종되고 말았다. 그리고 1990년대 초반 이후 국제사회의 지배 담론으로 군림해왔던 세계화 패러다임의 종언을 시사하고 있다. 이러한 변화는 현대 국제정치 이론의 근간을 흔들고 있다. 코로나 사태가 국제정치에 가져온 충격과 그에 따른 새로운 변화를 살펴보자.[2]

지구촌 인간안보

코로나 사태로 모든 나라의 안보가 거의 공황 상태에 빠졌다. 국가안보는 국가이익에 기초한다. 국가이익은 기본적으로 나라마다 소중히 여기는 핵심적 가치를 반영한다. 그렇다면 어떤 가치들이 있는가? 아마도 생존이 가장 중요한 가치일 것이다. 외부의 물리적 위협으로부터 주권과 국토, 국민을 지키는 것 이상으로 사활이 걸린 가치는 없기 때문이다. 그러나 경제적 번영과 안정, 복지도 그에 못지않게 중요하다. 아무리 생존이 보장된다고 해도 잘 먹고 잘 살지 못하면 국가의 존재 이유는 정당화되지 못한다. 마지막으로 나라의 위신과 존엄, 국제적 지위도 소중한 가치가 된다. 과거에는 이들 가치 간의 우선순위가 분명했다. 생존이 최우선에 있고 그다음 경제, 위신과 존엄 순으로 순위가 정해졌다. 그러나 현실적으로 이러한 가치의 위계질서는 보편적이지 않다. 나라마다 각자의 사정에 따라 우선순위는 변할 수 있다.

국가이익에 따른 국가안보는 여러 형태로 나타난다.[3] 먼저 국가는 대부분 생존을 담보하는 군사안보를 우선시한다. 여기서 군사안보란 일반적으로 전쟁을 예방하고 전쟁이 일어났을 때 승리하여 국민의 안전과 재산을 지키는 것을 말한다. 그러기 위해서는 군사적 억지력을 갖추고 동맹을 구축해야 한다. 군사적 억지력은 막강한 보복 타격력을 구축하여, 상대방의 선제공격 가능성을 차단하는 능력을 의미한다. 이는 주변 안보 환경에 대한 위협 인식과 평가를 바탕으로 전술·전략을 짜고 무기 체계를 비롯한 군사력을 구축하는 동시에, 이를 배치하고 민간 부문을 동원하는 능력을 포함한다. 이와 더불어 우호적인 국가와 상호방위조약으로 동맹을 맺고 외연적 힘을 증강할 필요도 있다.

그리고 경제안보 역시 중요시된다. 이는 한 국가의 경제성장과 안정, 복지를 저해하는 외부의 위협을 다루는 것을 의미한다. 경제제재와 봉쇄가 대표적 위협이다. 그러나 이러한 직접적 위협 이외에도 국제금융 위기 또는 에너지 위기와 같은 국제경제 시스템의 구조적 불안정에서 오는 위협도 경제안보의 사안이 된다. 1997년의 외환위기는 숱한 아시아 국가들의 경제안보를 위협했다.

한편 사회안보도 있다. 이는 조직범죄, 마약 밀매, 대규모 인신매매 등 한 사회의 안정을 저해하는 위협을 말한다. 최근 일부 유럽 국가는 대규모 난민 유입을 국가안보 사안으로 다루고 있다.

생태안보는 인간을 생물학적 존재로 보고 이들의 유기체적 생존

문제를 다룬다. 유스투스 리비히 남작Justus Freiherr von Liebig의 '최소량의 법칙law of the minimum'에 따르면, 유기체로서 인간의 생존 여부는 순서대로 공기, 물, 식량, 에너지, 그리고 필수 자원의 공급 여부에 달려 있다.[4] 이 생태적 요소들 중 어느 하나라도 공급에 차질이 생기면 인류의 생존에 치명적인 타격을 입게 된다. 전염병이나 기후변화도 생태안보의 위협 변수다.

최근에는 사이버 안보가 크게 주목받고 있다. 정보혁명 이후 모든 개인과 기업, 국가가 디지털화되었다. 국가 또는 비국가 행위자들에 의한 고의적인 해킹은 군사·경제·사회·생태안보 전 분야에 위협을 가할 수 있다.

안보를 논할 때 고려해야 할 또 다른 쟁점은 '누구를 위한 안보인가'라는 것이다. 일반적으로 안보를 국가안보와 동일시하는 경향이 있는데, 현실은 다르다. 분석 수준에 따라 안보는 사람people 안보에서 종족ethnic 또는 공동체communal 안보, 정권안보, 국가안보, 지역안보, 지구촌 안보 등 다양한 형태로 나타날 수 있다. 여기서 사람 안보는 인간안보로 규정할 수 있다. 국가는 사람들의 집합이기 때문에 이들의 안보가 국가안보라는 등식이 성립할 수 있을 것 같으나, 엄밀히 말해 이 둘은 구분된다. 그리고 아시아, 중동, 아프리카 여러 지역에서는 한 국가에 여러 종족 또는 공동체가 존재한다. 예를 들어 이라크에는 '아랍'과 '쿠르드'라는 종족 집단과 '수니'와 '시아'라는 종파가 존재한다. 이들 종족 및 종파의 안보 이익은 이라크 국가안보 이익과 다르다. 많은 경우, 소수민족 안보는 해당 국가의 안보와 대척점에 있을 수 있다. 권위주의 국가일수록 정권안보와 국가안보 사이에 모순이 존재한다. 국가안보는 그 국가가 속한 지역의 안보 환경과 밀접한 관계가 있다. 유럽처럼 안정된 곳의 지역 안보와 중동처럼 분쟁에 휘말려 있는 곳의 지역 안보는 크게 다르다. 지역 안보의 성격이 개별 국가나 종족 안보에 지대한 영향을 미치기 때문이다. 지구촌 안보는 개인이나 개별 국가를 넘어서 인류 전체를 위협하는 안보 요소와 관련이 있다. 전염병, 기후변화, 대량살상무기처럼 인류 전체에 위협이 되는 것들을 지구촌 안보로 규정할 수 있다. 이처럼 안보의 개념은 국가에 국한되지 않고 안보 수혜자에 따라 달라질 수 있다.

코로나 사태는 '어떤 안보인가'에 심오한 영향을 주고 있다. 전통적 안보 개념에 따르면 군사안보가 제일 중요하다. 그러나 이번 사태를 계기로 생태안보, 그 중에서도 생물학적 안보biological security가 군사안보보다 더 중요한 안보 사안으로 부상했다.[5] 사실 모든 국가가 코로나와 전쟁 상태에 있다. 미국의 사례만 보더라도 코로나 바이러스로 희생된 사망자 수가 40만 명을 웃돌아 과거의 모든 전쟁에서 희생된 미국인의 수보다 압도적으로 많다. 그뿐 아니라 이미 1장에서 논의한 것처럼, 코로나 사태는 경제안보와 사회안보의 근간을 흔들고 있다. 근본적으로 이번 코로나 사태는 인간의 유기체적 안보, 즉 인간안보의 중요성을 부각하고 있다. 과거에는 인간안보가 기아, 난민, 인신매매의 희생자들에 국한되었다. 그러나 이제는 전염병 문제가 중심 의제가 되고 있다. 특히 코로나 바이러스가 가난한 나라의 취약 계층에 더 큰 피해를 준다는 점에서 더욱 그렇다.

과거에는 전염병이라는 위협을 심각하게 다루지 않았다. 1918년 스페인독감부터 에이즈, 사스, 메르스, 에볼라에 이르기까지 전염병이 엄습했을 때는 사회적 관심이 높았지만, 백신과 치료제가 개발되고 진정세를 보이면 정치인들이나 일반 시민들은 관심을 거두었다. 그 때문에 전염병은 국가안보 사안이 아니라 공공보건 사안으로 다루어졌다. 그러나 숱한 과학자들이 지적하고 있듯이, 코로나 바이러스는 단지 시작일 뿐이다. 수많은 변종 바이러스가 도사리고 있다. 언제, 어디서, 어떻게 이 바이러스들이 인간을 공격할지 모른다.

불행 중 다행으로, 코로나 사태로 말미암아 전염병에 대하여 정치적 경각심은 물론 시민 사회의 관심도 높아지고 있다. 국가원수가 현 상황을 매일, 실시간으로, 직접 브리핑하는 사례는 전쟁 중에도 드문데 코로나 사태에는 거의 모든 나라의 국가원수가 브리핑에 나서고 있다. 미국 트럼프 대통령, 일본 아베 총리, 영국 존슨 총리의 일일 브리핑이 대표적인 예다. 프랑스의 마크롱 대통령은 아예 군 통수권자 자격으로 엘리제 궁에서 국방회의를 세 차례 소집하고 코로나19 대책을 논의하기도 했다.[6] 물론 여기에는 정치적 복선이 깔려 있기도 하지만, 국가원수가 직접 브리핑을 한다는 것은 사안의 중대성을 보여주는 동시에 이들의 안보관 변화를 나타내는 것이기도 하다.

코로나 사태는 '누구를 위한 안보인가?'라는 문제도 제기했다. 코로나 바이러스가 엄습하자 모든 국가는 국가안보 차원에서 대응했다. 국경을 제한하거나 폐쇄하고, 인적 교류를 중단하고, 국가별 대응 전략을 모색했다. 그러나 이러한 접근법은 이내 한계를 보였다. 어느 국가도 완전히 고립된 채로 살 수는 없기 때문이다. 해외에 있는 자국민들을 내버려둘 수도 없고, 경제를 활성화하려면 인적 왕래를 완전히 중단할 수도 없는 일이다. 심지어 북한처럼 완전한 폐쇄 사회도 코로나 바이러스의 유입을 우려하고 있다. 이는 상호 의존하는 국제 질서 속에서 개별 국가의 안보 논리로는 코로나 사태를 해결할 수 없다는 것을 의미한다. 여기서 지구촌 안보의 시급성이 대두된다. 국제사회의 긴밀한 공조 없이 코로나 사태는 극복할 수 없다. '확진자 제로'를 선언했던 뉴질랜드의 사례를 보자. 국제 교류가 시작되면서 코로나 사태의 제2파가 발생하지 않았는가. 따라서 국제사회 공동의 노력은 필수적이다. 이는 바로 코로나 사태가 국가안보라는 영역을 넘어 지구촌 차원의 인간안보 사안으로 자리잡았다는 것을 보여준다.

코로나 사태 못지않게 중요한 것이 기후변화다. 기후변화에 따른 기상이변이 속출하고 있다. 일부 남태평양 도서 국가들은 해수면이 상승하면서 나라 자체가 없어지는 상황이 오고 있다. 지구의 온도가 0.5도만 상승해도 난민 1억 명이 발생할 것이라는 예측이 현실로 다가오고 있다.[7] 그리고 기후변화는 전 세계의 식량 생산에도 엄청난 차질을 가져올 것으로 보인다. 이처럼 기후변화는 지구촌 안보에 치명타가 될 수 있다.[8] 그런데도 트럼프 대통령은 당시 기후변화 주장은 허구라고 규정하며 화석 연료를 계속 쓰자는 태도를 고수했다.

그에 못지않게 중요한 사안이 대량살상무기의 확산이다. 2020년은 히로시마와 나가사키에 핵폭탄이 떨어진 지 75주년 되는 해다. 그 비극에도 불구하고 핵 군비경쟁이 과열되고 있다. 핵확산방지조약Nuclear non-Proliferation Treaty, NPT의 이행은 부실하고, 핵 폐기 조약은 일부 핵 보유국들이 거부하고 있다. 미국이 핵 무장력을 증강하면서 러시아와 중국도 이에 맞서고 있다.[9] 이처럼 지구촌 인간안보에 대한 위협이 커지고 있는데도 국제사회의 저지 노력에는 한계가 있다. 코로나 사태는 전염병뿐 아니라 기후변화, 대량살상무기 문제에 대한 경각심도 불러일으키는 계기가 되고 있다. 지구촌 인간안보의 중요성은 아무리 강조해도 지나침이 없다.

전쟁과 평화의 미래

코로나 사태는 전쟁과 평화라는 전통적 안보 분야에 대한 논쟁도 촉발했다. 코로나 바이러스 자체가 전쟁의 직접적 원인이 되지는 않는다. 그러나 코로나 사태가 장기화하고 그에 따른 경제 침체나 공황이 오면 배타적 민족주의자들이나 대중 인기 영합주의자들이 정권을 잡을 수 있다. 그런 정권은 국내 정치적 이유로 대외 군사 공세를 취할 수 있다. 1931년 일본의 만주 침공을 예로 들어 보자. 1929년 대공황은 일본 경제에도 상당한 타격을 가하면서 정치·사회적 혼란을 가져왔다. 여기서 귀족, 기존 정치인, 재벌 등의 기득권 세력을 타파하고 천황을 옹호하기 위한 국가사회주의가 싹텄다. 이 국가사회주의자들은 당시 일본의 인구가 팽창하는 반면, 부존자원에는 한계가 있다고 주장하며 만주 침공을 정당화했다. 조선과 대만의 식민지화로는 부족하다는 것이었다.[10] 당시 일본 내의 정치·경제·사회적 위기, 천황 중심 체제의 확립, 그리고 열도 내 자원의 한계에서 오는 편무적 압력lateral pressure이 만주 침공이라는 비극을 만들어낸 사례다. 앞서도 논의한 바 있지만, 히틀러가 제2차 세계대전을 일으킨 것도 같은 원리로 바라볼 수 있다. 당시 독일은 제1차 세계대전이 끝나고 엄청난 전쟁 배상금 때문에 경제가 흔들렸다. 악성 인플레이션과 대량 실업이 정치·사회적 혼란을 가져왔다. 여기에 1929년 대공황이 엄습하면서 상황은 더욱 심각해졌다. 이 과정에서 나라를 구하겠다고 나선 것이 히틀러와 나치당이었다. 1932년 총선에서 승리하면서 나치당이 집권했고, 1918년 파리평화조약에 의거하여 비무장지대로 지정된 라인란트에 1936년 독일 군대 진주를 시작으로 제2차 세계대전을 예고했다. 이런 역사적 사례들 때문에 코로나 바이러스가 또 다른 전쟁을 가져오지는 않을까 하는 우려를 하게 된다.

이러한 시각에 대한 반론도 만만치 않다. 매사추세츠공과대학교의 배리 포즌Barry Posen 교수는 「포린어페어스」에 흥미로운 글을 기고했다.[11] 그는 코로나 사태로 전쟁이 촉발될 가능성을 매우 낮게 보았다. 전쟁은 이길 수 있다는 확신이 생겼을 때, 즉 승리를 낙관할 때 감행되는 법이기 때문이다.[12] 그러나 대부분의 국가가 코로나 사태로 혼돈 상태에 있다. 미국은 지금 코로나 확장세 때문에 전전긍긍하고 있고, 중국 또한 전쟁을 벌이기에는 명분도 없고 국내의 사회·경제적 상황이 녹록지 않다. 이는 비단 미국과 중국에만 국한되지 않는다. 대다수 국가가 코로나와 전쟁을 치르면서 외부에 대한 군사적 행동을 취하기는 어려울 것이다.

포즌은 더 현실적인 제약도 지적했다. 전쟁을 하려면 인적·물적 자원이 필요하고, 이들을 군사기지에 배치해야 하며 훈련도 시켜야 한다. 그뿐 아니라 함정, 잠수함 같은 무기도 배치하고 활용해야 한다. 그러나 현재는 코로나 바이러스 감염 차단을 위한 '사회적 거리두기' 때문에 이러한 군사 조치를 취하기가 어렵다. 어떻게 짧은 시간에 다수의 젊은이를 동원하여 군 막사와 같은 밀폐된 공간에 수용하고, 훈련이나 군사작전에 배치할 수 있겠는가. 특히 밀폐된 공간을 전제로 하는 함정이나 잠수함 같은 곳에서는 더욱 불가능하다. 따라서 상당한 위험을 무릅쓰지 않고서는 코로나 사태 중에 군사행동을 취하기가 쉽지 않다.

2020년 6월 4일 김여정 제1부부장이 남북관계를 적대 관계로 전환한다는 담화[13]를 내고, 6월 16일 개성 남북공동연락사무소 건물을 폭파하기에 이르렀다. 그리고 6월 17일 북한 총참모부는 개성 공단과 금강산 관광지구에 군부대를 진주시키고, 9·19 남북군사합의로 폐쇄되었던 GOP를 복원하고, DMZ 북측 지역에서 군사훈련을 재개하고, DMZ와 서해에서 북한 주민들과 청년들이 대남 전단을 살포하기 위한 열린 공간을 확보하는 등 4개 군사행동에 대해 발표했다.[14] 한반도 군사 긴장이 고조되는 순간이었다. 그러나 6월 24일, 김정은 위원장은 당 중앙군사위원회 예비회의를 개최하고 4개 군사행동에 대해 보류 결정을 내렸다. 이에 대해 다양한 해석이 있지만, 코로나 사태에 따른 제반 제약 때문에 그런 결정을 내린 것으로 보인다. 비단 북한뿐 아니라 현재 내전이 진행 중인 예멘, 시리아, 아프가니스탄 등에서도 코로나 사태 이전보다는 군사적 행동의 빈도와 강도가 줄어들었다. 그런 점에서 코로나 사태가 전쟁 가능성을 낮췄다고 볼 수 있다.

포즌은 코로나 사태에 따른 경제적 침체가 전쟁을 촉발하기보다는 억제한다는 주장도 한다. 코로나 사태에 직면해 있는 모든 국가가 경제적 침체로 말미암은 세수 감소와 재난 지원금 및 경기 부양을 위한 양적 완화로 극심한 재정 적자에 시달리고 있기 때문이다. 바닥난 국가 재정을 메꾸기 위해 긴축재정 정책을 펼 수밖에 없고, 자연히 다른 항목 예산들을 감축해야 한다. 여기서 일차적 대상은 국방비다. 국방비 중 인건비나 복지 지원금 등 고정비용 삭감은 정치적으로 어렵다. 자연스럽게 무기 획득과 같은 전력 증강 예산이 삭감 대상이 된다. 사실, 한국도 코로나 사태 이후 7000억 원 정도의 전력 증강 비용을 삭감했다.[15] 러시아도 2021년 국방 예산을 5% 삭감했다. 이는 2014년 이후 처음이다. 반면 복지 예산은 10% 증액되었다.[16] 이처럼 코로나 사태가 비교적 장기간 지속하면 경제적 능력이 저하되면서 국방비 감축 압박은 매우 커질 것이다. 이런 상태에서 상대국이 전쟁을 먼저 일으키지 않는 한 전쟁을 먼저 일으킬 수는 없을 것이다.

포즌은 코로나 사태가 평화를 증진할 것이라는 또 다른 이유로 상호 의존의 감소를 들었다. 경제적 상호 의존과 전쟁 간의 상관관계에 대해서는 오랜 논쟁이 있었다.[17] 포즌은 경제적 상호 의존이 감소하면 전쟁 가능성도 그만큼 줄어든다고 보았다. 코로나 사태가 발생하면서 국가 간의 무역과 투자가 감소하고 있다. 특히 미국은 중국을 대상으로 경제적 탈동조화decoupling 정책을 펴고 있다. 이 과정에서 과도기적 경제적 마찰은 있겠지만, 이 국가들이 완전히 다른 경제권을 형성하게 되면 경제적 이유를 빌미로 전쟁을 벌일 수는 없어 보인다. 동의하기 어려운 부분이 있지만, 전쟁의 경제 결정론 시각에서 보면 경제적 상호의존의 강도와 빈도가 낮아지면 우발적 군사충돌이나 그에 따른 확전 가능성도 줄어들 수 있다. 물론 여기서 핵심 변수는 코로나 사태가 얼마나 지속될 것인지다. 1년 이내에 해결되고 국가 경제가 회복되면 과거와 같은 국제 관계로 회귀하겠지만, 장기화하면 전쟁 가능성은 그만큼 감소한다고 예상할 수 있다.

하버드대학교의 스티븐 월트Stephen Walt 교수는 포즌의 견해에 동의하면서도 다른 견해를 펼친다.[18] 월트는 '희생양 이론'을 그 가능성의 하나로 본다. 희생양 이론은 국내 정치에서 위기에 봉착한 독재자가 인위적으로 외부의 위협을 만들어 전쟁을 감행한다는 가설에 기초한다.[19] 코로나 사태로 위기에 처한 독재자들이 특정 국가를 희생양으로 삼아 전쟁을 벌일 수 있다고 보는 시각인데, 앞서 예로 든 1930년대 일본과 독일의 사례를 이와 유사한 맥락에서 이해할 수 있다.

전염병 때문에 전쟁을 일으킨 역사적 사례를 찾기는 힘들지만, 내부의 정치·경제·사회적 위기 때문에 외부의 희생양을 만들고 전쟁을 일으킨 국가는 여럿 있다. 그 대표적인 사례가 1980년 이라크 사담 후세인Saddam Hussein의 이란 침공이다. 당시 이라크는 경제적으로 어려웠고, 사담 후세인은 군부의 도전으로 정치적 위기에 직면해 있었다. 이를 타개하기 위해 후세인은 영토 문제를 조성하여 전쟁이라는 수단으로 해결하려 했다. 엄밀히 말해 후세인의 이란 침공은 영토가 아니라 이라크 내 정치 문제에서 비롯한 것이었다. 또 하나의 예로 아르헨티나를 들 수 있다. 1982년 4월 2일, 아르헨티나 군사정부는 자국에 가까운 영국 소유의 포클랜드제도를 회복하기 위해 전쟁을 선포했다. 국제법적으로 정당화되기 어려운 조치였다. 영국이 승리하면서 전쟁은 2개월 만에 끝났다. 이는 당시 아르헨티나 군사정부의 공군참모총장 출신 레오폴도 갈티에리Leopoldo Galtieri 대통령이 경제적 위기에서 비롯한 정치·사회적 혼란을 면피하기 위해 영국이라는 희생양을 만들어 아르헨티나 민족주의에 호소하면서 군사적 모험을 감행했다가 실패로 끝난 사례다.[20]

독재국가뿐 아니라 미국 같은 민주국가에서도 이 같은 가능성을 배제하기 어렵다. 월트에 따르면, 코로나 사태가 발생하면서 트럼프 대통령의 재선에 빨간불이 켜졌다. 그는 이를 반전시켜 대선에서 유리한 고지를 차지하기 위해 트럼프 대통령이 베네수엘라와 이란 같은 국가에 군사행동을 취할 수 있다는 우려를 표명했다. 사실 한국에서는 다음과 같은 기우가 나왔다. 북한이 2020년 11월 미국 대선 전에 ICBM을 시험 발사하거나 제7차 핵실험을 한다면, 트럼프 대통령이 대선을 염두에 두고 북한에 군사행동을 취할 수 있었다는 것이다. 다수의 미군이 주둔해 있고, 한국 정부의 강력한 저항이 예상되는 상황에서 일방적으로 군사 조치를 취하기는 쉽지 않았을 것이다. 그러나 북한이 빌미를 제공하면 트럼프 대통령은 국내 정치에서 이득을 얻기 위해 군사적 모험을 감행했을 수도 있다. 따라서 코로나 바이러스 자체가 전쟁의 직접적 원인이 되지는 않겠지만, 경제·사회·정치적 혼란을 일으키면서 간접적 원인으로 작용할 수는 있을 것이다.

월트는 군사적 케인스주의military Keynesianism의 가능성도 내비치고 있다. 군사적 케인스주의는 경제성장을 촉진하기 위해 국방비를 증액해야 한다는 주장이다.[21] 원래 존 메이너드 케인스John Maynard Keynes는 경기 부양을 위해 사회적으로 수용할 수 있는 부문에 대한 재정 투자를 제안한 바 있으나, 일부 경제학자들은 군사 부문의 투자를 옹호했다. 역사적으로도 전쟁 특수 가설이 제기된 바 있다. 이 가설에 따르면 프랭클린 루스벨트Franklin Roosevelt 대통령은 1941년 12월 7일 일본의 진주만 침공을 사전에 각종 정보를 통해 이미 알고 있었지만 아무런 조처도 취하지 않았는데, 이는 대공황 이후 미국 경제가 극심한 침체를 겪고 있는 시기에 전쟁이라는 특수 상황을 조성하려고 일부러 용인했다는 것이다. 대다수 학자는 이러한 가설을 음모론으로 치부하지만, 미국 군산복합체의 막강한 정치력을 고려하면 그 개연성을 부인하기 어렵다. 미국의 이라크 침공 등 여러 전쟁 행위를 보면 더욱 그렇다.[22] 그러나 이는 미국 등 소수 강대국에만 적용될 수 있는 것으로 다른 나라에서는 예를 찾아보기 어렵다.

톰 멕타그Tom Mctague는 코로나 사태에 지정학적 각도에서 접근했다.[23] 그에 따르면, 코로나 사태로 유럽 국가들의 경제가 침체하고, 그 결과 러시아에서 들어오는 석유와 가스 수입량이 줄어들 가능성이 커졌다. 이에 러시아가 현 사태에 대응하고 새로운 경제 공간을 확대하기 위해 우크라이나 등을 재침공할 가능성이 있다는 이야기다. 현재 러시아와 독일이 천연가스 파이프라인을 건설하고 있는데, 미국이 이를 저지하기 위해 노력하고 있다. 미국의 이런 조치는 러시아에 대한 유럽의 의존도를 낮춘다는 강점이 있지만, 푸틴 체제의 정치적 위기를 가져올 수도 있다. 이 경우, 냉전 시대와 유사한 '러시아 대 미국·북대서양조약기구North Atlantic Treaty Organization, NATO'의 대결 구도가 부활할 수 있다. 아시아 지역에서는 미국과 중국 간의 전략적 경쟁이 점화할 수도 있다.

잘못된 계산법도 변수로 작용할 수 있다. 미 해군 전함에서 코로나 바이러스가 발생하자 미 국방성은 전 해군 함정에 이동 금지령을 내렸다. 이는 아·태 지역에서도 적용되어 미국의 전력에 차질을 빚었다. 중국은 그사이에 남중국해에서 군사적 영향력을 확대해나가기 시작했다. 미국이 코로나 사태 때문에 이 지역의 군사력을 증강하지 못할 것으로 보고 남중국해에서 군사적 행보를 강화했던 것으로 보인다. 그러나 이는 중국의 오산이었다. 미국이 종전보다 더 강한 군사적 대비 태세로 대응했기 때문이다. 그러한 오산이 군사적 충돌 가능성을 높일 수 있다. 이는 포즌의 주장과 대조를 이루는 것으로, 코로나 사태에도 불구하고 상대국의 군사적 행보에 따라 그에 상응하는 군사동원을 할 수 있다는 것을 보여준다.

나는 포즌의 '전염병을 통한 평화Pax Pandemica'라는 가설에 대체로 동의한다. 현실적으로 코로나 사태와 같은 엄중한 비상시국에 어느 나라의 지도자라도 전쟁을 선포하기는 쉽지 않을 것이다. 심지어 독재자라 할지라도 정치, 경제, 병참 면에서 그러한 군사적 모험을 감행하기는 어렵다. 사실 한미 연합 군사훈련의 사례에서 보듯이, 코로나 사태는 군사동원에 구조적 제약을 가하기 때문에 이런 여건 아래에서 전쟁을 한다는 것은 상상 밖의 일이다. 그러나 코로나 사태가 진정되면 사정은 달라질 수 있다. 특히 우려되는 것은 미국과 중국, 그리고 러시아와 NATO 진영 간의 군사적 대결이다. 핵 보유국 간의 대립 구도이기 때문에 열전熱戰으로 전개되리라고 보지는 않는다. 그러나 대리전의 가능성을 배제하기는 어렵다. 내전 같은 국가 내부의 갈등도 증폭될 수 있다. 코로나 사태가 경제위기를 가져오고 그에 따른 희생이 특정 종족이나 사회세력에 집중될 때, 정치·사회적 저항이 거세질 것이다. 이러한 종족·종파 간 불평등 구조가 심화하는 가운데 대내적 불안정과 혼란은 내전이나 대규모 시민 소요로 번질 수 있다. 코로나 바이러스가 전쟁과 평화에 직접적인 영향을 미치지는 않을 것으로 본다. 그러나 경제·사회·정치적 지형의 변화를 통해 전쟁 발발에 간접적 요인으로 작용할 수는 있다.

코로나 사태와 문명 충돌?

서구는 비서구 국가에 하나의 롤모델이었다. 우리에게는 서구는 문명이고 비서구는 야만이라는 이분법이 익숙했다. 아마 에드워드 사이드Edward Said의 오리엔탈리즘은 비단 중동, 아랍, 이슬람권에만 국한되지는 않을 것이다.[24] 이는 19세기 말의 동양, 특히 일본의 사고에서 명백히 드러난다. 일본 메이지 유신의 주창자이자 일본 개화기의 지도자였던 후쿠자와 유키치福澤諭吉는 '탈아입구脫亞入歐'해야(아시아에서 벗어나 유럽으로 들어가야) 비로소 문명의 길로 들어서는 것이라고 보았고,[25] 이는 유길준 선생의 『서유견문西遊見聞』에서도 잘 드러난다.[26] 그뿐 아니라 서구는 선진국이고 비서구는 후진국, 개발도상국 또는 후발국이라는 인식도 뿌리박혀 있다. 근대화, 경제 발전, 민주주의가 모두 서구의 경험을 기초로 했다. 따라서 서구는 우리의 선망이 대상이자 학습의 원천이었다. 그 정도로 서구는 우리에게 우월적 존재로 군림해왔다.

그러나 코로나 사태로 환상이 깨지고 있다. 우리는 통상 전염병이 아시아, 아프리카, 남미 등 후진국에서나 발생하는 것이고 서구 국가들은 전염병의 무풍지대라고 이해해왔다. 지극히 당연한 추론이다. 서구 선진국들은 의료 체계나 공공보건 시스템이 잘 갖춰져 있을 뿐 아니라 백신이나 치료제 개발에도 비교우위를 점하고 있기 때문이다. 이러한 통념이 코로나 사태로 크게 바뀌었다. 서구 선진국들도 코로나 바이러스의 엄습에 속수무책이었다. 그뿐 아니라 미국, 영국, 이탈리아 등에서는 필수품 사재기 현상까지 나타나며 큰 실망감을 안겼다.

반면 한국, 대만, 싱가포르, 중국 등은 초기 대응을 성공적으로 해냄으로써 전 세계의 주목을 받았다. 특히 한국, 대만, 싱가포르는 서구 문명이 독점해왔던 과학 기술에서 우수성을 보였다. 환자들을 테스트하고 동선을 추적하고 모니터링하는 데 IT 기술을 백분 활용했다. 의료보험을 포함한 전반적인 의료 시스템도 서구보다 우수한 것으로 나타났다. 시민의식 또한 돋보였다. 아시아 국가들에서는 사재기 현상이 발생하지 않았고, 공동체의 이익이 개인의 자유에 우선해야 한다는 사회적 합의에 따라 일사불란하게 움직였다. 반면에 서구 국가들은 '자유가 아니면 죽음을 달라'라는 주장을 하며 사회적 합의 구축에 실패했다. 우리가 알고 있던 아리스토텔레스Aristoteles의 정치 공동체나 장 자크 루소Jean Jacques Rousseau의 일반의지General will를 찾아볼 수 없었다. 유발 하라리가 프랑스 방송과의 인터뷰에서 코로나 사태를 계기로 "서구 사대주의에 대한 환상이 깨졌다"라고 선언한 것이 전혀 새롭지 않아 보인다.[27]

　서구 사대주의의 환상이 깨지고 있는 것은 서구의 쇠퇴와 아시아의 부상이라는 최근 논의와 맥을 같이한다.[28] 일부에서는 한국, 대만, 싱가포르의 코로나 대응에 대해 아주 긍정적인 반응을 보인다. 그러나 전반적인 서구의 반응은 다분히 냉소적이고 아시아 비하적이다. 트럼프 대통령과 마이클 리처드 폼페이오Michael Richard Pompeo 국무장관은 공개적으로 코로나 바이러스를 '우한 바이러스' 또는 '중국 바이러스'라고 불렀다. 중국 책임론을 부각하려는 의도로, 이것이 수반하는 파장이 다분히 우려스럽다. 중국인은 아시아인, 아시아인은 황인종이라는 등식이 성립되면서 아시아인 전체에 대한 혐오증으로 퍼져 나갔다.[29] 호주에서는 한국인을 향해 의도적으로 재채기를 하며

그림 2-1 황화론

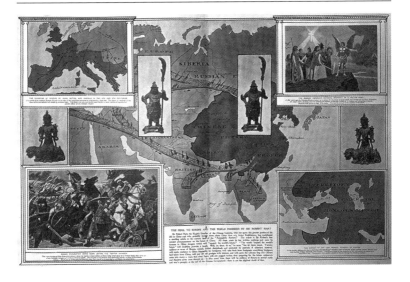

조롱하는가 하면, 뉴욕에서는 동양 여성에게 "바이러스 퍼뜨렸지"라고 고함을 치며 염산을 뿌리는 일까지 발생했다. 동양인에 대한 혐오가 확산하고, 프랑스에서는 한 동양인이 혐오에 대한 항의 표시로 "나는 바이러스가 아니다"라는 마스크를 착용한 채 버스를 타는 모습도 목격되었다. 미국, 호주, 독일 등지에서는 아시아인에 대한 집단적 공격이나 혐오, 멸시 현상이 공공연하게 발생하고 있다.[30] 그러나 이는 비단 아시아인들에게만 해당하는 것은 아니다. 터키, 이란 같은 곳에서는 코로나 바이러스를 유대인이 퍼트렸다는 유언비어가 퍼지고 있다는 설도 있다.[31] 코로나 바이러스가 인종주의 대결의 수단으로 이용되고 있다는 방증이다.

과거의 황화론이 재연되는 것 아니냐는 불안과 우려가 나오는 이유다. 황화론이란 중국을 포함한 아시아 황인종에 대한 서구 백인의 두려움과 혐오 현상을 의미한다.[32] 1895년 독일 황제 빌헬름 2세가 청일전쟁 직후 황인종이 유럽 문명에 위협을 가한다고 주장한 이후 유럽에서 황화론이 널리 퍼졌다. 1900년, 영국의 주간지 「더스피어 The Sphere」에 실린 그림이 황화론의 성격을 잘 집약해준다.[33] 그림 2-1의 좌측 상단은 4세기 훈족의 유럽 정벌, 우측 하단은 12세기 몽골의 유럽 침략, 우측 상단은 천사가 유럽인들에게 유럽을 향해 쳐들어오는 중국을 경고하는 모습, 중앙은 중국의 유럽에 대한 두 개의 침공 루트(정확히는 실크로드)를 나타낸다. 이는 아시아 황인종에 대한 공포를 역사적 사실에 기초하여 그려낸 것이다. 최근 중국에 대한 견제도 이러한 역사적 배경과 무관치 않아 보인다.

　중국만이 이러한 견제 대상이 된 것은 아니다. 1865년 메이지 유신에 성공한 뒤 근대국가를 구축하고 산업화를 가속하면서 일본의 국력은 무서운 속도로 증강되었다. 그 여세를 몰아 일본은 1894년 청일전쟁에서, 그리고 연이어 1905년에는 러일전쟁에서도 승리했다. 그 과정에서 일본은 조선과 대만을 식민지화하고, 유럽 열강과 정치·경제적으로 맞서게 된다. 일본이 동아시아의 맹주로 등장하는 데는 영국과 미국의 도움이 컸다. 1902년 1월 30일 일본은 영국과 영일동맹을 체결하고 제정 러시아의 남하를 막는 데 협조하기로 했다. 그뿐 아니라 일본이 러일전쟁에서 승리한 1905년 7월 29일 미국의 윌리엄 태프트William Taft 육군장관과 일본의 가쓰라 다로桂太郎 총리는 비밀협약을 맺고 미국의 필리핀 식민 지배와 조선에 대한 일본의 사실상 보호 지배를 맞교환했다.[34] 그 정도로 일본은 영미와 친선 관계를 유지했다. 그러나 1920년대에 들어서면서 사정은 달라졌다. 일본이 동남아시아 등 국제시장에서 미국, 영국, 프랑스, 네덜란드와 경합하기 시작했다. 일본에 대한 이들의 견제는 황화론으로 나타났다.

탈아입구로 국운을 키운 일본은 서구의 견제로 말미암아 결국 탈구입아脫歐入亞 정책으로 전환하게 된다. 일차적으로 1920년대에는 평화적 지역주의를 표방하고 나섰지만, 다이쇼 민주주의가 끝나고 새로운 메이지 천황 아래 일본은 군국주의와 제국주의로 선회했다. 만주사변, 중일전쟁이 바로 그 결과다. 그러나 서구의 견제가 강력해지면서 일본은 대동아 공영권 아이디어로 맞선다.[35] 대동아 공영권은 서구 백인종의 식민주의와 패권주의에 대항해서 아시아 황인종만의 정치·경제적 세력권을 구축하여 공동 번영을 이루자는 강령이었다. 황화론의 대척 구도에서 인종주의를 하나의 전략적 도구로 사용했다. 여기서 일본은 마치 황인종을 보호해주는 패권적 후견국 위상을 구축하면서 서구와 대결했다. 그러나 이러한 구상은 태평양전쟁으로 이어졌고, 결국 일본의 패망을 가져왔다.

황화론의 잔재는 계속 남아 상황 변화에 따라 부활했다. 1980년대에 일본이 경제 대국으로 등장하고 미국 경제가 침체에서 벗어나지 못하자, 미국은 각종 통상 압력을 가하고 심지어 플라자 합의Plaza Accord[36]를 통해 일본 엔화의 평가절상을 강제로 유도했다. 그뿐 아니라 미국 사회에서는 '일본 때리기Japan Bashing'가 일상화했다. 가히 황화론의 변형이라 하겠다. 그러나 1989년 '버블 현상'으로 일본 경제가 쇠락해지면서 미국의 '일본 때리기'도 사라졌다.

코로나 사태 이후 미국이나 유럽에서 가장 두드러지게 나타나는 것이 '중국 때리기China bashing'다. 이미 지적했지만, 중국인과 황인종을 동일시하면서 그 여파가 다른 아시아인에게까지 미치고 있다. 이러한 중국 때리기는 일차적으로 코로나 사태 때문에 촉발되었다고 할 수 있다. 중국 정부의 투명성 결여와 우한시 봉쇄 등 강압적 대응이 서구의 공분을 산 것이 분명하다. 그러나 최근 미국과 유럽에 비친 중국의 이미지는 다음과 같다. 스파이 행위를 일상적으로 일삼는 나라, 과학 기술과 지적 소유권을 상습적으로 훔치는 나라, 일대일로一帶一路를 통해 개발도상국을 약탈하는 나라, 불공정 무역에 익숙해진 나라, 홍콩·티베트·신장에서 인권과 민주주의를 말살하는 나라. 이 정도면 중국을 악의 원천으로 규정하는 셈이다. 물론 이러한 주장에도 어느 정도 일리가 있다. 그러나 중국을 과도하게 적대시하는 현상은 황화론과 분리하여 보기 어렵다. 서구는 서구를 능가하는 어떤 나라나 지역도 허용하지 않을 것이라는 인식이 아시아인들에게 널리 공유되고 있는 이유다.

황화론은 하버드대학교 새뮤얼 헌팅턴Samuel Huntington 교수의 『문명의 충돌The Clash of Civilizations and Remaking of World Order』이라는 1994년 저술을 떠올리게 한다.[37] 헌팅턴은 이 책에서 자유 세계와 공산 진영 사이의 이념 대결은 끝났고, 새로운 세계 질서가 등장하고 있다고 보았다. 그리고 향후 국제정치는 이념이 아니라 문화의 총체적 집합으로서 문명이 만들어내는 정체성에 좌우된다고 보았다. 그는 지금까지 세계를 지배해온 서구 문명 이외에 7개 문명권을 제시했다. 중국 중심의 유교 문명권, 신도 중심의 일본 문명권, 이슬람 문명권, 인도 중심의 힌두 문명권, 러시아 중심의 동구권 슬라브 문명권, 라틴아메리카 문명권, 그리고 아프리카 문명권이 그것이다. 문제는 서구 문명이 쇠퇴하는 반면 중국 중심의 유교 문명권, 이슬람 문명권, 그리고 힌두 문명권이 부상하고 있는 바, 서구 문명과 이 경합 문명권들 사이에 세력 전이가 이루어질 때 문명 충돌의 가능성이 커지고 대규모 전쟁도 배제할 수 없다는 것이다. 황화론의 대두는 그런 문명 충돌의 불안한 전조가 아닌가 한다.[38]

국제 리더십의 실종

코로나 바이러스는 인류 전체와 지구촌 안보에 대한 보편적 위협이다. 그러나 현실적 대응은 참담하다. 나라마다 각자도생의 길을 찾으면서 코로나 사태는 더욱 악화하고 말았다. 국제연합도, 미국도 리더로서 역할을 하지 못했다. 국제 리더십의 실종이야말로 코로나 사태 이후 국제사회의 난맥상을 여실히 보여준다.[39]

WHO는 두 개 이상의 대륙에 전염병이 퍼질 때 팬데믹 즉 국제 감염병으로 분류하고 전면에 나와서 관장하게 되어 있다. 따라서 코로나 사태에서 가장 중요한 행위자는 WHO이지만, 초기에는 제 역할을 제대로 하지 못했다. 중국 정부가 우한에서 발생한 코로나 바이러스에 대해 WHO에 처음 보고한 것이 2020년 1월 9일이었으나, 당시에 WHO는 아무런 조치도 취하지 않았다. 1월 23일이 되어서야 WHO 사무총장 테워드로스 아드하놈 거브러여수스Tedros Adhanom Ghebreyesus는 다음과 같이 견해를 밝혔다. "중국의 코로나 바이러스가 비상사태인 것은 맞으나 아직은 국제적 공중보건 비상사태로 선포할 시기는 아니다." 그러나 중국에서 바이러스가 계속 확산하고 이에 대한 국제적 비난이 거세지자, 2월 3일 WHO는 다음과 같은 입장을 내놓았다. "바이러스 확산이 아주 적고 더디다. 확산 방지를 위해 여행과 교역을 금지할 필요는 없다." 한국 정부도 이에 동참하여 중국에 대한 출입국 금지 조치를 취하지 않았다. 2월 4일, WHO는 다음과 같이 발표했다. "현재로서는 코로나 바이러스 변종은 없다. 매우 안정적인 바이러스다." 사무총장을 비롯한 WHO 조사단이 중국 현지를 방문했으나 우한 현지 조사를 하지 않아 국제사회의 빈축을 사기도 했다. 3월 12일에 가서야 "코로나 바이러스는 국제 전염병, 팬데믹"이라고 선언하더니,[40] 8월 1일 거브러여수스 사무총장이 "코로나 바이러스는 100년에 한 번 나올 만한 보건 위기"라는 견해를 밝혔다.[41] 그러나 이때는 이미 전 세계 누적 확진자가 1770만 명, 사망자가 68만 명에 이른 뒤였다.

공공보건의 세계경찰로서 WHO의 한계가 드러나는 대목이다. 전염병 모니터링도, 회원국들을 위한 전염병 대처 가이드라인도 시의적절하게 제시하지 못했다. 백신과 치료제 개발은 뒷전으로 팽개쳐져 있었고, 코로나 바이러스에 대한 국제적 공론을 형성하는 데도 영향력이 제한적이었다. 게다가 중국의 코로나 사태를 과소평가하면서 WHO가 중국을 두둔하는 것 아니냐는 의구심만 불러일으켜 미국을 포함한 일부 회원국의 반발을 샀다. 이는 공공보건과 관련하여 국제사회에 공공재를 제공해야 하는 WHO의 존재 이유를 무색케 했다. 총체적 실패가 아닐 수 없었다.

미국 리더십의 실종도 사태를 악화했다. 그동안 미국은 전염병을 포함하여 국제 공공보건의 위기가 발생할 때마다 탁월한 지도력을 보여왔다. 1990년대 말과 2000년대 초반 미국은 아프리카에서 에이즈를 퇴치하기 위해 800억 달러를 투자했다. 2014년 에볼라 사태가 발생했을 때도 오바마 행정부는 에볼라 퇴치를 위해 70억 달러를 투자하는가 하면, 전염병예방혁신연합Coalition for Epidemic Prevention Innovation, CEPI이라는 국제기구 창설에 중심적 역할을 했다.[42] 심지어 2002년 중국에서 사스가 발생했을 때는 미국 정부가 현지에 전문가들을 파견하여 많은 도움을 준 바 있다.

그러나 코로나 사태에서 보여준 미국의 행태는 실망스럽기 그지없었다. 코로나 바이러스가 확산하던 2020년 3월 초까지만 해도 트럼프 대통령은 "코로나 바이러스보다 독감으로 죽는 사람 수가 더 많다"라고 얘기하면서 코로나 사태를 과소평가했다. 트럼프의 낙관주의는 이내 시련에 부딪혔다. 3월 중순부터 뉴욕주가 봉쇄 조치를 했고, 다른 주들도 그 뒤를 이었다. 전 미국이 공황 상태에 빠져든 것이다. 그런데도 트럼프 행정부는 남 탓하기에 바빴다. 3월 17일, G7 외무장관 화상회의가 열렸다. G7 외무장관들은 코로나 사태에 대한 공동 대응 결의문을 채택하기로 합의했다. 그러나 미국의 반대로 좌절되었다. 마이클 폼페이오 미 국무장관이 결의문에 코로나 바이러스를 '우한 바이러스'라고 표기하지 않으면 미국이 참여할 수 없다고 주장했기 때문이다. 미국은 국제적 리더십을 행사하기보다는 중국 책임론에 총력을 기울이고 있었다. 그뿐 아니라 WHO가 중국을 두둔하고 있다고 주장하며 WHO에 대한 4억 5000만 달러의 지원금을 중단하기로 했고, 아예 내년에는 WHO에서 탈퇴하겠다고 선언했다.[43] 그리고 미국 정부의 이러한 입장에 고무된 미국 NGO들은 40여 개국 1만 명의 코로나 피해자들과 더불어 중국 정부를 상대로 7000조 달러에 이르는 손해배상 집단소송을 제기하고 나섰다.

미국과 달리 중국은 국제 리더십 행사를 위해 많은 노력을 기울였다. 그것은 단순히 코로나 바이러스가 중국에서 발원했기 때문만은 아니다. 중국은 코로나 사태라는 위기 속에서 국제적 위상을 높이려 노력했다. 이른바 '소프트 파워' 외교를 전개했다. 시진핑 주석은 평소 인류 운명 공동체를 강조해왔다. 코로나19가 인류 운명 공동체를 위협하고 있으므로, 중국이 공공재를 제공하는 것은 지극히 당연해 보인다. 사실 그런 이유로 중국은 적극적 방역 외교를 펼쳐왔다. 100여 개 국가를 대상으로 검사 장비, 마스크, 개인보호구, 인공호흡기 등을 제공하는가 하면 일부 국가에는 의료진까지 파견했다. 특히 이탈리아가 어려운 상황에 부닥치자 중국은 인공호흡기 1000대, 마스크 200만 장, 간이 인공호흡기 10만 개, 방호복 2만 개, 검사 기구 5만 개를 보내기로 했다. 이는 실로 파격적인 조치라고 할 수 있다.[44]

그러나 국제사회에서 정통성을 얻는 데는 역부족이었다. '우한 원죄' 때문이다. 리더십 행사에는 물적 공여도 중요하지만 정통성이 있어야 한다. 그러나 중국은 정통성 문제에서 치명적 약점을 보였다. 게다가 미국의 '중국 원죄론'과 이에 편승하는 일부 동맹국과 우방국들의 대중 적대시 정책은 중국의 외교 공간을 원천적으로 제약했다. 이러한 여건에서 중국의 코로나 방역 지원이 자국에 대한 지지를 확보하겠다는 도구적 성격을 띠고 있다는 점도 문제시된다.

과거에는 미국이나 중국이 리더십을 행사하지 않을 때 유럽연합European Union, EU이나 일본이 대안적 영향력을 행사한 바 있다. 그러나 프랑스 등 유럽의 주요 국가들은 국제적 리더십을 행사할 만한 여력이 없었다. 프랑스의 마크롱 대통령이 G7과 유럽연합에서 외교적 노력을 보였지만 효력은 없었다. 트럼프 대통령과 껄끄러운 관계를 유지해온 마크롱 대통령이 미국과 협력할 리 만무하다. 일본은 1990년대에 인간안보를 유엔의 주요 의제로 부각했던 것처럼, 지구촌 차원의 공동 관심사에 적극적 자세를 보인 바 있다. 그러나 코로나 사태로 일본 자체의 사정이 어려운 데다가 도쿄 하계올림픽 개최 문제와 복잡하게 얽히면서 일본 정부도 목소리를 내지 못했다. 아베 내각의 자국 중심적 성향이 이를 부추겼다. 리더십의 실종은 사필귀정이었다. 단, 독일의 입장은 달랐다. 메르켈 총리는 미국의 재정 지원 철회로 어려움을 겪고 있는 WHO에 대해 기존 분담금 3억 유로에 더해 2억 유로(한화 약 2823억 원)를 추가 지원하기로 했다. 독일의 WHO 공여금은 총 5억 유로로 미국의 분담금과 같다.[45] 보기 드문 리더십의 징표라고 하겠다.

2020년 8월 1일 국립보건연구원Korea National Institute of Health, NIH 원장이자 중앙방역대책본부 부본부장인 권준욱 박사는 "일부 선진국의 백신 사재기는 바람직하지 않다"라고 지적하며 WHO가 개입해 이런 사재기, 선점, 선매 현상을 막아달라고 촉구한 바 있다.[46] 권 박사의 주장은 일부 선진국의 백신 민족주의 행태를 보면 쉽게 이해가 간다. 3월 2일, 트럼프 대통령은 백악관에서 코로나 대책 회의를 열고 독일 튀빙겐의 유명한 백신 개발회사 큐어백Curevac의 최고경영자인 다니엘 메니첼라Daniel Menichella를 초청했다. 트럼프의 제안은 몇십 억 달러라도 줄 용의가 있으니 회사를 미국 측에 넘기거나 아니면 연구진을 미국으로 옮겨와 미국에서 백신 연구·개발을 하라는 것이었다. 이러한 제안이 알려지면서 독일에서는 난리가 났다. 메르켈 총리는 이를 아주 부적절한 제안이라고 비판했고, 사민당의 바르벨 바스Barbel Bas 의원은 "코로나 백신은 전 인류의 문제이지, 미국 우선주의 사안이 아니다"라며 이 제안에 거부 의사를 밝혔다. 심지어 독일 집권당인 보수적인 기민당의 에르윈 뤼델Erwin Rüddel 의원조차 "지금은 국가적 이기심이 아니라 국제적 협력이 중요한 시기"라며 트럼프의 제안에 반대하고 나섰다. 마침내 독일 정부의 압력으로 미국의 큐어백 인수는 실패로 돌아갔다.[47] 그러나 7월 31일에 트럼프 행정부는 프랑스의 백신 및 치료제 제약사 사노피Sanofi와 백신이 나오기도 전에 1억 회 분량의 백신 선매 계약을 체결했다. 계약금이 자그마치 21억 달러로 알려졌다. 백신 확보를 목적으로 80억 달러(한화 약 9조

5000억 원)에 달하는 예산을 책정한 것이다.[48] 트럼프의 '미국 우선주의America First'가 잘 드러나는 대목이다.

유럽연합 국가들과 일본도 다를 바 없다. 유럽연합은 7월 31일에 사노피와 백신 3억 회분, 그리고 일본도 사노피와 백신 6000만 회분에 대해 사전 공급 계약을 맺었다. 자국 중심적 백신 민족주의의 폐해라 하지 않을 수 없다. 요즘 북한에서는 백신이 개발되어도 돈이 없어서 확보하지 못하면 어쩌나 하는 걱정을 한다고 한다. 오죽했으면 남중국해 스카버러 섬을 두고 중국과 오랫동안 다퉈왔던 필리핀의 로드리고 두테르테Rodrigo Duterte 대통령이 중국에 먼저 백신 지원을 요청했을까? 백신을 지원해주면 영토 문제에서 양보할 수 있다는 이야기로 들린다. 하물며 아시아, 아프리카, 중남미 국가들은 얼마나 절박할까. 그러나 국제 리더십의 실종으로 이들에 대한 지원 가능성은 희박해지고 있다.

'백신 민족주의'라는 표현은 토머스 볼리키Thomas Bollyky와 채드 바운Chad Bown이 처음 사용했다.[49] 이들은 선진국을 중심으로 만연해 있는 백신 민족주의적 태도로는 코로나 사태를 해결하기 어렵다고 본다. 미국, 유럽연합 국가들, 그리고 일본이 백신을 개발하여 자국민을 먼저 치유한다고 문제가 해결되는 것은 아니다. 다른 국가들에서 코로나 환자가 계속 늘어나면 한 국가의 백신과 치료제는 무의미해진다. 바로 그런 이유에서 더불어 해법을 찾아야 한다. 따라서 백신 민족주의는 강력히 배제되어야 한다. 트럼프 대통령의 백신 민족주의 행태는 다분히 2020년 11월 미국 대선 때문이었다. 경제가 잘되어야 대선에 유리할 것이고, 그러기 위해서는 코로나 사태가 진정되어야 했다. 엄청난 웃돈을 주더라도 백신을 확보해서 경제를 살려야 11월 대선에서 승리할 수 있다고 믿었던 것이다. 그러나 대선 전까지 백신 개발·배포는 이루어지지 않았다. 유럽연합 국가들과 일본도 크게 다를 바 없다. 국내 정치가 코로나 사태에 대한 국제 공조를 어렵게 하는 셈이다. 이러한 선진국 중심의 백신 민족주의는 예상했던 결과를 가져왔다. 2021년 1월 16일 기준 전 세계에 공급된 코로나19 백신 2350만 회분 중 95%가 미국 등 선진국과 중국, 러시아 등 10개국에 집중된 바 있다.[50]

이러한 상황을 보면, 국가 중심의 국제 리더십은 절망적이다. 그러나 일부 대표적인 기업가들은 완전히 다른 발상을 보여주고 있다. 마이크로 소프트 창업자 빌 게이츠는 "백신은 공공재다. 가격은 적정해야 한다"라고 주장했고, 빌앤드멀린다게이츠재단에서는 백신 개발을 위해 자그마치 3억 달러(한화 약 3600억 원)를 기부한다고 발표했다.[51] 일본의 마사요시 손(손정의) 소프트뱅크 회장도 일본에서 코로나가 확산되기 전에 코로나 검사 키트 100만 개를 무료로 배포할 용의가 있다고 발표했다. 그러나 일본 네티즌들이 공개적으로 손 회장을 비판했고, 일본 정부도 불편한 기색을 보였다. 그러다 코로나가 확산되니 그제야 손정의 회장의 제안이 뜻하는 바를 깨달았지만 때는 이미 늦었다.[52]

중국의 알리바바 창시자 마윈馬雲도 매우 흥미로운 행보를 보였다. 한국과 일본에 코로나가 퍼지니, 한국과 일본에 마스크를 무상으로 공급한 것이다. 한국에는 일본 홋카이도에서 제조된 마스크를, 일본에는 한국에서 제조된 마스크를 공급했다. 마스크 포장지에는 '산수지린 풍우상제山水之隣 風雨相齊'라는 글귀가 적혀 있었다. '산과 물로 이어진 이웃, 바람과 비가 올 때는 서로 돕는다'라는 의미다.[53] 참으로 뛰어난 발상이다. 한국과 일본이 역사 문제로 서로 적대시하는 관계가 된 오늘날, 코로나 사태라는 난관을 맞아 이웃끼리 서로 도우며 살라는 이야기다. 그뿐 아니라 마윈은 미국에도 검사기구 50만 개, 마스크 100만 장을 기증했다. 기업가들의 이러한 리더십을 정치인들에게 기대할 수는 없는가? 코로나 사태에 자문해본다.

세계화의 종언?

세계화는 1990년대 이후 국제 관계의 지배적인 추세로 자리잡아왔다. 교통과 통신의 발달, 생산과 소비의 국제화, 그리고 CNN과 같은 국제 미디어의 등장은 세계를 하나로 연결된 지구촌으로 변모시켰다. 국경을 넘어선 상호 의존이 세계화의 모습이다. 사실 1970년대 이전부터 여러 학자가 다국적기업의 확산과 더불어 세계화의 등장을 예고했다. 이미 1970년대 초에 하버드대학교 경영학과의 레이먼드 버넌Raymond Vernon 교수는 『궁지에 몰린 주권Sovereignty at Bay』에서 다국적기업들이 생산 주기product life cycle에 따라 자본과 기술을 국제적으로 이동시키고 생산 활동을 다국적화하면서 주권과 국경의 의미가 퇴색하고 있다고 지적한 바 있다. 이는 다국적기업을 통한 세계시장의 통합을 의미하는 것이다.[54] 일본의 경영학도 오마에 겐이치大前研—도『국경 없는 세계The Borderless World』에서 세계화의 흐름을 간파한 바 있다.[55]

토머스 프리드먼Thomas Friedman의『세계는 평평하다The World is Flat』처럼 세계화를 생생하게 그려낸 저술도 드물 것이다. 프리드먼은 통신 기술 혁명이 세계를 평평하게 만들고 있다고 주장한다. 여기서 평평함이란 화상회의를 뜻한다. 인도와 중국의 하청 업체들이 화상회의를 통해 미국 등의 선진국에서 주문을 받고 생산하는 현상을 비유한 말이다. 이는 전 세계적인 공급 체인을 통해 국가 간의 외주outsourcing가 일상화되고 있음을 뜻한다. 자본은 값싼 노동력을 찾아가고, 거기에서 생산된 상품은 저렴하고 빠른 속도로 소비시장으로 이동한다. 그리고 이러한 세계화 현상은 선진국 소비자들에게는 값싼 상품을, 중국과 인도의 기업과 노동자들에게는 새로운 부와 일자리를 창출하면서 '윈윈'하는 결과를 가져다준다는 것이다.[56]

그러나 코로나 사태는 세계화 현상에 쐐기를 박았다. 무엇보다 사람의 이동이 멈춰 섰다. 심지어 기업인들조차 출장을 가지 못하고 집에 묶여 있다. 사람의 교류 없는 세계화는 생각할 수 없다. 세계 각국은 중세의 성곽도시처럼 빗장을 걸어 잠그고 있다. 바이러스가 사람의 이동에 따라 퍼지면서 세계화는 축복이 아니라 저주로 변했다. 더 심각한 문제는 세계 공급망의 마비 현상이다. 세계화를 목적으로 기업들은 부품을 역외생산offshore하는 다국적 생산 모드를 모색했다.

예컨대 삼성전자의 휴대폰을 보자. 부품은 일본에서 가져오고, 조립은 중국에서 하고, 마케팅은 한국에서 한다. 현대자동차도 마찬가지다. 상당수의 부품을 중국에서 구매하고, 한국에서 완제품을 만든다. 그러나 이러한 생산 공정의 상호 의존 시스템에 코로나 바이러스는 치명타를 안겼다. 2020년 2월 중국의 부품공장들이 코로나 사태로 문을 닫자 현대자동차는 조업을 중단해야만 했다.[57] 미국의 애플사도 마찬가지다.[58] 생산의 세계화가 얼마나 취약한지를 보여주는 대목이다.[59]

이런 현상을 두고 세계화론자들에 대한 비판이 거세어지고 있다. "세계화의 부고장을 써야 할 때."[60] "세계화는 중환자실을 향하고 있다."[61] 그러나 루치르 샤르마Ruchir Sharma는 다른 견해를 낸다. 코로나 사태 때문이 아니라 세계화가 수반하는 여러 모순과 부작용 때문에 반세계화는 코로나 사태 이전에 서서히 진행되었다는 것이다.[62] 이에 동의하기는 어렵다. 트럼프 대통령 같은 이들은 역외생산의 대안으로 다국적기업들의 본국 회귀reshoring를 거론하고 있지만, 이는 소비자의 부담으로 곧장 이어질 것이기 때문에 가능한 대안이 아니다. 게다가 어느 나라가 영원히 폐쇄된 성곽도시 국가로 남을 수 있겠는가. 여행, 그것도 해외여행은 인간 본능의 하나다. 그것을 지속적으로 억압하기란 쉽지 않다. 세계는 다시 연결될 것이고, 세계화는 지속할 것이다. 물론 이 모든 것은 코로나 사태의 기간과 연관이 있다. 장기간 지속한다면 세계화는 치유할 수 없는 타격을 입을 수 있다.[63] 그러나 비교적 단기간에 진정된다면 큰 타격 없이 복원될 것이다. 물론 이 경우에도 과거와는 다를 것이다. 세계화에 따른 다양한 민감성과 취약성을 고려하여 나라마다 세계화에 대해 더 신중하게 접근할 것이다.

코로나 사태와 국제정치 이론의 위기

이론이란 사물과 현상, 더 나아가 현실을 서술하고 설명하는 동시에 예측하는 데 목적이 있다. 그러한 이론은 천재의 머리에서 섬광처럼 일회성으로 나오는 것이 아니다. 직관과 오랜 관찰과 경험, 그리고 학계의 검증을 통해 만들어진다. 이렇게 만들어진 이론은 영구적인 것이 아니다. 기존 이론이 새로운 자연현상이나 사회현상을 적절하게 설명·예측하지 못하면, 그 이론은 위기에 봉착하고 이러한 위기 속에서 새로운 이론이 탄생한다. 과학철학자 토머스 쿤Thomas Kuhn은 이를 두고 '과학혁명' 또는 패러다임 전환paradigm shift 이라고 부른 바 있다.[64]

국제정치에도 이러한 변환이 있었다. 2001년 9·11테러가 대표적인 예다. 기존의 국제정치 이론은 국가나 국제기구 등을 주요 분석대상으로 다뤄왔다. 그러나 알카에다라는 국제 테러 조직이 주요 행위자로 등장하면서 국제정치 이론의 동향이 급격히 바뀌었다. 코로나 사태도 기존 국제정치 이론에 심각한 위기를 가져오고 있다. 극소수의 일부 학자와 저널리스트를 제외하고 누구도 바이러스균이 세계

정치의 주역이 되리라고는 생각해 보지 못했을 것이다. 이는 마치 행성의 충돌이나 외계인의 침공처럼 전혀 예상치 못한 현상이기 때문이다. 국제정치학자들이 당혹감을 보일 수밖에 없는 이유다.[65] 이제 현실주의, 자유주의, 구성주의라는 국제정치의 주류 이론을 간략히 살펴보고 코로나 사태가 어떤 위기를 가져왔는지 추적해보자.[66]

국제정치의 주류 이론은 현실주의realism다. 현실주의는 국제정치 현상을 있는 그대로 본다는 것을 의미하지만,[67] 사실은 몇 개의 기본 가정과 그에 따른 분석 시각에 기초한다.[68] 현실주의의 가정 중 하나는 국제 관계의 기본 단위가 국가라는 것이다. 주권을 대표하는 단일 행위자로서 국가가 외교 또는 그 밖의 수단을 통해 상호작용을 하는 것이 국제 관계의 요체다. 현실주의가 보는 국제 관계는 당구 모형과 같다. 국제 관계라는 당구대 위에서 국가는 당구공이 되고, 당구공 간의 상호작용은 국제정치의 동학을 결정한다. 그러나 국제 관계에는 국내와 달리 중앙정부가 존재하지 않는다. 따라서 국제 관계는 본질에서 무정부 상태를 특징으로 한다. 여기서 무정부 상태는 질서가 없다는 것을 의미하지는 않는다. 중앙정부가 없는 각자도생의 질서라는 것이다. 이러한 질서에서는 국가 간 협력은 어렵고 갈등이 일상화된다. 무정부 질서 아래에서 각 국가가 지향하는 최고의 가치는 바로 생존이다. 누구도 생존을 담보해주지 않기 때문이다. 여기서 각자도생의 적자생존이 현실주의의 기본 논리가 된다.

생존은 외부의 물리적 위협으로부터 한 국가의 영토와 주권, 국민을 보호하는 것을 말한다. 한 나라의 생존과 번영을 담보하려면 스스로 지킬 능력, 즉 자조 능력이 필요하다. 자조 능력은 바로 국력을 의미한다. 국력의 핵심은 군사력이다. 군사력은 경제력과 과학 기술력, 특히 방위산업의 신장을 전제로 한다. 그러나 어느 나라도 합리적 충분성에 의한 자강 능력을 보유하기는 힘들다. 특히 약소국은 스스로를 지키기 위해 자연스럽게 주변의 강한 나라와 동맹을 맺게 된다. 강한 나라라도 동맹은 필요한 법이다. 현실주의 이론, 그 중에서도 공세적 현실주의 시각에서는 국가의 존재 이유가 단순히 안보에 있는 것이 아니라 국제 체제에서 선점적 우위preeminence를 갖기 위한 권력투쟁에 있기 때문이다.[69] 따라서 미국처럼 강한 나라도 세계 제패를 위해서는 동맹이 필요하다. 그런 점에서 무정부적 국제 질서 아래에서 약소국은 자신을 지키기 위해 동맹을 맺게 되고, 강대국은 자신의 힘을 더 키우기 위해 약소국들과 동맹을 맺게 된다. 그런데 한 진영이 이렇게 동맹을 구축하게 되면 자연스럽게 상대 진영도 같은 논리를 따라 동맹을 구축하게 된다. 여기서 세력균형balance of power이 비롯한다. 그러나 동맹은 단순히 세력균형 때문만이 아니라 위협의 균형을 위해서도 필요해진다.[70] 이런 점에서 현실주의에서 동맹은 핵심 개념이 된다.

국제정치 이론에서 현실주의와 경합하는 것이 바로 자유주의liberalism다.[71] 이 시각에 따르면, 국제 관계는 당구 모형이 아니라 거미줄cobweb 형태를 띤다. 즉 국제정치는 국가들 간의 상호작용을 특징으로 하는 당구대가 아니라 개인, 단체, 국제 비영리기구, 다국적 기업, 지역기구, 국제기구 등 다양한 행위자로 거미줄처럼 촘촘히 연결된 하나의 연계망, 즉 세계 사회world society라는 것이다.[72] 자유주의는 현실주의와 달리, 국제 질서를 꼭 무정부적인 갈등의 질서로 보지 않는다. 인간은 선하고 합리적으로 태어났고 민주주의 체제에서 민주 교육을 받았기 때문에 다른 나라를 해치면서 자국의 이득을 극대화하지 않는다고 가정한다. 애덤 스미스의 '보이지 않는 손'이 시장에서의 이해관계 조화harmony of interest를 가능케 하듯이, 국제 관계에서도 주요 행위자들의 합리적 행위가 이해의 충돌이 아니라 조화와 협력을 가져온다고 본다. 그것을 가능케 하는 것이 국제법, 국제기구, 국제 제도다. 국제법과 국제 제도들이 일련의 규범, 원칙, 규칙, 절차를 제공하고 있기 때문에 주요 행위자들 간에 의견 대립이나 마찰이 발생하더라도 평화적으로 규율·조정해나갈 수 있다. 갈등이 아니라 조화가 전제되는 그런 국제 체제에서는 동맹이나 세력균형이 무의미해진다.

국제법과 국제기구에 역점을 두던 자유주의는 1970년대 초에 상호의존론으로 발전하게 된다. 하버드대학교의 로버트 커헨Robert Koehane과 조지프 나이Joseph Nye가 1975년『권력과 상호주의Power and Interdependence』라는 책을 집필하면서 자유주의는 더 정교해졌다.[73] 이 두 학자는 1970년대 초 국제사회의 변화에 주목했다. 1970년 지구 환경과 자원의 위기에 대한 로마 클럽의 보고서가 나오고, 소련·아프리카·방글라데시 등에서 심각한 식량 위기가 발생했다. 그뿐 아니라 닉슨 대통령은 1971년 기축통화reserve currency로서 달러의 역할을 중지시키면서 애써 구축했던 브레턴우즈 통화 체제를 스스로 폐기했는가 하면, 일본과 서독에 수입관세를 부과하며 보호주의 무역정책을 펴기 시작했다. 게다가 1973년 10월에는 석유수출국기구 Organization of Petroleum Exporting Countries, OPEC가 석유 가격을 배럴당 2달러 40센트에서 12달러 이상 인상하면서 극심한 석유 위기가 발생했다. 그러나 핵을 보유한 강대국 미국도 이러한 제3세계 산유국들의 집단행동 앞에서는 속수무책이었다. 사용할 수 없는 핵무기에 의한 국력이 모든 분야에 적용되는 것은 아니었다. 기존의 현실주의나 자유주의 이론으로는 이러한 현상을 설명할 수 없었다.

그래서 커헨과 나이는 상호의존론이라는 새로운 자유주의 이론을 제시했다. 첫째, 국제정치가 국가 중심에서 복수 행위자multiple actors 중심으로 변모하고 있다는 데 주목했다. 특히 다국적기업, OPEC 같은 카르텔, 국제 NGO 등이 새로운 분석 단위로 등장했다. 둘째, 과거에는 군사 부문이 최상위 관심사였지만 무역, 금융, 에너지, 식량, 환경 등도 이에 맞먹는 안보 의제로 설정되면서 의제 간 위계질서가 무너졌다고 한다. 셋째, 군사력에 의한 국력 측정의 한계를 지적했다. 미국과 소련이 핵무기를 보유하고 있는데도 약소국의 집단행동에 무기력했던 것은 핵무기가 내재하고 있는 공포의 균형 때문이었다. 핵무기 사용이 불가능해지면서 석유와 식량 같은 것들이 새로운 국력의 원천으로 등장했다. 넷째, 국가 간 상호 의존이 커지면서 국력의 크기와 관계없이 나라마다 대외적인 민감성과 취약성이 심화했다는 것이다. 마지막으로, 이러한 상호 의존 관계 속에서 무역, 통화, 에너지, 환경, 핵확산 등 주요 쟁점 영역에서 국제 분쟁이 증가하고 있는바 이를 규제하고 관리하기 위한 국제 체제international regime의 강화가 필요하다는 점을 역설한다. 이 상호 의존 이론은 세계화 현상을 이해하는 주요한 분석 틀이 되기도 했다.

마지막으로, 구성주의constructivism를 살펴보자. 현실주의 분석의 기본 단위는 국익이나 국력이다. 반면 자유주의는 주요 행위자의 이익, 규범, 가치에 주안점을 둔다. 그러나 구성주의는 국가권력, 이익, 규범보다는 정체성이 주요 행위자의 외교 행태를 설명하는 데 유효하다고 본다. 국제정치 행위자들이 가지는 이익이나 규범은 궁극적으로 정체성에 따라 결정되기 때문이다.[74] 여기서 정체성이란 쉽게 말해 자신에 대한 인식, 타인에 대한 인식, 그리고 타인의 자신에 대한 인식으로 이루어지는데 이는 바로 자신의 지위, 존엄, 명예, 권위 등으로 나타난다.[75] 알렉스 웬트Alex Wendt는 현실주의자들이 주장하는 대로 국제 질서가 무정부적이라는 것을 인정한다. 그러나 무정부성은 객관적 형태로 존재하는 것이 아니라 해당 국가들이 어떻게 인식하느냐에 따라 달라진다고 한다. 그 인식은 바로 그 국가가 공유하고 있는 정체성으로 결정된다. 예를 들어, 이스라엘 같은 나라는 주변 안보 질서를 '만인의 만인에 대한 투쟁'이라는 토머스 홉스Thomas Hobbes적 무정부 질서로 인식할 것이고, 반면 노르웨이와 같은 유럽 국가는 주변 안보 환경을 평화적으로 인식할 것이다. 그것을 웬트는 칸트적 평화라고 일컫는다. 한편 한국과 같은 나라는 평화와 갈등이 공존하는 질서로 인식하는 경향이 있다. 이처럼 나라마다 각기 다른 정체성이 있고, 그에 따라 안보 환경에 대한 인식이 달라진다. 웬트에 따르면, 그러한 정체성은 역사·문화적 맥락에 따라 사회적으로 구성된다.

리처드 네드 르보Richard Ned Lebow가 1648년 웨스트팔리아조약 이후 2008년까지 94건의 주요 전쟁에 대하여 경험적 분석을 한 바 있다.[76] 일반적으로 대부분의 학자가 전쟁의 원인을 공포(안보)나 국가이익에서 찾았으나 르보는 94건의 전쟁 중 안보 이유로 발생한 사례는 19건으로 18%, 국가이익 때문에 발생한 사례는 8건으로 7%에 지나지 않는다고 본다. 반면 지위standing라는 정체성 때문에 발생한 전쟁 빈도는 62건, 58%로 압도적이다. 그만큼 지위, 존엄, 명예, 자존 등이 국제정치에서 주요 변수로 작용한다는 것을 보여준다.

북한을 예로 들어보자. 북한 지도자의 최고 존엄은 북한이 대외 행태를 결정하는 데에서 국가안보나 경제적 이익보다 더 중요한 역할을 한다. 이는 최고 존엄이란 정체성이 외교 안보 정책의 핵심 변수라는 것을 시사한다.[77] 한국과 일본 관계만 해도 그렇다. 한일 간 경제, 사회 문화, 인적 교류는 1965년 수교 후 기하급수적으로 증가했다. 그러나 한일 간 분쟁은 계속되고 있다. 그것은 단순히 국익(경제적 이익)이나 국력(미국의 압박), 공동의 가치와 규범(민주주의와 시장경제 공유)만으로 설명하기 어렵다. 일본의 과거 식민 지배와 위안부, 징용공 문제 등 과거사에 대한 한국 사람들의 집단기억이 존재하는 한, 그리고 일본 지도층이 이에 대해 양식 있는 사과를 하지 않는 한 한일 관계의 진정한 개선은 어려울 것이다. 바로 정체성 문제 때문이다.

지금까지 국제정치의 세 가지 주류 이론을 간략히 살펴보았다. 이 세 이론 모두 코로나19의 대유행 이후 심각한 위기를 맞고 있다. 무엇보다 예측 실패를 들 수 있다. 현실주의, 자유주의, 구성주의 할 것 없이 무엇도 코로나 사태의 재앙적 발생을 예측하지 못했다. 이론의 존재 이유는 사물과 현상을 사실적으로 서술하고, 인과관계를 설명하는 동시에 미래에 대한 예측과 통제를 하는 것인데, 어느 이론 할 것 없이 실패했다.

　　현실주의에서는 국가 주도의 생화학 무기 사용 가능성은 논하면서도 실상 자연 발생적인 바이러스에는 주목하지 못했다. 국가 중심적 패러다임의 존재론적 한계다. 자유주의 시각도 마찬가지다. 기후변화, 핵확산 방지 등 지구촌 차원의 위협에 주목하면서도 정작 코로나 바이러스와 같은 미생물학 변수는 고려하지 못했다. 구성주의 역시 주요 관심사는 인간이라는 행위자였지 코로나19 같은 미생물은 분석 대상이 되지 못했다. 따라서 예측 실패는 자명하다. 이 모든 것은 국제정치 이론이 아직도 인간 중심적 패러다임에 얽매여 있다는 것을 보여준다. 비인간적 요소에서 오는 변칙성을 간과한 데서 오는 오류인 셈이다.

　　코로나 사태는 국제정치의 현실과 관련하여 다섯 가지 주요 맹점을 표출하고 있다. 첫째, 현실주의 안보 개념의 적실성 문제다. 기존의 군사안보 개념으로는 코로나 바이러스의 변칙성을 이해할 수 없다.

　　둘째, 기존 이론의 시각에 따르면 전쟁과 평화는 인간의 계산과 의지의 결과다. 그러나 이번 팬데믹은 인간의 계산이나 의지와 관계

없이 전염병과 같은 자연적 요소가 전쟁과 평화의 매개변수로 작용할 수 있다는 점을 시사한다. 이는 현실주의, 자유주의, 구성주의 등 모든 접근법이 간과한 부분이다.

셋째, 재앙과도 같은 코로나 사태는 우리가 전혀 예측하지 못했던 또 다른 갈등 가능성을 수반하고 있다. 그것은 코로나 확산에 따른 인종 갈등과 그에 따른 문명 충돌의 개연성이다. 구성주의 이론이 이에 대한 적합한 분석 틀을 제공하리라고 본다. 그러나 현실주의는 인종이라는 변수를 분석 단위로 삼지 않고 있고, 자유주의는 합리성의 시각에서 이를 전혀 고려하지 않고 있다.

넷째, 코로나 사태를 계기로 나타난 국제사회의 무기력, 특히 국제 리더십의 실종 현상도 하나의 변칙 현상이다. 유엔과 WHO, 미국, 유럽연합, 중국 할 것 없이 코로나 사태에 대한 국제적인 공동 대응 노력을 찾아보기 어렵다. 현실주의자들은 무정부 상태에서 협력의 부재라는 가정에 부합하는 것이라고 주장할 수 있겠지만, 이는 부적절하다. 무정부 상태 아래에서 국익을 위해 동맹을 맺듯이, 코로나 사태에 대응하기 위해 국제 협력을 하는 것은 지극히 당연한 합리적 선택이다. 왜냐하면 국제 공조 실패는 제로섬zero sum이 아니라 네거티브섬negative sum 결과를 가져오기 때문이다. 그래서는 그들이 강조하는 상대적 이득을 얻을 수 없다. 게다가 자유주의도 설득력이 없다. 그런 상태에서 국제 협력이나 국제기구의 적극적 개입이 자생적으로 이루어지지 않았기 때문이다. 이 역시 기존 이론들이 포착하지 못한 변칙적 현상이라 할 수 있다.

마지막으로, 팬데믹은 세계화의 어두운 얼굴이라 할 수 있다. 그러나 역설적으로 코로나 사태가 세계화의 종언을 재촉하고 있다. 자유주의 이론에 대한 심각한 도전이 아닐 수 없다.

국제정치를 넘어 세계 질서까지 흔들리고 있다

코로나19는 국내 영역 못지않게 국제정치에도 지대한 영향을 미치고 있다. 안보 개념의 변화, 전쟁과 평화에 대한 새로운 시각, 황화론과 문명충돌론, 국제 리더십의 실종, 세계화의 역기능 등은 기존 국제정치 이론이 다루지 못한 변칙적 현상이다. 이러한 변칙적 현상들은 기존 국제정치 이론의 위기를 가져왔다. 그러나 여기에서 한 가지 다루지 못한 것이 있다. 그것은 다름 아니라 코로나19가 세계 질서에 어떤 영향을 미치는가 하는 것이다. 코로나 사태는 세계 질서의 흐름을 크게 흔들고 있다. 3장에서 이를 심층적으로 다루고자 한다.

3장
포스트 코로나 시대의 세계 질서:
5가지 미래 시나리오

"미래 역사는
코로나 사태의 승자에 의해 쓰일 것이다."
_존 앨런[1]

위의 문장은 브루킹스연구소Brookings Institution의 존 앨런 소장이 한 말이다. 코로나 사태에서 승리하는 국가가 미래의 세계사를 다시 쓰게 될 것이라는 표현이 과하게 들릴지도 모른다. 그러나 헨리 키신저 Henry Kissinger와 토머스 프리드먼 등의 저명인사들은 이구동성으로 세계 질서는 코로나 사태 이전과 이후로 확연히 달라질 것으로 예측한다. 이를 반영하듯이 브루킹스연구소를 포함하여 애틀랜틱카운 실Atlantic Council, 미국 국제전략문제연구소Center for Strategic & International Studies, CSIS, 카네기평화재단 등 세계 유수의 싱크탱크는 물론이고 「포린어페어스」, 「포린폴리시Foreign Policy」, 「애틀랜틱The Atlantic」과 같은 저명한 시사 잡지들도 이 주제를 중점적으로 다루고 있다.[2]

대서양위원회의 매슈 J. 버로스Mathew J. Burrows와 피터 엔겔크Peter Engelke는 코로나 사태 이후 세계 질서의 미래에 대해 3가지 시나리오를 제시했다. 첫째, '하향 가속화downward acceleration' 시나리오다. 이는 보호무역이 기승을 부리며 역세계화deglobalization 현상을 촉발하는 동시에 미중 대결 구도의 악화로 지정학적 구도가 불안해지는 세계를 상정한다. 둘째, '중국 제일China First' 시나리오다. 중국의 일대일로 정책이 성공을 거두고 미국이 아시아 지역에서 중국을 견제하기 위한 새로운 NATO 구축에 실패하면서 중국이 새로운 맹주로 등장하는 시나리오다. 마지막으로, '새로운 르네상스' 시나리오다. 이는 미국이 패권을 견고히 하고 과거의 다자 질서를 재구축하는 것을 말한다.[3] CSIS의 마이클 J. 그린Michael J. Green은 아시아 지역에 초점을 맞춰, 미중 대결 격화의 현상 유지, 미국 리더십의 부활과 다자주의 제도의 공고화, 그리고 중국이 패권을 가지는 팍스 시니카Pax Sinica라는 아시아 지역의 3가지 미래 질서 시나리오를 내보인 바 있다.[4] 그 밖에 주요 싱크탱크와 시사 잡지의 기고문을 종합·분석해보면 포스트 코로나 시대의 세계 질서에 대한 시나리오는 크게 5가지로 나타난다.[5]

첫째, 미중 대결 구도를 전제로 한 현상status quo의 지속 또는 악화 시나리오다. 둘째, 코로나19로 세계화는 후퇴하고 자국 중심의 성곽도시가 등장하면서 세계는 새로운 중세와 유사한 방향으로 전개될 것이라는 비관적인 전망이다. 셋째, 다분히 당위론적 주장으로 코로나 사태는 개별 국가들의 노력만으로 극복될 수 없으므로 유엔을 중심으로 한 다자주의 질서, 즉 팍스 유니버설리스Pax Universalis가 구축되어야 한다는 시각이다. 넷째, 코로나 사태의 궁극적 승자는 미국이 될 것이고 미국 중심의 패권 질서인 팍스 아메리카나가 다시 재현될 수 있다는 전망이다. 마지막으로, 포스트 코로나 시대의 승자는 미국이 아니라 중국이 될 가능성이 크고 세계 질서는 중국을 중심으로 재편될 것이라는 팍스 시니카 시나리오다.[6] 3장에서는 이 5가지 시나리오의 개념, 성격, 성립 조건 그리고 개연성과 유용성을 심층적으로 분석하고자 한다.

세계 질서란 무엇인가

세계 질서의 미래를 논하기 전에 그 개념을 명료히 할 필요가 있다. 사전적 의미에서 질서란 "혼란 없이 순조롭게 이루어지게 하는 사물의 순서나 차례"를 의미한다. 이 개념을 국제정치에 적용하면 국제 질서란 국제 현실의 배열로 이해할 수 있다. 그러나 이러한 배열은 무작위적이지 않고 일련의 원칙, 규범, 규칙에 따라 만들어진다. 그래야 혼란을 피하고 지속성과 안정성을 담보할 수 있기 때문이다.

지금은 작고했지만, 프랑스의 유명한 국제정치학자 레몽 아롱Raymond Aron은 세계 질서를 3가지 측면에서 보았다.[7] 첫째는 서술적 의미로서의 세계 질서다. 이는 국가, 국제기구, 비국가 행위자들이 국제 관계에서 어떻게 배열되고 있는지를 보여준다. 여기에는 배열의 규칙이 있다. 둘째는 분석적 의미로서의 세계 질서다. 전체로서의 국제 질서와 그 부분 간의 관계를 규명해내는 작업이 바로 분석적 세계 질서다. 마지막으로, 당위론적 세계 질서다. 아롱은 세계 질서는 단순히 서술과 분석의 대상을 넘어선다고 강조한다. 인류의 생존, 공존, 그리고 더 나은 삶을 위해 어떤 원칙과 규범, 규칙과 절차를 만들어야 하는지를 고민하는 것이 세계 질서 논쟁의 기본이 되어야 한다는 것이다. '정의로운 세계 질서Just World Order' 학파는 이런 맥락에서 생겨났다.[8]

무티아 알라가파Muthiah Alagappa 박사는 『아시아의 안보 질서Asia Security Order』에서 세계 질서를 좀 더 심층적으로 다루었다.[9] 그는 "국제 질서란 개인이나 집단이 자신의 목적을 추구하는 과정에서 이들 간에 합의된 일련의 규칙에 따라 이루어지는 상호작용과 그것을 규정하는 공식·비공식 배열"이라고 정의했다.[10] 쉽게 말해, 질서란 '규칙을 따르는 행위rule-governed behavior'에 의해 결정된다. 질서를 따르지 않을 때 혼란이 생겨난다. 교통 신호등의 빨간불은 정지 신호다. 그런데 이를 지키지 않고 운행하면 충돌이 일어난다. 이처럼 교통 규칙을 준수할 때 질서가 보장되고 운행은 예측 가능해진다. 국제 관계에서도 마찬가지다. 세계무역기구World Trade Organization, WTO는 기존에 비차별(최혜국 대우), 호혜주의 그리고 투명성을 원칙으로 규정했다. 그러나 회원국이 이 3가지 원칙 모두 또는 그 일부를 위반하고 보호무역 정책을 추구하면 다른 회원국들도 이에 보복하면서 무역 전쟁이 발발하게 된다. 이처럼 규칙을 따르는 행태는 안정된 세계 질서를 보장 해주지만, 그 역도 성립된다.

그러나 세계 질서는 포괄적이거나 단선적이지 않다. 국제사회의 세력 분포, 쟁점 영역과 이해관계에 따라 여러 형태로 나타난다. 알라 가파는 3가지 유형의 질서를 제시한다.[11] 첫째, 도구적 질서다. 개별 국가가 각자의 이익과 목적을 실현하기 위해 추구할 때 생겨난다. 각 자도생의 질서라고 할 수 있다. 세력균형, 패권 질서 그리고 강대국 협 의체가 대표적 사례다. 둘째, 규범적·계약적 질서다. 이는 기능적 쟁 점 영역에서 관련 국가들이 서로 협의하여 일련의 규범과 원칙·규칙 을 만들고, 이를 조약이나 협정 그리고 국제기구 등 공식적 채널을 통해 이행할 때 가능해진다. 국제 공조를 통해 개별 및 공동의 이익 을 동시에 추구하는 질서라고 할 수 있다. 유엔헌장에 명시된 집단안 전보장collective security, 핵확산방지조약, 국제해양법, 그리고 WTO 등 이 여기에 속한다. 셋째, 알라가파는 연대에 의한 질서solidarity order도 가능하다고 말한다. 이는 신뢰에 기초한 것으로 계약관계를 뛰어넘 어 공동의 정체성을 만들고 질서를 유지하는 것을 말한다. 대표적으 로 유럽연합을 들 수 있다. 경제적인 이익을 위해 만들어진 유럽연합 이 경제 영역을 넘어 타 분야에서도 공조를 취하게 된다. 그 과정에 서 유럽연합의 정체성이 생기고, 그에 따라 새로운 지역 질서가 만들 어진다. 이 경우에는 개별 국가의 이익보다는 공동체의 이익이 더 우 선시될 수 있다.

세계 또는 국제 질서는 1648년 베스트팔렌조약Peace of Westfalen이 체결되고 새로운 주권 개념이 제도화하면서 가능했다. 베스트팔렌적 주권은 '국가의 크고 작음에 관계없이 개별 국가의 주권은 신성불가침이다'라는 국제법적 합의에 기초한다. 이 개념에 의거하여 근대국가 시스템이 시작되었다. 이러한 근대국가 시스템은 현실주의자들이 주장하듯이 무정부적 질서에 기초해 있다. 그러나 앞에서 이미 지적했지만 무정부적 질서는 결코 무질서를 의미하지는 않는다. 단순히 강제력을 가진 중앙정부가 존재하지 않는 가운데 개별 국가들이 각자도생하는 질서를 말하기 때문이다. 무정부적 질서 아래에서 국제 질서는 세력균형 형태로 나타나기 쉽다.[12] 이러한 세력균형 질서는 나폴레옹전쟁이 끝난 뒤 1815년 구축된 빈 체제 이후 유럽 질서의 기본이 되었다.

그러나 세력균형 체제에서 하나의 강대국이 압도적 국력을 지니게 될 때 패권 질서hegemonic order가 가능해진다. 패권 질서에서는 패권국, 패권국을 지지하는 국가, 훼방 놓는 국가, 거기에 무임승차하는 국가 등이 위계적 형태로 나타난다.[13] 일반적으로 패권국은 자국이 원하는 원칙·규범·규칙 등을 제도화하고, 이를 통해 국제 질서를 지배하게 된다. 1919년 6월 28일 파리평화회의의 결과로 채택된 베르사유조약은 제1차 세계대전 이후 새로운 유럽과 세계 질서의 틀을 제공했다. 미국의 우드로 윌슨Woodrow Wilson 대통령은 이를 바탕으로 집단안전보장, 민족자결 원칙, 그리고 국제연맹League of Nations이라는 새로운 세계 질서를 모색했다. 의회의 반대로 정작 미국은 여기에 가입하지 않았고, 강제력이 없었던 이 질서는 오래가지 못했다.[14]

그러나 제2차 세계대전 이후 미국의 패권적 지위는 더욱 강화되고 미국 중심의 새로운 국제 질서가 만들어졌다. 미국, 소련, 영국, 프랑스, 중국으로 구성된 안전보장이사회와 집단안전보장 개념에 기초한 유엔,[15] 국제 자유무역의 활성화를 위한 '관세 및 무역에 관한 일반협정General Agreement on Tariffs and Trade, GATT', 국제무역 체제의 유동성과 국제통화 체제의 안정성을 보장하기 위한 '브레턴우즈 통화 체제', 그리고 더 나아가서는 이런 자유 서방권의 국제 시장경제 질서를 보호하기 위해 미국은 자국 중심의 동맹권을 구축했다. 미국은 유럽에는 NATO, 중동에는 중앙조약기구Central Treaty Organization, CENTO, 동남아시아에는 동남아시아조약기구Southeast Asia Treaty Organization, SEATO, 남태평양에는 태평양안보조약Australia, New Zealand, United States Security Treaty, ANZUS을 만들고 미·일, 한·미, 미·대만 동맹을 맺으면서 당시 소련에 대항하는 동맹 질서를 만들었다. 이렇게 형성된 것이 이른바 '자유주의 국제 질서liberal international order'이자 미국 중심의 패권 질서다.[16]

다른 형태의 국제 질서도 있다. 그것은 강대국 협의체Concert of Power 또는 유럽 협의체Concert of Europe다. 이는 1815년 나폴레옹전쟁을 종식한 유럽의 지도자들, 특히 오스트리아의 재상 클레멘스 벤첼 로타르 폰 메테르니히Klemens Wenzel Lothar von Metternich가 당시 러시아, 오스트리아, 프로이센으로 구성된 신성동맹Holy Alliance과 영국을 포함하는 4국동맹Quadruple Alliance을 형성하여 전후 유럽을 안정적으로 관리하고 평화를 유지하기 위해 고안해낸 지역 질서다. 이 질서는 기본적으로 세력균형에 기초해 있었지만, 강대국 간 협의를 통해 전쟁을 예방하고 평화를 모색했다는 점에서 높이 평가할 수 있다. 이러한 유럽 협의체 시스템은 1914년 제1차 세계대전이 일어날 때까지 유럽이 100년 평화를 유지하는 데 크게 공헌했다.[17]

이렇게 보면, 알라가파 박사가 제시한 도구적 질서, 규범적·계약적 질서 그리고 연대에 의한 유기체적 질서는 상호 배타적인 것이 아니다. 안보 분야에서도 패권, 세력균형, 강대국 협의체라는 도구적 질서가 집단안전보장 체계나 경제 분야의 다자주의 질서와 중첩적으로 나타날 수 있다. 또한 지역 통합과 같은 연대에 의한 유기체적 협력 질서도 도구적·계약적 질서와 상충하지 않고 오히려 밀접한 관계를 맺는다. 유럽연합을 예로 들어보자. 미국이라는 패권국이 NATO라는 집단방위 체제, 즉 도구적 질서를 만들어주는 동시에 GATT/WTO라는 상위의 규범적·계약적 질서를 만들어주었기 때문에 유럽연합의 결성이 가능했다.

위에서 논의한 세계 질서는 다분히 유럽 중심적이다. 그러나 역사적으로 보면 주요 문명마다 각각의 세계질서관을 가지고 있었다. 중국은 천하세계관이라는 독특한 중화질서론을 견지해왔다.[18] 하늘 아래 모든 땅, 모든 사람, 모든 제도와 규칙을 천하세계라 하는데, 그 중심에 중국이 있고 중국의 황제는 천자가 된다. 이러한 질서 아래에서 중국만이 문명국가이고 주변국은 모두 미개한 오랑캐로 규정되어 북쪽 오랑캐를 북적北狄, 동쪽 오랑캐를 동이東夷, 남쪽 오랑캐를 남만南蠻, 서쪽 오랑캐를 서융西戎이라 불렀다. 그러나 여기서 문명과 야만은 배타적 관계가 아니다. 큰 나라 즉 중국은 '작은 나라를 어여삐 여기고' 작은 나라는 '큰 나라를 섬긴다'는 자소사대事小事大의 원리가 작동하는 것이다. 이는 조공 체계로 나타난다. 주변 국가가 예를 갖춰서 중국에 조공을 바치면, 중국은 책봉과 회사로 답한다. 이러한 교환 관계가 중국 중심의 지역·세계 질서를 형성했다.

여기서 한 가지 흥미로운 사실은 중국이 조공과 책봉이라는 조공 체계를 통해 주변국에 영향력을 행사하기는 했지만, 영토 침탈을 하지 않았다는 점이다.[19] 물론 몽고족이 세운 원나라라든가 만주족이 세운 청나라는 영토 팽창을 통해 지배 영역을 확대한 바 있으나, 한족이 중원을 차지했을 때는 군사적 침공과 영토 확장을 지양하고 조공과 책봉 관계를 통해 영향력을 확대해나갔다는 사실에 유념할 필요가 있다. 중국의 정치·군사적 우세, 유교 문화에 기반을 둔 정통성, 주변국에 경제적으로 유리한 조공 관계, 그리고 촘촘한 인적 연계망이 이러한 독특한 지역 또는 세계 질서를 가능케 했다.[20] 이는 서구의 질서관과 성격이 다르다. 그러나 이러한 중국 중심의 세계 질서관은 중국이 1840년대에 아편전쟁에서 패배하면서 와해했다.

이슬람도 독특한 세계 질서관을 보인 바 있다.[21] 7세기 말에 예언자 무함마드가 서거한 뒤 이슬람 제국은 칼리프 제도, 우마이야 왕조, 그리고 아바스 왕조로 발전했다. 특히 이슬람은 창시 후 200년간 엄청난 속도로 팽창했다. 스페인의 코르도바부터 인도의 델리에 이르는 이슬람 제국을 구축했다. 여기서 세계는 이슬람 평화의 세계 Darul Islam와 이교도 영역인 전쟁의 세계Darul Harb(다룰 하르브)로 양분된다. 다룰 하르브는 당연히 정복의 대상이 되었고, 이들과의 전쟁은 끊이지 않았다. 그러나 아바스 왕조로 들어서면서 이슬람의 세계 질서관은 크게 변했다. 9세기 이후부터는 아바스 왕조에 복속되기를 거부하는 지역도 생겨나고, 이교도 지역이지만 이슬람과 적대적이지 않은 국가들도 생겨나면서 이를 다루기 위한 이슬람 국제법 시야르Siyar가 만들어졌다. 시야르에 따르면 다룰 이슬람과 다룰 하르브라는 이분법을 넘어 안전 영역 또는 잠재적 평화 지대인 다룰 술Darul Sulh, 이교도들이 살지만 조약 관계를 맺거나 안전하게 왕래할 수 있는 우호적 지역인 다룰 아흐드Darul 'Ahd, 그리고 조약이 체결되지 않은 비조약·중립 지대 다룰 히야드Darul Hiyad 등이 있다. 그러나 제1차 세계대전 이후 오토만 제국의 멸망과 더불어 이러한 이슬람 세계 질서는 소멸했고, 이슬람권 국가들은 서구의 국제 질서를 추종하고 있다.

이러한 세계 질서의 변화에는 어떤 조건들이 있을까? 키신저는 『세계 질서World Order』에서 국력과 정통성이라는 두 변수를 제시했다.[22] 세계 질서의 변화는 주로 전쟁으로 발생한다. 세계대전과 같은 큰 전쟁에서 승리한 쪽이 패권국으로 등장하고 자신이 원하는 질서를 구축하기 때문이다. 세력 전이 이론에 따르면, 큰 전쟁은 패권국과 도전국 사이의 충돌에서 비롯한다.[23] 패권국의 국력 신장 속도는 완만해지는 반면 도전국의 국력 신장 속도가 빨라졌을 때, 그러한 충돌 가능성이 커진다. 그러나 국력의 변화는 필요조건일 뿐이다. 충분조건은 도전국 지도자가 자기들이 처한 국제적 지위에 대해 가지는 만족도 여부다. 세력 전이가 이루어지더라도 자신의 지위에 대한 만족도가 높으면 전쟁 발발 가능성이 낮다는 것이다. 그러나 불만족도가 높을 때는 큰 전쟁의 가능성이 커지고 전쟁 결과에 따라 기존 질서가 유지되거나 변화하게 된다.

1803년부터 1815년까지 12년에 걸쳐 나폴레옹 전쟁이 있었다. 프랑스와 그 동맹국, 그리고 그에 반대하는 왕정 국가들인 영국, 러시아, 오스트리아, 프로이센 간의 전쟁은 프랑스의 패전으로 끝났다. 그 결과 1815년 빈 체제에 따른 새로운 유럽 질서가 등장하게 되었다. 그 질서는 세력균형과 강대국 협의체에 기초했다. 이런 구도 아래에서 영국은 패권적 균형자hegemonic balancer 역할을 했다. 이 질서는 1914년까지 유럽의 100년 평화를 만드는 데 크게 공헌했다. 1914년의 제1차 세계대전도 마찬가지다. 오스트리아·헝가리 제국과 독일이 한편이 되고 영국, 러시아, 프랑스 등이 연합국이 되어 벌인 전쟁은 연합국의 승리로 끝났고, 1919년 6월 28일 베르사유조약 체결로 새로운 세계 질서가 만들어졌다. 우리에게 낯익은 우드로 윌슨의 14개 원칙에 의거하여, 베르사유조약 제1조는 집단안전보장에 기초한 국제연맹의 탄생을 가져왔다. 여기에는 군비축소, 안전보장, 국제분쟁의 평화로운 해결, 문화 발전과 인도적 사업의 전개 등이 포함되어 있다.

이미 지적했듯이, 제2차 세계대전도 마찬가지다. 앞서 논의했지만 제2차 세계대전의 승자는 연합국, 그 중에서도 미국이었다. 세계 질서는 미국 중심으로 바뀌었다. 우선 아시아 지역에서는 1951년 샌프란시스코 강화조약을 통해 패전국 일본을 주권국가로 인정해주었고, 다른 한편으로는 미국 중심의 자유주의 경제 질서가 만들어졌다. GATT 체제가 생겨났고, 브레턴우즈 통화 체제에 따라 달러화가 기축화폐가 되고 금본위제가 제도화했다. 그뿐 아니라 IMF와 국제부흥개발은행International Bank for Reconstruction and Development, IBRD과 세계은행World Bank을 만들어 세계무역 시스템의 안정과 전후 복구 및 신생국의 경제 발전을 지원하도록 했다. 또한 유엔이라는 다자 질서도 미국의 작품이었는데, 소련과의 냉전 체제에 대응하기 위해 유럽에, 중동과 동북아시아와 동남아시아에, 오세아니아 지역에 동맹 체제를 구축했다. 이렇듯 국가 간 세력 전이와 그에 따른 대규모 전쟁은 새로운 세계 질서를 창출했다.

국력 못지않게 세계 질서의 형성과 유지에 필수적인 것이 정통성이다. 막스 베버Max Weber가 지적했듯이, 정통성은 권위에 대한 일반 시민들의 수용성 또는 순응성 여부와 정도로 측정된다. 이는 세계 질서에도 마찬가지로 적용될 수 있다. 새롭게 탄생한 국제 질서는 국제사회 구성원들이 존중하고 지지할 때 계속 유지될 수 있다. 그러나 새로운 질서가 내포한 일련의 원칙과 규범, 규칙, 절차 등이 정통성이 부족할 때 그것은 오래가기 어렵다. 예컨대 나폴레옹전쟁만 하더라도 이는 단순한 세력 다툼이 아니었다. 정통성 싸움이 그 본질이었다. 프랑스는 기본적으로 공화정을 대표했다. 반면에 영국, 오스트리아, 러시아, 프로이센은 모두 왕정으로 공화정에 반대했다. 따라서 반프랑스 동맹은 왕정복고를 염두에 두고 있었다. 나폴레옹전쟁에 승리한 후 이들 왕정 국가는 파리조약에서 부르봉 왕정의 복구를 명문화했다. 1815년에 출범한 빈 체제가 1914년의 제1차 세계대전까지 유지될 수 있었던 것은 이러한 왕정 질서가 그 정통성을 담보해주었기 때문이라고 할 수 있다.[24] 비근한 예로 최근 미국이 만들어놓은 자유주의 패권liberal hegemony 질서의 급격한 쇠락을 들 수 있다. 트럼프 행정부는 과거 미국 정부가 만들어놓았던 국제 질서를 '미국 우선주의'를 핑계로 와해시키려 했다. 미국 스스로가 부인하고 무시하는 국제 질서로는 국제사회에서 정통성을 구축하기 어렵다. 다른 나라들이 지지해줄 이유가 없기 때문이다.

마지막으로, 세력 분포와 정통성 못지않게 중요한 변수는 국가이익이다. 여러 국가가 국제 질서의 규범, 원칙, 규칙을 수용하는 것은 단순히 패권국의 강압이나 권유 때문만은 아니다. 그러한 질서에 동참하는 것이 자국에 이익이 되기 때문이다. 만일 국제 질서가 자국의 이익에 불리하다고 판단하면 그러한 질서에 저항하고 새로운 출구를 만들려고 할 것이다. 그리고 패권국이 만들어놓은 국제 질서를 패권국 자신이 포기할 수도 있다. 그런데도 제도의 관성 때문에 그러한 질서가 지속할 수 있다.[25] 브레턴우즈 통화 질서를 보자. 베트남전쟁과 국제 경쟁력 약화로 미국의 국제수지 적자가 심화하고 전비 조달을 위한 통화량 증발로 인플레이션이 일어나 달러 가치가 급락하자 일부 국가들이 금 태환을 요구하고 나섰다. 이에 1971년 8월 15일 리처드 닉슨Richard Nixon 미국 대통령은 '금 태환 정지'를 선언했다. 달러 위기 타개를 위한 조치였지만 이는 브레턴우즈 체제의 붕괴를 가져왔다. 그러나 금 태환 제도를 제외한 브레턴우즈 통화 제도의 기본 골격은 그대로 남아 작동했다. 이 사례가 주는 함의는 국익의 우선성이다. 미국은 자국의 경제위기 극복을 위해 이 체제를 스스로 포기했는가 하면, 다른 나라들은 이 체제를 계속 유지하는 것이 자국의 이익에 도움이 된다는 판단 아래 변형된 브레턴우즈 시스템의 유지를 원했다. 이렇듯 국제 질서의 지속 여부는 국가이익의 셈법에 따라 좌우될 수 있다.

지금까지 세계 질서의 개념, 유형, 조건에 대해 개괄적으로 살펴보았다. 그렇다면 코로나 사태 이후의 세계 질서는 어떤 양상으로 전개될까? 현상 유지, 성곽도시와 새로운 중세, 유엔을 통한 세계 질서(팍스 유니버셜리스), 미국 자유주의 패권의 부활을 통한 세계 질서Pax Americana II(팍스 아메리카나 II), 그리고 중국 패권을 통한 세계 질서(팍스 시니카). 이 5가지의 시나리오를 심층적으로 살펴보자.

첫 번째 시나리오, 현상 유지

현상 유지 시나리오는 코로나 사태에도 불구하고 미중 양극화 대결이라는 현재의 세계 질서가 지속하는 것을 말한다. 조지프 나이는 2020년 4월 「포린폴리시」에 기고한 글에서 다음과 같이 주장했다. "코로나 사태가 세계화를 둔화시키고 중국의 부상을 촉진하는 것은 분명하지만, 그것이 큰 전쟁으로 번져 세계 질서의 변화를 가져올 것이라고는 보지 않는다."[26] 그는 1919년 스페인독감이 창궐했을 때도 새로운 질서가 나타나지 않았고 오히려 제1차 세계대전이 변화의 질서를 가져왔으며, 9·11테러와 2008년, 2012년의 금융위기도 엄청난 충격을 수반했지만 국제 질서의 변화를 가져오지는 않았다는 것을 시사하며 코로나 바이러스 또한 지정학적 전환점을 가져오지는 않을 것이라고 보았다. 또한 현재의 미중 대결 구도에서 미국에 유리한 점이 많고, 잘못된 정책 결정으로 이 유리한 카드들이 무력화하면서 미국의 입지가 어려워질 수는 있지만 현 국면이 대체로 유지될 것이라고 전망했다. 미국외교협회의 리처드 하스Richard Haass 회장도 비슷한 논지를 폈다. 그는 다음과 같이 단정적으로 말했다. "코로나 이후 세계도 그 이전 세계와 급진적으로 다를 것 같지는 않다. 코로나19는 세계 역사의 기본 방향을 가속할 수는 있지만 변화시키지는 못할 것이다."[27] 코로나가 경제력에 부분적인 영향을 끼칠 수는 있지만, 패권을 가름하는 국방력에는 큰 영향을 미치지 못할 것이기 때문에 미중 간의 큰 세력 전이를 가지고 올 수 있는 것은 아니라는 주장이다.

이 두 학자를 비롯한 다수의 전문가는 전염병 국면과 관계없이 미국과 중국 간에 지역 패권regional hegemony 경쟁, 더 나아가 세계 패권global hegemony 경쟁이 치열해질 것으로 본다. 엄밀히 말해 현재 시점의 세계 질서는 미국 중심의 패권 질서로 보아도 무방하다. 여러 가지 어려움이 있긴 하지만, 미국이 구축해놓은 자유주의 경제 질서는 물론 미국의 동맹 체제도 아직 건재하다. 그러나 최근 들어 중국의 부상에 따른 미중 간 양자 경쟁이 치열해지고 있다. 중국은 자신들이 수정주의 세력이 아니고 미국이 만들어놓은 질서 아래에서 협력과 경쟁을 하겠다는 태도를 보이지만, 미국의 인식은 다르다. 미국은 중국의 의도가 미국과의 패권 경쟁에 있다고 본다. 20세기 초 빌

헬름 2세 치하의 독일처럼 중국은 일차적으로 아시아 지역에서 패권을 구축하고 궁극적으로 2049년에는 세계를 제패한다는 꿈을 꾸고 있다는 것이다.[28] 중국의 부상과 패권국 미국이 이에 대해 느끼는 공포, 그리고 그에 따른 대결 구도가 현 세계 질서의 기본 성격이라 규정할 수 있다. 바꿔 말하면 미중 간의 느슨한 비대칭 양극 구도와 미국이 구축해놓은 다자주의의 기본 틀 안에서 미국과 중국이 경합하는 G2와 약화한 다자주의가 현재의 국제 질서라 할 수 있다. 문제는 코로나 사태 이후 미중 대결이 더욱 격화되고 있다는 점이다. 미국은 이미 중국에 대한 견제와 봉쇄를 강화하는 신냉전을 선포했다. 중국은 현재 이를 피하는 전략을 모색하고 있다.

현상 유지 시나리오에서는 지금의 국제 체제를 기본적으로 '느슨한 비대칭 양극체제'로 본다.[29] 이 양극에는 미국과 중국이 있다.[30] 지금은 핵무기를 가진 국가가 9개국이고 그 중에서 국제적으로 용인되는 핵무기 보유 국가는 5개국이기 때문에 다극체제라고 할 수 있지만, 전반적인 국력으로 보자면 결국 미국 대 중국이라고 볼 수 있다. 미국이 압도적으로 우세한 상태에서 중국이 부상하는, 느슨한 양극체제가 유지되는 상황이다. 현재 미국은 NATO를 비롯한 다수의 국가와 동맹을 맺고 있지만, 냉전 시기와 달리 그 내적 결속력은 비교적 약하다. 한편 중국은 반패권을 표방하며 독자적인 블록을 구축하지 않고 있다. 따라서 전반적인 국력 면에서 미국이 중국보다 우세한 비대칭성을 보이며, 냉전과 견주면 대결의 강도도 느슨하다. 그런 점에서 현재의 질서를 느슨한 비대칭 양극화 구도로 규정할 수 있다.

미중 간의 비대칭 구도를 구체적으로 살펴보자. 2019년 기준 미국의 GDP는 21조 4000억 달러, 중국은 14조 1000억 달러다. 무역 규모는 미국이 4조 1000억 달러, 중국은 4조 5000억 달러로 비슷하지만, 중국이 미국을 앞서고 있다. 군사비에서는 2019년 기준 미국은 7320억 달러를 지출했고 중국은 2615억 달러에 그쳤다. 5장 지정학적 경쟁에서 자세히 논의하겠지만, 전반적인 전략 자산에서 중국은 미국에 현저하게 뒤지고 있다.

군사력 비교의 또 다른 지표는 동맹이다. 이미 지적했듯이 미국은 NATO, 리우조약기구Rio Treaty 그리고 한미·미일 동맹 등 52개 국가와 동맹을 맺고 있다. 게다가 100여 개 국가와 다양한 형태의 군사 협력 관계를 맺고 있으며 미군을 주둔시키고 있다.[31] 그러나 중국과 동맹 관계를 맺고 있는 국가는 하나도 없다. 유일하게 파키스탄과 준동맹 관계를 유지하고 있다. 심지어 우리가 아는 것과는 달리, 중국이 북한과 우호친선조약을 체결하고 있지만 무기 공여와 같은 실질적 군사 협력 관계는 전무한 실정이다. 홍해 부근의 지부티에 있는 항만을 조차하여 쓰고 있으나, 이는 다분히 이 지역에 출몰하는 해적에 대처하기 위한 것으로 중국의 군사력 팽창으로 보기 어렵다. 오히려 유엔 평화유지군에 가장 많이 군사를 파견한 국가가 중국이다. 이렇게 볼 때, 군사력 면에서는 미중 간 격차가 매우 크다.

그러나 미국이 우려하듯이 중국은 빠른 속도로 미국을 추격하고 있다. 미국의 경제성장은 상대적으로 정체되어 있으나 중국 경제는 계속 빠른 속도로 성장하고 있다. 특히 코로나 사태 이후 2020년 상반기 미국 경제는 마이너스 성장률을 기록한 반면에 중국은 세계 30대 경제권 중 유일하게 플러스 성장률을 보였다. 따라서 빠르게는 2030년, 늦어도 2050년 되면 중국의 경제 규모가 구매력뿐 아니라 명목 지표로도 미국을 앞설 거라는 예측이 나오고 있다.[32] 그뿐 아니라 7장에서 상세히 논의하겠지만 중국은 5G, 인공지능, 우주 기술, 양자 컴퓨팅 등 첨단 과학 기술 분야에서도 괄목할 만한 진전을 보여왔다. 이런 첨단 과학 기술은 민수·군수 양용 기술이어서 군사 분야 전용이 가능하다. 사실 중국은 지난 10여 년간 첨단 무기체계 분야에서 눈부신 발전을 이뤄왔다. 특히 우주 관련 무기, 다양한 사거리의 탄도미사일, 초음속 발사체, 젠-20 스텔스 전투기, 항공모함을 포함한 해군 무기체계 등은 미국의 경계심을 촉발하기에 충분하다.[33] 이 같은 중국의 국력 신장에도 불구하고 아직은 모든 객관적 지표에서 중국이 미국에 열세다. 비대칭 양극체제가 정당화되는 이유다.

현재의 세계 질서는 제2차 세계대전 이후 미국이 만들어놓은 자유주의 패권 질서에 기초해 있다. 그러나 2017년 트럼프 대통령이 취임한 뒤 미국은 '미국 우선주의'를 표방하며 신고립주의 노선을 구체화하기 시작했다. 그 저변에는 더는 세계의 경찰 역할을 하지 않겠으며, 국제 안보의 공공재를 제공하지 않겠다는 미국의 태도가 있다. 과거 미국의 패권을 가능케 했던 것은 미국 중심의 동맹 체제다. 그러나 트럼프가 취임한 뒤 미국의 동맹 체제에 균열이 나타났다. 주요 쟁점은 방위비 분담 문제다. 트럼프 대통령은 미국이 동맹국에 안보 우산을 제공하고 있으니 동맹국이 더 많은 방위비를 분담해야 한다고 압력을 가했다. 동맹국들이 방위비를 추가로 부담하지 않고 계속 무임승차를 하면 미군을 감축하거나 철수하겠다고 엄포를 놓았다. 이는 엄포로 끝나지 않았다. 독일에서 미군 9800명을 감축하기로 결정했고, 한국과 일본에 대해서도 압박을 가한 바 있다. 2019년부터 트럼프 대통령은 한국이 주한 미군을 위해 매년 지출하던 10억 달러 수준의 방위비 분담액을 50억 달러로 증액해야 한다고 주장했으며, 이에 따라 한미 양국은 협상을 해왔다. 그러나 한국 정부의 완강한 반대로 아직도 타결을 보지 못하고 있다. 미국 동맹 체제의 약화는 미국의 이러한 일방주의적 압박의 결과다.

경제 부문에서도 미국의 리더십은 크게 약해지고 있다. 현재 국제무역 질서의 근간이 되는 것은 WTO와 그에 기초한 자유무역 제도다. 양자 자유무역 지대FTA는 물론이고 지역 또는 하위 지역 수준의 FTA도 WTO의 규범과 원칙에 기초해 있다. 그러나 트럼프 정부가 출범한 뒤 자유무역 제도가 크게 흔들렸다. 트럼프 대통령은 오바마 행정부가 이미 합의해놓은 환태평양경제동반자협정[34]을 일방적으로 파기했고, 북미자유무역협정North American Free Trade Agreement, NAFTA도 파기 위협을 하며 협정의 일방적 개정을 유도했다. 그리고 한미 FTA도 트럼프 대통령의 요구에 따라 재협상에 들어간 바 있다. 현재 전개되고 있는 미중 무역 마찰만 하더라도 WTO의 중재보다는 통상 압력을 일방적으로 행사하여 문제 해결을 모색했다. 이는 WTO 호혜주의 규범을 위배하는 것이다. 미국이 만들어놓은 자유주의 무역 질서를 미국 스스로가 허무는 셈이다.

다자주의를 해치는 미국의 일방적 행동은 안보와 무역 분야에 국한되지 않는다. 2017년 트럼프 행정부 출범 이후 미국의 행보를 보자. 2017년 유네스코에서 탈퇴하고 유엔국제이민협약 참여를 거부했으며, 2018년에는 이란 포괄적 핵협정을 일방적으로 파기하고 유엔인권위원회The United Nations Commission on Human Rights, UNCHR에서 탈퇴했다. 2019년에 중거리 핵전력Intermediate-Range Nuclear Forces, INF 협정을 파기했으며, 2020년에는 항공자유화조약Treaty on Open Skies에서 탈퇴하고 핵실험 재개를 발표했으며, WHO 탈퇴를 선언했다.[35] 2009년 미국의 주도 아래 출범한 G20도 주요 국가 정상들의 연례 회동이라는 상징적 의미 이외에 실질적 영향력을 행사하지 못하고 있다. 자유주의 패권 질서를 구축한 미국의 행보라고 믿기 어렵다. 이는 '미국 우선주의'라는 트럼프 행정부의 신고립주의가 다자주의 질서의 심각한 훼손과 약화를 가져왔다는 것을 보여준다.

현상 유지 시나리오의 또 다른 특징으로 지역주의의 후퇴를 들 수 있다. 1990년대 초에 냉전 체제가 해체되면서 지역주의가 새로운 대안으로 떠올랐다. 유럽에서는 오랜 과정을 거쳐 가장 선진화된 지역 통합 모델인 유럽연합이 출범했고, 그에 영향을 받아 연이어 북미 지역에서는 NAFTA, 아세안 지역에서는 아세안 자유무역지대ASEAN Free Trade Area, AFTA가 출범했다. 그리고 아·태 지역에서는 아시아·태평양 경제협력 각료회의[36]에 대해 기대감이 높아졌고, 다른 지역에서도 그러한 움직임이 뒤를 이었다. 그러나 2020년 현재 이러한 지역주의는 좌절과 퇴행을 맞고 있다. 유럽연합은 유럽 경제의 침체가 가시화하면서 거시경제정책 조정에 문제점이 등장했고, 급기야는 영국이 유럽연합 탈퇴(브렉시트)하면서 치명타를 입었다. 영국 없는 유럽연합이 동력을 잃을 것은 자명해 보인다. 게다가 코로나 사태가 발생해 국경 통제를 강화하면서 유럽연합 내의 자유로운 인적 왕래를 보장하는 셍겐조약Schengen Agreement[37]마저 흔들리고 있다. 미국의 소극적 태도로 NAFTA의 미래도 불투명해 보인다. AFTA는 비교적 명맥을 유지하고 있으나 더 높은 수준의 경제 통합으로는 나아가지 못하고 있다. 2009년 세계 금융위기 이후 브라질, 러시아, 인도, 중국, 남아프리카공화국이 결성한 신흥국 결사체인 BRICS도 최근에 와서는 제 역할을 제대로 하지 못하고 있다.

현 세계 질서의 중심축은 미국과 중국 사이의 경쟁과 협력이다. 미국이 국력 면에서 우위를 점하고 있고, 중국이 이를 추적하는 비대칭 양극체제의 성격이 강하다. 유엔을 포함한 국제기구와 제도의 역할은 제한적이고, 한때 미국과 중국의 대안으로 등장했던 유럽연합의 미래도 불투명하다. 현상 유지의 현재 모습이다.

그러나 현상 유지의 질서는 가변적이다. 3가지 가능성을 고려할 수 있다. 첫째는 악화한 현상 유지다. 미국과 중국이 협력보다는 경쟁에 역점을 두며 상호 적대 관계로 나아가게 되는 시나리오다. 이 경우 신냉전 구도의 출현을 배제하기 어렵다. 그러나 핵 균형을 고려할 때 양국 간의 열전 가능성은 커 보이지 않는다. 둘째는 개선된 현상 유지다. 미국과 중국이 대타협을 하여 협력과 경쟁의 공존 관계를 만들어나가는 경우다. 미국과 중국이 G2 형식의 양두 지도체제를 구축하고 세계적인 문제를 공동으로 관리해나가는 모델이다. 키신저가 제시했던 미중 공진화co-evolution론이 여기에 해당한다.[38] 마지막으로, 현 국면이 지속하는 경우다. 미국과 중국의 협력과 경쟁, 간헐적 마찰이 중첩적으로 지속하는 시나리오로 일종의 '차가운 평화' 관계라 할 수 있다. 지정학·지경학적 불안감은 고조될 수 있지만 신냉전 구도와 같은 대결 구도나 무력 충돌 가능성은 그리 크지 않을 것이다.

이러한 가변성은 국력과 정통성, 국익의 상관관계에 따라 결정될 것이다. 현 상황으로 보아, 코로나 사태 이후 미국의 국력은 정체되고 중국의 국력이 상승할 가능성이 크다. '미국 우선주의' 정책 때문에 미국의 국제적 정통성이 심하게 훼손되는 가운데 중국은 이러한 공백을 메우면서 새로운 경쟁국으로 등장할 가능성이 커 보인다. 그리고 민주당이든 공화당이든, '중국 때리기'가 국익에 부합된다는 정서가 미국 내에서는 강하다. 따라서 코로나 사태 이후 세계 질서는 미중 대결의 심화와 신냉전의 대두라는 악화한 현상 유지로 나아갈 것으로 예상한다. 이 점은 2부에서 좀 더 자세하게 다루려 한다.

두 번째 시나리오, 성곽도시와 새로운 중세

키신저는 「월스트리트저널Wall Street Journal」에 기고한 글에서 다음과 같이 경고하며 우울한 전망을 내놓았다. "코로나19는 세계 질서를 완전히 바꿔놓을 것이다. 코로나19의 세계적 대유행이 종식되더라도 세계는 이전과 절대로 같아지지 않을 것이다. 그것은 무역과 인적 교류에 의존하는 시대에 성곽도시walled city의 부활이라는 시대착오적인 주의를 촉발했다."[39] 세계화로 표방되던 자유의 질서가 가고 파편화된 새로운 중세New Medieval Age가 출현하는 것을 암시하는 대목이다. 중세 초기 서로마제국이 패망하고 동로마제국이 흥하기 전인 4세기에서 6세기 사이에 유럽의 봉건영주들은 자신의 영지를 폐쇄하고 아시아, 아프리카와의 대외교역을 줄여나가는 동시에 자급자족 체제로 복귀했다. 물물교환의 폐쇄된 사회. 이런 중세의 현상이 21세기에 되살아날 수 있다는 것이다. 나라마다 빗장을 걸어 잠그고 자폐적인 생존 전략을 모색하는 암울한 시나리오다. 코로나가 창궐하면 국가 간 교류와 무역은 중단되고 나라마다 자급자족적 경제체제로 나아갈 수밖에 없다. 여행과 인적 교류는 어려워지고, 글로벌 공급망이 위축되면서 무역과 투자의 기회도 급격히 사라진다. 그런 가운데 국내 정치적으로는 국수주의적 대중영합주의가 생겨나고 1930년대 유럽의 '근린 궁핍화 정책Beggar thy neighbor policy'[40]이 부활한다면 성곽도시가 부활할 가능성을 배제하기 어렵다.[41] 사실 이웃 국가를 어렵게 만들어서라도 자국의 이익만을 챙기겠다는 풍조가 난무하던 1930년대 유럽에서는 관세 전쟁이 벌어졌고, 지역 경제는 더욱 위축되어 결과적으로는 제2차 세계대전으로 이어졌다. 코로나 사태는 그러한 정치·경제적 토양을 만들어낼 수 있다는 점에서 우려스럽다.

이러한 경제적 민족주의는 세계화와 상호 의존 체계는 물론 유엔과 같은 다자주의 국제 질서의 종언을 가속할 것이다.[42] 77억 인구의 상호 의존적인 세계가 자급자족의 폐쇄적 경제체제로 퇴행한다고 가정해 보자. 그런 상황에서는 민주주의 정치가 마비되고 독재자들의 위상은 더욱 공고해질 것이다. 그런 정치체제 아래에서는 전쟁 가능성이 커지기 마련이다. 사소한 이유로도 요새화된 성곽도시들이 쉽게 전쟁을 할 수 있게 된다.[43] 이는 모두가 원하지 않는 악몽과 같은 시나리오다.

이 시나리오가 성립하려면 무엇보다 코로나19의 장기화 현상이 수반되어야 한다. 백신과 치료제의 개발이 늦어지고 코로나 사태가 5년 이상 계속된다면 '성곽도시'의 세계 질서가 현실로 다가올 수 있다. 우리 기준으로 방역 태세 2단계 조치가 계속된다고 가정해보자. 나라마다 국경이 차단되고 국가 간 인적·물적 교류가 급격히 줄어들게 된다. 지금의 북한이나 투르크메니스탄 같은 거의 완전한 국경 폐쇄는 아니더라도 국내의 부분 봉쇄나 대외적 교류 차단이 장기화하면 경제적 대안은 자급자족 체제로 가기 쉽다. 물론 완전한 차단과 봉쇄는 비현실적이다. 심지어 세계에서 가장 폐쇄적이라는 투르크메니스탄만 해도 천연가스 수출로 먹고살고 있으며, 북한도 중국·러시아 등과 제한적이지만 경제 교류를 하고 있다. 그러나 코로나 사태로 영향을 받는 국가가 대부분 경제 분야의 대외 의존도를 줄여나가면서 자급자족 체제를 모색하게 되리라는 것은 분명해 보인다. 설령 경제를 개방한다 하더라도 보호무역을 채택할 가능성이 커진다.

이처럼 시대착오적인 폐쇄 사회로 전환하는 데는 자국 중심적 정치가 크게 작용할 수 있다. 자국 중심주의는 기본적으로 민족주의를 강화한다. 대부분의 정치인은 민족주의 정서를 포퓰리즘과 연계한다. 그 과정에서 외국인 혐오증xenophobia이 대두하고 외국인 배척은 물론 반세계화 구호가 일상화된다. 이런 체제에서 민주주의는 후퇴하고 권위주의로 회귀할 가능성이 커진다. 이는 비단 개발도상국에만 국한되지 않는다. 미국과 유럽 같은 선진 민주주의에서도 권위주의적 퇴행을 경험하게 된다. 미국은 물론이고 유럽 국가에서도 이런 현상이 나타나고 있다. 그 대표적 사례가 헝가리다. 민족주의·포퓰리즘의 대두와 민주주의의 후퇴는 성곽도시와 새로운 중세로 가는 대표적 증후라 할 수 있다.[44]

비교적 엄격한 자급자족 체제 아래 제한된 교역을 하게 되고 보호주의를 택하기 때문에 대외 의존도는 줄어들 수밖에 없다. 케빈 러드Kevin Rudd 전 호주 총리는 세계경제의 중세화는 미국에 의해 촉발될 수도 있다고 본다.[45] 특히 미국 대선 전에는 트럼프가 재선될 경우, 이러한 가능성이 크다고 말했다. 그는 첫째, 국제법의 약화를 든다. 과거에는 국제법이 분쟁을 방지하고 갈등을 해소하는 동시에 평화를 증진하는 수단으로 작동했는데, 트럼프가 당선하면 국제법이 정글의 법칙처럼 악용될 수 있기 때문이다. 둘째, 국경 통제가 강화되고 이민이 제약되면서 국가 간 인적 교류가 급격히 감소할 것이라고 전망한다. 셋째, 보호주의가 새로운 무역 규범으로 등장하면 자연히 전 세계의 GDP가 급격하게 감소할 것으로 본다. 국제무역 침체, 경제성장률 하락, 투자와 소비 위축의 악순환은 전 세계적인 경제 침체를 가져올 수 있다. 마지막으로, 트럼프의 재선은 다자주의 질서의 파괴를 초래할 것으로 본다. WTO, OECD 등 기존의 국제경제기구들이 유명무실해질 뿐 아니라 유엔 역시 무력해질 것이다. 전 유엔 주재 미국 대사 존 볼턴John Bolton이 지적했듯이, 유엔은 석양 속으로 사라질 수도 있다. 이런 질서 아래에서 패권국은 자국의 이익만을 추구하는 배타적 보통국가로 변모하게 될 것이다. 문제는 미국뿐 아니라 중국, 유럽, 일본, 인도 등도 국제사회의 공동선을 위해 노력하기보다는 자국의 이익에 집착하는 보통국가로 변모하게 될 것이라는 데 있다. 다행히 바이든이 당선되면서 이런 우려는 크게 줄어 들었다.

주요 강대국의 보통국가화는 새로운 배타적 지역 블록 경제권을 수반하기 쉽다. 아무리 이 국가들이 보통국가로 변모한다 하더라도 지리적으로 인접한 국가들에 영향력을 행사하게 된다. 주변의 약소국들은 강대국과 협력해야만 생존할 수 있기 때문이다. 보통국가화한 강대국의 세력권이 형성되어 강대국 중심의 지역 경제협력체가 새로운 모델로 등장할 수 있다. 그러나 이 국가들 간의 지역 협력과 통합은 열린 지역주의가 아니라 닫힌 지역주의가 될 가능성이 크다. 1930년대 일본의 대동아공영권 아래에서 일본이 구축했던 엔블록과 유사한 형태의 배타적인 지역주의가 대표적 사례다. 헌팅턴이 지적했던 문명권 또는 지역권마다 핵심 국가 중심으로 뭉쳐 배타적 대외 정책을 펴게 될 수 있다. 이때 기존의 세계 질서가 크게 훼손되고 파편화될 가능성이 크다. 이는 현실주의자들이 주장하는 무정부 상태에서 각자도생, 적자생존의 질서가 우리의 미래가 된다는 것을 말한다.

세계경제가 배타적 블록으로 재구획화되면 경제적 대립도 문제이지만 블록 간의 군사적 충돌 가능성도 커진다. 새로운 중세시대에도 같은 역사가 반복되지 않는다는 보장이 없다. 앞서 지적했듯이, 코로나 사태가 장기화하고 경제가 침체하면 배타적 민족주의가 기승을 부리게 된다. 이때 집권 세력은 외부에서 희생양을 찾게 되고, 이는 바로 전쟁으로 이어질 수 있다. 정치적 이유 외에도 경제나 자원 문제로 충돌이 발생할 수 있다. 특히 지역 블록권의 핵심 국가 간에 경제적 이유나 세력 다툼으로 충돌이 발생하면 이 핵심 국가들과 제휴한 국가들은 필연적으로 전쟁에 개입하게 된다. 성곽도시의 새로운 중세시대에는 과거 유럽의 역사처럼 전쟁이 일상이 되고 평화는 요원해진다.

성곽도시는 최악의 시나리오다. 이 구도 아래에서는 누구도 승자가 되지 못하고 모두가 패자가 되는 '네거티브섬' 결과로 치닫는다. 그러나 이러한 시나리오가 등장할 가능성은 극히 희박하다. 무엇보다 현재와 가까운 미래의 세력 구도로 보아 미국이나 중국이 보통국가로 변모하지는 않을 것이다. 설령 미국이 '미국 우선주의' 정책을 더 강화한다고 해도 자급자족의 경제정책을 추구하면서 상호 의존의 국제 질서를 완전히 망가뜨리지는 못할 것으로 보인다. 미국이 그러한 지향성을 보이더라도 중국은 미국이 떠난 공백을 메꾸며 새로운 패권 국가로 자리매김하려 할 것이다. 그리고 정통성 면에서도 이러한 질서는 정당화하기 어렵다. 아무리 코로나 사태가 심각해도 폐쇄 경제, 배타적 민족주의, 블록권 정치를 정당화할 수는 없다. 그리고 국익이라는 각도에서 보더라도 새로운 중세 시나리오는 바람직하지 않다. 키신저가 성곽도시의 출현 가능성을 화두로 꺼낸 이유는 그에 따른 파국을 경고하며 기존의 자유 질서와 세계화를 고수해야 한다는 당위론을 제시하는 데 있었다. 그만큼 이 시나리오는 바람직하지 않고 현실성도 낮다.

세 번째 시나리오, 팍스 유니버설리스

"오늘 제 연설은 과거 그 어느 미합중국 대통령의 연설과도 다를 것입니다. 지난 반세기, 국제정치를 규정해온 슈퍼 파워 경쟁에 관해 이야기하려는 것이 아닙니다. 냉전 종식과 새로운 역사의 장을 맞이한 세계에서 평화 번영의 구축과 도전을 얘기하고 그 극복 방안을 찾으려고 합니다. (…) 저는 여러분에게 미국은 더는 팍스 아메리카나를 추구할 의도가 없다는 것을 분명히 밝혀두는 바입니다. 그러나 우리는 계속 관여할 것입니다. 우리는 후퇴하거나 고립주의로 돌아가지 않을 것입니다. 우리는 우정과 리더십을 제공할 것입니다. 그리고 서로 공유된 책임과 염원을 바탕으로 한 팍스 유니버설리스를 추구할 것입니다."[46]

1991년 9월 23일 미국 41대 대통령 조지 허버트 워커 부시George Herbert Walker Bush가 유엔 총회에서 한 연설의 서두와 결론 부분이다.

1990년 일어난 제1차 걸프전의 승리를 축하하는 이 연설은 상당한 반향을 일으켰다. 미국이 더는 '패권을 통한 평화Pax Americana'를 추구하지 않고 보편주의, 즉 유엔을 통한 세계 평화를 추구하겠다고 선언했으니 이는 충격적이라고 하지 않을 수 없다. 냉전에서 승리하여 단극적 순간을 만끽하고 있던 미국 대통령의 입에서 나올 발언이 아니었다.

부시 대통령은 연설에서 "우리는 전쟁의 대재앙으로부터 다음 세대들을 구하고, 기본적 인권과 인간의 존엄 그리고 가족에 대한 믿음, 남녀 간 그리고 강대국과 약소국 간의 평등한 권리를 인정하고, 사회적 진보와 더 큰 자유와 더 나은 삶의 길을 향상해나간다"라는 유엔헌장을 인용하며 이러한 목표를 위해 유엔과 협력해나갈 것이라고 밝혔다. 이는 미국이 세계 패권을 내려놓고 바로 보편성, 즉 유엔과 다자주의를 통해 세계 평화를 모색하겠다는 이야기다. 바로 팍스 유니버설리스의 요체다. 사실 코로나19 같은 전염병은 개별 국가들의 노력만으로는 해결할 수 없다. 전 세계 국가들의 다자주의 공조를 통해서만 해결할 수 있다. 오늘의 현실에 비추어 보면, 팍스 유니버설리스는 당위론적 희망에서 나온 코로나 이후의 세계 질서라고 하겠다. 현재 세계는 코로나19의 위협뿐 아니라 핵확산, 기후변화, 불평등, 지속 가능한 발전 등 개별 국가들이 해결할 수 없는 난제들에 직면해 있다. 이것들은 개별 국가를 넘어 지구촌 전체의 안보에 영향을 미칠 뿐 아니라, 이를 해결하기 위해서는 국제사회의 다자주의 공조가 필수적이다.[47]

조지프 나이가 최근 『도덕이 중요한가Do Morals Matter?』에서 조지 허버트 워커 부시 제41대 미국 대통령을 높게 평가한 이유를 알 것 같다.[48] 미국 외교정책에서 '도덕'의 역할을 강조한 이 책에서 나이는 지도자의 도덕적 비전, 신중함, 무력 사용 여부, 자유주의적 성향, 시민들의 신뢰, 세계주의cosmopolitanism, 시민들과의 공감대 형성을 기준으로 프랭클린 루스벨트부터 트럼프까지 14명의 대통령을 평가했다. 이들 중 가장 높은 평가를 받은 이가 바로 제41대 부시 대통령이었다. 부시가 공화당 출신 대통령이었는데도 가장 높은 도덕적 평가를 받았다는 것은 다소 의외로 보인다. 왜냐하면 민주당 대통령은 도덕과 가치에 기초한 외교정책을 강조하는 한편, 공화당 대통령은 국익 증진에 주안점을 두어왔기 때문이다. 이는 부시 대통령이 편협한 미국적 이익에서 벗어나 팍스 유니버설리스라는 보편주의를 강조했기 때문이 아닌가 한다.

좀 더 구체적으로 팍스 유니버설리스는 두 가지 시각에서 접근할 수 있다. 첫째, 유엔 중심의 세계 평화를 모색한다는 것은 동맹이 아니라 유엔헌장에 명시되어 있는 집단안전보장 체제를 통해 평화를 만들어나가겠다는 것을 의미한다. 집단안전보장 체제는 공동의 적과 위협을 전제로 하는 동맹과 구별된다. 동맹은 NATO의 사례에서 볼 수 있듯이, 집단방위collective defense 체제에 기초한다. 반면에 집단안전보장 체제는 전 세계 모든 국가를 하나의 안보 공동체 구성원으로 간주하고 그 중 한 구성원이 다른 구성원을 침략할 경우, 안보 공동체의 모든 성원이 그 침략국에 대해 집단 응징을 가하는 것을 기본 원칙으로 한다. 그뿐 아니라 국가 간 분쟁이 발생했을 때 미국이나 러시아 등 제3자의 개입이 아니라 유엔을 통한 해결을 전제로 한다. 둘째, WTO·IMF·세계은행 등 기존의 다자기구와 유엔기후변화협약United Nations Framework Convention on Climate Change, UNFCCC, 핵확산방지조약 등 다양한 국제협약을 통해 경제 및 기타 현안들을 관리해나간다. 또한 유엔헌장과 다자주의 채널을 통해 자유·인권·민주주의를 증진하고, 국가·젠더 간 불평등을 해결하고, 기아·저개발·난민 문제 등을 해소해나가는 것이 여기에 속한다.

이런 질서를 만들기 위해서는 어떤 조건이 필요한가? 두 강대국인 미국과 중국의 협력 없이는 어떤 형태의 다자주의도 대안이 되기 어렵다.[49] 부시 전 대통령이 설파했듯이, 강대국들이 패권주의를 포기해야만 한다. 그리고 다자주의를 통해 유엔의 권능을 부활해야 한다. 유엔 안전보장이사회의 강대국 거부권 행사가 존속하고 블록 정치가 지속하는 한, 팍스 유니버설리스는 환상에 지나지 않는다. 최근 케빈 러드 전 호주 총리와 리센룽李顯龍 싱가포르 총리도 지적했듯이, 현재 코로나19는 물론 기후변화, 대량살상무기 확산 방지 등 지구적 차원의 현안 문제들을 해결하기 위해서는 미중 협력이 선행되어야 한다.[50] 이는 일종의 G2 다자주의 질서다. 미국과 중국이 보편적 가치 지향의 공조 속에서 유엔 중심의 다자외교를 했을 때 유엔을 통한 세계 평화가 가능해진다. 이런 점에서 미중 협력은 단순히 정책 선택이 아니라 당위의 문제다.

미국과 중국 간의 마찰이 심화하여 이들 간의 대승적 협력을 구하기 어렵다면 다른 중견국들이 나설 수도 있다. 케빈 러드 전 총리는 「이코노미스트Economist」 기고문에서 '다자주의-7Multilateral 7, M-7'이라는 아이디어를 제시한 바 있다.[51] 중견국들이 나서서 다자주의 질서를 복원하고 미국과 중국의 공백을 메꾸자는 것이다. 러드는 독일, 프랑스, 유럽연합, 일본, 호주, 캐나다 6개 국가를 중심으로 하고, 보리스 존슨 총리가 영미 동맹에 경사하지 않으면 영국도 참여시켜 다자주의 7개국 회의를 구성하자고 제안한다. 이는 중견국 다자주의 축을 만들어서 유엔 중심의 국제 질서를 활성화해나가자는 제안인데, 실현 가능성을 떠나 참신한 구상으로 보인다.

그러나 여기서 다자주의란 유엔이나 국제기구를 통한 문제 해결만을 의미하지 않는다. 지방정부와 비정부국제기구non-governmental organization, NGO들의 역할도 중요하다. 2020년 5월 말, 서울시에서는 아주 의미 있는 행사를 주최했다. 모스크바와 자카르타 등 전 세계 40개 도시를 연결한 시장 회의에서 코로나19 극복 사례를 공유하고 미래 협력 방안을 논의한 것이다. 이처럼 지방정부 수준에서 적극적으로 지구적 차원의 문제를 다룰 수 있다. 사실 한국의 중앙정부도 잘하긴 했지만, 지방정부가 선제적으로 잘 대응했기 때문에 코로나 사태를 원만히 관리할 수 있었다. 그런 점에서 팍스 유니버설리스의 세계 질서는 미국과 중국의 협력 아래 국제기구, 지역기구, 지방정부, NGO 등이 촘촘한 연계망을 구축하고 협력해나갈 때 가능해진다. 그러나 현 단계에서 그러한 '글로벌 거버넌스global governance'의 공고화는 요원해 보인다.

레몽 아롱이 강조했듯이, 세계 질서의 규범적 성격은 인류의 공존과 협력 그리고 더 나은 인류의 삶을 위한 조건을 만들어나가는 데 있다. 따라서 '유엔을 통한 세계 평화' 질서는 정통성이라는 측면에서는 가장 바람직하다. 그뿐 아니라 세계 각국의 국익이라는 측면에서도 그것은 매우 바람직하다. 국제법과 국제 제도를 공고히 하고 국제 협력을 강화하여 국제 공공재를 확대하는 것은 모든 국가, 특히 개발도상국이나 약소국에는 축복이라 할 수 있다. 그러나 현실적으로는 그 개연성이 희박하다. 세력 판도의 문제 때문이다. 미국과 중국이 패권적 야망을 버리고 인류의 공공재를 위해 협력할 가능성은 희박해 보인다. 더구나 M-7 중견국 협의체가 미중의 반대를 뿌리치고 효과적으로 작동하기는 어렵다. 그리고 유엔 안전보장이사회의 거부권 행사와 안전보장이사회 상임이사국 확대와 같은 제도 개혁이 없으면 이러한 세계 질서는 허구에 지나지 않는다. 기존 상임이사국들이 인도, 독일, 브라질, 일본의 영향력 증대에 동조할 리 만무해 보인다. 지역 기구, 지방정부, NGO의 역할이 커지고 있지만, 이들의 의견 역시 제도적으로 수렴되지 못하고 있다. 이러한 현실을 극복하고 유엔 중심의 세계 질서가 쉽게 구축될 것으로 보이지는 않는다. 이와 관련하여 유발 하라리의 다음 비유가 설득력 있어 보인다. "인간을 공격하는 데 중국의 바이러스와 미국의 바이러스는 공조할 수 없다. 그러나 중국에 있는 사람들과 미국에 있는 사람들은 어떻게 바이러스를 공략할 수 있는지에 대해 협력할 수 있다."[52] 바로 이것이 인간과 바이러스의 다른 점이다.

네 번째 시나리오, 팍스 아메리카나 II

네 번째는 '그래도 미국이다'라는 시나리오다. '팍스 아메리카나 IIPax Americana II'는 미국 패권을 통한 세계 평화의 재현을 의미한다.[53] 프린스턴대학교 존 아이켄베리John Ikenberry 교수의 표현을 빌리면, 이는 자유주의적 패권liberal hegemony의 부활을 의미한다.[54] 국제 정세 분석의 노스트라다무스라는 명성을 누리고 있는 조지 프리드먼George Friedman은 『다가오는 폭풍과 새로운 미국의 세기The Storm Before The Calm』에서 "태평양과 대서양이라는 두 대양을 장악한 미국에 맞설 수 있는 나라는 향후 한 세기 이내에 존재하지 않는다"라고 단언했다.[55] 지금 미국이 겪고 있는 어려움은 구조적인 것이 아니라 제도적·사회경제적 주기 현상으로, "현재와 2030년대 초 사이의 아주 힘든 시기를 지나면 자신감과 풍요의 시대가 온다." 그러기 위해서 미국은 코로나 사태를 성공적으로 극복하고 경제·군사적으로 압도적 최강 국가로 자리잡아야 한다. 이는 미국이 1945년 제2차 세계대전 직후와 같은 정치·군사·경제·외교적 우위를 점하는 것을 말한다. 미국 중심의 단극체제가 세계적으로 수용되고 미국이 세계경찰의 위상을 되찾는 시나리오가 바로 제2의 팍스 아메리카다. 이러한 질서에서는 미국이 다시 자유주의적 가치에 기초하여 국제사회에 공공재를 제공하고 도덕적 리더십을 발휘한다.[56]

미국 중심적 세계 질서는 구체적으로 어떤 모습을 띨까? 무엇보다 미국 외교정책의 변화다. 트럼프 행정부는 미국 우선주의, 일방주의, 거래주의 외교 노선을 표방해왔다. 팍스 아메리카나 II 아래에서 미국의 외교정책은 커다란 변화를 보일 것이다. 미국 우선주의는 세계보편주의로, 일방주의는 다자주의로, 거래주의는 보편적 가치와 원칙에 바탕을 둔 호혜주의로 전환하게 된다. 그 결과 국제사회에서 미국의 정통성은 회복되고 기존의 자유주의 국제 질서가 새롭게 재구축된다. 더 나아가 미국은 '자애로운 패권국benevolent hegemon'의 위상을 보이게 된다.

  미국의 이러한 위상 변경은 국제 안보 질서에 근본적 변화를 가져온다. 우선 압도적 군사력으로 중국이나 러시아 같은 실질적 또는 잠재적 경쟁국에 제동을 가하고 오대양 육대주에서 지정학적 우위를 점하게 된다. 그리고 현재 삐걱거리는 동맹 시스템이 완전히 복원될 것이다. NATO의 외연이 확대되어 아시아를 포함한 다른 지역으로 이르고, 유엔 중심의 집단안전보장 체제 대신에 미국 중심의 집단방위 체제가 국제 안보 질서의 기조로 자리잡는다. 이 과정에서 중국과 러시아를 슬기롭게 관리해나간다. 이 시나리오에서는 중국이 더는 수정주의 세력으로 미국에 도전하지 않기 때문에 협력 국가로 포섭하거나 극단적 훼방 국가가 되지 않도록 다룬다. 유럽에서 러시아와 충돌이 예상되기는 하지만 미국의 지도력 아래 강화된 NATO 시스템을 활용하여 효과적 억지 체제를 구축한다.

  경제 분야에서도 미국은 새로운 면모를 보인다. 보호무역과 기술민족주의technonationalism로 일관해왔던 트럼프 행정부의 대외 경제정책에서 탈피하여 다자주의 무역 질서를 모색할 것으로 보인다. 도하라운드 이후 빈사 상태에 빠진 WTO에 무게를 실어주며 자유무역 질서를 활성화하는 동시에 환경 라운드, 기술 라운드의 개최를 통해 무역 충돌의 파장을 최소화한다. 양자 FTA 중심으로 움직이는 무역 체제를 열린 지역주의와 다자주의로 전환케 하여 국제무역의 질서 있는 확대를 도모한다. 그뿐 아니라 미국 달러의 기축통화 기능을 단단히 다지는 동시에, 침체 상태에 있는 IMF와 세계은행의 역할을 강화해나간다. 이는 제2차 세계대전을 전후하여 미국이 구축했던 GATT 무역 체제와 브레턴우즈 통화 체제를 건설적으로 재구축해나가는 경제 질서를 의미한다. 그뿐 아니라 코로나 사태로 피폐해진 세계경제를 복원하기 위해 미국 주도의 새로운 마셜 플랜[57]을 전개할 수도 있다. 이는 패권적 안정 이론가들이 지적했던 국제경제 시스템의 개방성과 안정성이 미국의 패권 아래 새롭게 재구축되는 것을 의미한다.[58]

팍스 아메리카나 II 시나리오 아래에서 다자주의가 크게 활성화할 것이다. 미국은 팬데믹, 기후변화, 대량살상무기, 우주에서의 협력 등 지구촌 차원의 주요 문제에 다자주의로 접근할 것이다. 과거 에이즈나 에볼라 같은 전염병 퇴치에 미국이 주도적 역할을 했던 것처럼 코로나 사태를 포함한 미래의 전염병 위협에 다자주의 공조를 강화해나갈 것이고, 특히 파리 기후변화협약으로 복귀하여 기후변화에 따른 지구촌 위기 방지에도 선도적 역할을 하게 될 것이다. 핵확산방지조약, 중거리핵전력협정 재개 등 트럼프 행정부에서 일방적으로 폐기되었던 대량살상무기 관련 국제 체제에도 적극적으로 참여하게 될 것으로 전망된다. 유엔과의 적대적 관계를 종식하고 패권적 지위에서 유엔과의 공조도 활발해질 것이다. 거기에 더해 자유, 민주주의, 인권, 평등 등 미국이 표방해온 보편적 가치의 확산을 위한 외교적 노력이 강화될 것이다.[59] 이 상황에서 미국의 국력과 정통성에 대한 국제적 지지도는 올라갈 것이고, 팍스 아메리카나 II는 21세기 세계 질서의 기본 축을 형성하게 될 것이다.

여기서 핵심은 누가 코로나 사태를 성공적으로 극복하느냐에 있다. 코로나19 사태가 중기적으로 또는 장기적으로 지속하면 경제위기 극복이 최우선적 과제가 될 것이다. 코로나19가 1930년대의 대공황보다 큰 경제적 충격을 가져온다면, 최후의 승자와 패자는 이를 극복하는 국가와 극복하지 못하는 국가로 나뉠 것이다. 지금의 모든 여건으로 봐서 현 코로나 상황을 극복할 가능성이 가장 큰 나라는 미국이다. 미국의 자유시장 경제가 아직도 건재할 뿐 아니라 과학 기술의 우수성, 인구 증가와 양질의 노동력 확보, 금융자본 부문의 비교우위 그리고 에너지 부문의 자급자족 덕분에 미국은 궁극적인 승자가 될 것이고, 1990년대의 '단극적 순간'이 다시 찾아올 것이다. 이를 기초로 새로운 세계 질서를 구축하면 팍스 아메리카나 II의 시나리오가 꼭 비현실적인 구상인 것만은 아니다.[60]

이 시나리오에서는 중국의 상대적 부상에 대한 비관적 평가가 전제된다. 현재 중국이 미국을 추격하고 있는 것은 사실이지만, 코로나 사태 이후 미국과 중국의 국력 차는 더 커질 것으로 전망한다.[61] 이 주장에 따르면 코로나 사태 이후 중국은 빠른 속도로 중진국 함정에 빠져들 것인바, 그 이유로 국유기업의 부실화, 대규모 부실채권, 금융 부문의 취약성, 과도한 투자와 부실화, 극심한 빈부 격차 등을 들고 있다. 거기에 당 관료들의 부정부패, 기득권 세력의 자만과 나태, 민주화와 다원화를 표방하는 밑으로부터의 서방화westernization 압력, 소수민족들의 분리주의 움직임 등은 중국을 '아시아의 병자'로 전락시킬 가능성이 크다고 한다.[62] 이렇듯 중국의 국력은 '한계 효용 체감의 법칙'에 따라 하향 곡선을 그리게 되고 일본, 유럽연합, BRICS 등의 경제도 코로나 이후 대안이 될 수 없으므로, 포스트 코로나 시대에는 미국만이 계속 패권적 지위를 누리게 될 것이라는 가정이 저변에 깔려 있다.[63]

미국이 신속하게 코로나 사태를 극복하고 'V'자 형태의 경제 회복을 가져온다면, 미국의 군사력도 더불어 증강되어 중국을 압도할 수 있어야 한다. 이와 더불어 미국의 동맹 체제가 복원되고 중국의 상대적 고립이 수반되어야 이 시나리오가 작동할 수 있다.

가장 핵심적인 전제 조건은 미국 국내 정치와 외교정책의 흐름이다. 만일 미국이 트럼프 대통령식의 미국 중심주의, 패권적 일방주의 그리고 거래주의적 외교 기조를 계속 이어나가면 새로운 중세나 현상 유지 질서의 개연성이 더 높아진다. 트럼프 대통령은 이미 미국이 세계경찰을 할 의도가 없다는 점을 분명히 했고, 지구촌 문제나 다자주의 협력 시스템에 관심이 없다는 것을 표명해왔기 때문이다. 그러나 조 바이든Joe Biden이 2021년 1월 20일 미 대통령에 취임하면서 세계와 더불어 하는 미국의 리더십, 다자주의, 그리고 동맹과의 협력 강화를 새 외교정책의 기조로 들고 나왔다. 미국이 유엔을 포함한 기존의 다자 질서를 존중하고 G7, G20 등 다자 협력 체제를 활성화해 나간다면 국제 정세는 크게 달라질 수 있다. 이는 바로 미국 대통령이 자유주의 패권 구상을 창의적으로 지속해야 한다는 것을 의미하는 것으로 윌슨의 이상주의, 닉슨의 현실주의, 그리고 제41대 부시 대통령의 보편주의를 절묘하게 절충하면서 새로운 미국의 국제적 위상을 정립하는 것을 전제로 한다. 더 중요한 것은 미국 시민들이다. 깨어 있는 시민들이 미국의 자유주의 리더십을 이해하고 지지하면서 그런 지도자를 지속해서 선택해야만 한다. 결국, 미국 국내 정치의 변화가 팍스 아메리카나 II 질서의 충분조건이라 하겠다.

이런 질서가 가능할까? 지금의 추세대로라면 미국이 코로나 사태에서 승자가 되기는 어려워 보인다. 미국은 코로나 사태가 계속 악화 일로에 있고, 그에 따라 경제 상황도 예측을 불허한다. 2020년 10월 현재 OECD 36개 회원국을 포함하여 경제 성적이 가장 좋은 국가는 중국이다. 다른 국가들은 마이너스 성장에서 벗어나지 못할 것으로 예측되는 데 반해, 중국의 2020년도 경제성장률은 3% 이상 될 것으로 추정된다. 미국은 'V자형', 중국은 'L자형'으로 갈 것이라는 예측에 무리가 있어 보인다. 오히려 반대로 중국이 'V'자로 가고 미국이 'L'자나 'W자형'으로 갈 가능성이 더 크다. 그뿐 아니라 미국의 비교우위는 과학 기술에 있는데, 이 역시 미국의 패권적 지위를 장담할 수 없다. 중국의 R&D 투자는 무서운 속도로 미국을 추격하고 있고, 중국 정부가 주도하는 산업 정책과 과학 기술 정책의 성격으로

보아 미국이 중국을 따돌리기는 어려울 것으로 보인다.[64]

미국의 경제 회복이 지연되면 군사력 부문에 미치는 영향도 클 것이다. 코로나 사태에 따른 세수 감소와 재정 투입 증가는 미국 예산 구조에 경직성을 가져오고, 궁극적으로는 군사력의 약화를 초래할 수 있다. 최근 미 국방성의 중국 군사력 보고서를 보면, 중국이 군사력에서 무서운 속도로 미국을 추격하고 있다.[65] 특히 미국 군사비의 상당 부분을 예비역 의료 비용과 연금이 차지하고 있다는 점을 고려하면, 전력 증강에 대한 투자는 줄어들 것으로 보인다. 동맹을 강조하는 민주당 정부가 들어섰지만 미국 경제가 침체 국면에 들어가면 동맹국들에 대한 방위비 분담 압력을 높일 것이고, 이는 동맹의 균열로 이어질 수 있다. 미국 정부가 신냉전 구도 아래에서 대중 압박을 가할수록 중국의 군사력 증강은 가속될 것이고, 이는 미국의 군사적 패권에 심각한 도전이 될 것이다. 따라서 미국 패권에 핵심적인 군사력 부문에 차질이 생기면, 전반적인 국력의 배분이 팍스 아메리카나 II에 유리하게 전개되지 않을 수 있다.

국력뿐 아니라 정통성 측면에서도 팍스 아메리카나 II는 불리해 보인다. 자유주의 패권 구상의 열렬한 옹호자인 아이켄베리는 스스로 이러한 질서의 한계를 인정한다. 그는 자유주의 패권 질서가 세계화와 신자유주의의 함정에 빠져들었고, 미국이 불필요한 군사개입과 전쟁을 감행하고 중국을 잘못된 궤적으로 이끌면서 실패하게 되었다고 본다.[66] 이 점은 신현실주의자들에게 비판의 대상이 되기도 했다.[67] 사실 트럼프 행정부가 보여준 일방주의적 태도와 다자주의 질서의 파괴로 국제사회에서 미국의 정통성은 크게 훼손되어왔다. 새롭게 출범한 바이든 행정부가 '언덕 위의 빛나는 하얀 집' 같은 명성과 정통성을 복원하기는 쉽지 않을 것이다.

　미국 시민들이 체감하는 국가이익의 개념도 크게 달라지고 있다. 자유주의 패권으로 미국의 국익을 늘릴 수 있다고 믿는 미국인은 점차 줄어들고 있다. 이를 반영하듯이, 코로나 사태 이전부터 국수주의적 포퓰리즘이 극성을 보여왔다. 외교, 경제 등 모든 분야에 걸쳐 '미국 우선주의'가 목청을 높이고 있다. 미국이 세계의 공공재를 제공하기보다는 자국의 이익을 먼저 챙겨야 한다는 것이다. 따라서 국익이라는 관점에서도 팍스 아메리카나 II는 그리 매력적이지 않다. 여기에 더해 경제 침체, 인종 갈등, 경제적 불평등 구조 등 미국 내부의 모순 구조가 과거의 '자유주의 패권' 부활에 가장 큰 걸림돌이 되고 있다. 게다가 미국은 전통적으로 내부의 균열이 있을 때마다 내부의 단결을 위해 외부의 적을 만들어왔다. 최근 민주당이든 공화당이든 가릴 것 없이 '중국 때리기'에 나서는 것이 대표적인 예다. 비록 바이든이 당선되었지만 트럼프를 지지한 미국 중심적 고립주의자의 세도 만만치 않다. 미국 유권자의 절반에 가까운 7400만 유권자가 트럼프를 지지했다는 사실을 고려할 때 바이든 행정부가 팍스 아메리카나 II를 실현하는 데는 상당한 내부적 도전이 있을 것으로 보인다.

다섯 번째 시나리오, 팍스 시니카

팍스 시니카는 중국의 패권에 의한 세계 평화를 의미한다. 이는 중국이 미국과의 패권 경쟁에서 승리하여 아시아에 또는 전 세계에 영향력을 행사할 때 가능해진다. 중화치세中華治世가 이를 함축적으로 말해준다. 이는 중국이 경제적으로 최강대국이 되고 그에 부응하여 군사력 또한 세계 최강이 되는 것을 전제로 한다. 중국 역사상 가장 번성했던 시기인 청대淸代의 강희제康熙帝부터 건륭제乾隆帝에 이르는 130여 년의 부활이라고 볼 수도 있다. 그 기간에 청조淸朝는 내외몽골內外蒙古, 투르키스탄, 티베트까지 영토를 확장해 과거 어느 왕조보다 넓은 영토와 다양한 문화가 공존하는 다민족국가의 터를 다졌다.

대중화大中華로 상징되는 팍스 시니카는 3가지 형태로 나타날 수 있다. 첫째, 고전적 팍스 시니카로, 천하세계론에 기초한 조공 체계다. 이는 중국이 영토 확장을 통해 주변국들을 점령하기보다는 조공과 책봉, 조공과 회사를 통해 주변국들과 위계적 관계를 구축하는 시나리오다. 이 경우 중국은 중화사상을 기초로 하여 주변국에 정치·경제·군사·문화적 종주국으로 군림한다.[68]

둘째, 중국 중심주의China Centralism다. 베스트팔렌조약의 주권 개념에 기초한 현대 국제 체제에서 과거의 조공 체계를 부활한다는 것은 현실적으로 불가능하다. 그러나 중국에 대한 경제적 의존도가 높은 동북아시아, 동남아시아, 중앙아시아 등에 대한 영향력을 높이고 이들을 중심으로 새로운 세력권을 구축할 수는 있을 것이다. 이 경우, 이 지역들과 공조하여 중국이 배타적 블록을 형성하게 될 것으로 보인다. 그들과의 관계는 미국이 만들어놓은 과거 질서 속에서, 중국이 중심적 영향력을 행사하는 형태가 될 가능성이 크다. 이는 샹들리에 모형의 중국-주변국 관계가 될 수 있다.[69]

마지막으로, 중국의 영향력이 세계적으로 확대해나가는 것을 전제로 한 팍스 시니카다. 미국이 가장 우려하는 시나리오다. 중국이 막강한 정치·경제·군사적 영향력을 가지고 2035년까지 군사력의 현대화를 완성하고, 2049년에 아시아 지역에서 지배력을 구축하여 세계적 차원의 강국으로 등장하는 것을 의미한다.[70] 이는 중국이 세계적 차원의 영향력을 행사할 뿐 아니라 미국 중심의 세계 질서를 중국 중심의 세계 질서로 재편하는 것을 말한다. 수정주의 세력으로서 중국이 패권국 미국을 밀어내는 시나리오다. 엄격히 말해, 조공 체계의 부활은 현대 세계에서 불가능하다. 팍스 시니카는 아시아에서 중국 중심주의, 그리고 세계적 차원에서 미국을 대체하는 영향력의 확대, 이 2가지 형태가 중첩되어 나타날 것이다.

서구인들이 가장 우려하는 것은 팍스 시니카가 현실로 다가오면 서구의 가치, 제도, 지향성이 모두 거부되고 중국적 가치, 제도, 지향성이 새로운 세계 질서의 성격을 규정하게 될 것이라는 점이다. 시진핑 주석 취임 후의 외교·안보 구상을 복기해보자. 시 주석은 화평발전和平發展을 기반으로 전 인류와 더불어 조화롭게 공생·번영하는 인류 운명 공동체, 미국에 할 말은 하면서 협력과 경쟁을 하겠다는 신형 대국 관계론, 주변국들과 친선을 도모하고 성의를 다하는 동시에 혜택을 베풀며 포용하겠다는 친선혜용親誠惠容의 주변국 정책, 그리고 아시아 국가들과 협력·포괄·공동·지속 가능한 안보를 모색하겠다는 신아시아 안보 구상을 표방해왔다.[71] 중국이 패권을 차지하게 되면 자연히 신형 대국 관계론은 소멸할 것이고 화평발전, 인류 운명 공동체, 친선혜용의 주변국 정책, 신아시아 안보 구상에 따른 다자안보협력 체제를 추진할 가능성이 크다.

등소평 이후 중국은 화평발전과 도광양회韜光養晦를 외교정책의 기조로 삼아왔다. 화평발전 전략은 지속 가능한 경제 발전, 양극화의 도전, 부정부패 척결 그리고 환경 및 자원 문제 해소 등 내부 문제를 선결하기 위해서는 대외적으로 평화를 유지해야 한다는 정책 노선을 의미한다. 그러기 위해서는 "나서지 말고 실력을 배양해야 한다(도광양회)"라는 것이다.[72] 물론 중국에는 "이제 충분한 국력을 쌓았으니 대국으로 우뚝 서야 한다大國崛起(대국굴기)"라고 주장하는 이들도 있다.[73] 그러나 중국 지도부의 담론을 보면, 중국이 패권국으로 부상해도 평화적 부상이 될 것이라는 점을 지속해서 강조하고 있다. 이는 키신저가 『헨리 키신저의 중국 이야기On China』에서 언급한, 한족이 중원을 차지할 때 중국은 주변국에 대한 침략 전쟁을 감행하지 않았다는 한족 평화주의Han pacifism와 맥을 같이한다.[74]

화평발전론은 시 주석의 인류 운명 공동체 구상을 통해 외연이 확장된다. 원래 인류 운명 공동체 구상은 2012년 11월 후진타오胡錦濤 전 주석이 제18차 당대회 연설에서 제기한 것을 시 주석이 2018년 3월 11일 제13차 전국인민대회 제1차 회의서 중국인민공화국 헌법에 포함하면서 중국 정부의 공식 대외 노선이 되었다. 이 구상은 중국이 미래를 공유하는 공동체 건설을 위해 외교·경제·문화 등 모든 분야에서 관계를 증진하겠다는 것으로, 화평발전과 인류 공동체를 기본 축으로 삼고 있다. 다소 추상적인 구상이지만 '상호 평등, 상호 상의와 양해의 파트너 관계 구축,' '공정·정의, 공동 건설·공유의 안보 구도 조성,' '개방·혁신, 포용·호혜의 발전' 등 중국이 평소 강조해온 외교 목표가 포함되어 있다. '다르지만 화목하게 지낸다'라는 화이부동和而不同과 '모든 것을 받아들여 보존한다'라는 겸수병축兼收並畜을 작동 원리로 삼고 있어서 시 주석의 인류 운명 공동체는 중국이 일방적으로 지배하는 것이 아니라 미국이 만들어놓은 기존 질서 안에서 패권을 행사하겠다는 것을 시사한다.[75] 이는 엄밀히 말해 1955년 반둥 아시아아프리카회의에서 중국이 제안한 평화 5원칙(평화 공존, 호혜적 상호 협력, 상대방의 주권 및 영토 존중, 내정 불간섭, 상호 불가침)을 지속하는 것을 의미한다. 패권주의를 배격하고 평화 공존의 질서를 만들겠다는 의지의 표현이다.

경제 부문에서는 차이나 모델의 확산을 예측할 수 있다. 차이나 모델이 전 세계적 관심을 끌게 된 것은 베이징 컨센서스Beijing Consensus라는 개념 덕분이다.[76] 조슈아 라이모Joshua Raimo라는 미국의 소장 학자가 「베이징컨센서스」라는 소책자에서 이 개념을 체계화했다.[77] 원래 베이징 컨센서스는 '워싱턴 컨센서스Washington Consensus'의 대칭 개념이다. 워싱턴 컨센서스란 IMF, 세계은행, 미 국무부, 재무부, 미 의회 등 워싱턴의 주요 기관들이 공유하고 있는 개발도상국 경제 발전 모델로, 시장 기능을 강조하는 신자유주의 노선을 의미한다.[78] 라이모는 칭화대학교 연구원으로 재직하면서 중국의 문헌 탐구와 중국 공산당, 국무원, 주요 싱크탱크의 엘리트들을 인터뷰한 결과, 이들 간에 중국의 경제 발전과 국제적 위상에 대해 일치하는 '합의(컨센서스)'가 존재한다는 것을 밝혀냈다. 그는 이를 3가지로 압축했다.

첫째는 혁신 즉 이노베이션에 대한 공감대 형성이다. 혁신 가치의 핵심은 중국이 비록 개발도상국이지만 다른 개발도상국처럼 노동집약적인 경제 발전을 통해서 단계적으로 자원·기술집약적인 경제 발전을 하겠다는 것이 아니고, 거기서 도약을 해야 한다는 것이다. 즉 혁신을 통해 첨단 기술을 개발하고 선진국으로 진입하는 속도를 가속하겠다는 것에 대한 엘리트 간의 합의를 말한다.

둘째, 급속한 경제 발전에서 비롯하는 모순을 현명하게 극복해야 한다는 국가적 합의다. 중국의 경제 발전은 빈부, 도농, 해안지방과 내륙지방 사이에 현저한 격차를 가져왔다. 이러한 불평등 구조는 중국 경제 발전의 심각한 저해 요인으로 등장하고 있는 바, 이를 어떻게 극복하느냐는 것이 주요 과제로 등장했다는 것이다. 라이모는 중국의 엘리트가 그 극복 방안을 지속 가능한 경제 발전과 불평등 해소에서 찾고 있다고 진단했다.

셋째, 중국 엘리트 사이에서는 새로운 안보 원칙에 대한 공감대가 형성되어 있다는 것이다. 이는 미국은 패권국이고 중국은 이제 새롭게 부상하고 있는 나라인데, 패권국 미국의 비위를 거스르지 않으면서 자기들의 성장 동력을 어떻게 지켜나가느냐에 대한 엘리트 간의 합의를 말한다. 특히 미국이 중국의 부상에 제동을 걸었을 때 어떤 지렛대를 가지고 미국을 움직여나갈지가 베이징의 화두라는 것이다. 이는 미국의 견제 아래 중국의 자주성을 얼마나 확보하느냐는 과제와 직결된다.

혁신을 통한 경제 발전의 가속화, 지속 가능한 개발을 통한 평등 사회의 구축, 그리고 초강대국 미국에 대한 관리 능력의 함양이 베이징 컨센서스인 것은 분명하다. 라이모의 관찰은 정확했다. 그러나 정작 중국의 엘리트는 이러한 베이징 컨센서스가 존재한다는 것을 부인한다. 그뿐 아니라 이 세 요소가 중국 모델이 되기는 어렵다. 일본, 한국 등 과거 후발 산업국가들이 비슷한 경로를 걸어왔기 때문이다.

그러나 중국 경제 모델은 몇 가지 다른 특징을 보인다. 첫째, 라이모가 지적했듯이 압축 성장 또는 압축 발전이라는 정책 목표다. 중국이 다른 선진국에 비교해 크게 뒤처져 있으니 가능한 빨리 따라잡자는 것이다. 그러기 위해서는 국가 경제를 견인할 수 있는 전략 산업을 선정하고 그 부문에 집중적으로 지원할 필요가 있다.

중국 제조 2025가 대표적인 예다. 이는 향후 20년 동안 10개 첨단 사업 분야를 선정하고 이를 정부가 집중적으로 육성하겠다는 계획이다.[79] 1973년 박정희 정부가 채택했던 중화학공업화 전략과 유사하다. 이와 같은 전략 산업은 시장 기능만으로 육성하기 어렵다. 단기적으로 엄청난 매몰 비용이 소요되기 때문에 더욱 그렇다. 국가의 체계적 개입이 정당화되는 이유다. 국가는 단순히 경제 및 산업 발전 계획을 수립할 뿐 아니라 그 이행에까지 개입한다. 중국 정부가 세

위놓은 정책 목표에 부응하여 국유기업이 직접 참여하고, 정부의 통제 아래 있는 금융기관이 큰 제약 없이 국유기업에 금융지원을 해준다.[80] 이것이 중국 경제 모델의 본모습이다.

이는 전혀 새로운 모델이 아니다. 일본, 한국, 대만 경제가 걸어왔던 경로다. 그러나 시장 원리에 어긋나는, 경제 대국 중국의 국가 주도형 경제 발전 모델에 대한 국제적 비판은 거세다. 사실 최근 미중 간 통상 마찰의 원인도 여기에 있다. 또한 미국이 옹호해온 신자유주의적 경제 모델과 대립된다. 따라서 팍스 시니카 질서 아래에서 중국이 자국 경제 모델의 확산을 꾀할지는 아직 분명치 않아 보인다.

정치 부문에서 중국은 '중국 특색 민주주의'를 표방해왔다. 중국 공산당 일당 지배 체제를 유지하는 가운데 인민의 참여를 허용하고 경쟁을 담보하는 세계 유일의 정치제도를 말한다.[81] 미국 일각에서는 중국이 패권을 잡으면 이러한 중국 정치 모델을 전 세계로 확산할 것이라는 우려를 표하고 있는데, 그 가능성은 희박해 보인다. 중국 공산당 일당 지배 체제와 중국 특색 민주주의는 중국 특유의 역사적 맥락에서 구축된 것이기 때문에 다른 나라들이 모방하기가 쉽지 않다. 그리고 중국 정치 모델에 내재해 있는 권위주의적 성격 때문에 국제사회의 지지를 받기도 어렵다. 그러나 중국이 패권국이 되면 아시아와 아프리카의 여러 나라가 모방을 시도할 가능성은 있어 보인다.

그러나 중국 정치 모델의 하나인 현능주의meritocracy의 확산 가능성은 있다. 현능주의는 어질고 유능한 사람을 뽑아 그에게 정치를 맡긴다는 과거 중국의 관료 충원 제도를 말한다. 중국에서는 전통적으로 천자나 제후는 군림reign하고, 재상이 실질적 통치rule를 해왔다. 그래서 재상정치라는 말이 나오기도 했다. 재상 즉 관료의 충원은 엄격했다. 과거라는 제도를 통해 능력과 품성을 보아 관료를 객관적으로 충원했기 때문이다. 이렇게 충원된 관료는 능력이 출중할 뿐 아니라 청렴하고 충성스러웠다. 대니얼 벨은 『차이나 모델The China Model』에서 이 점을 강조했다.[82] 중국 공산당 역시 이러한 현능주의에 따라 당 관료를 충원하고 있고, 그 과정은 객관적이고 치열하다고 한다. 벨은 중국이 비교적 짧은 시간 내에 경제성장을 이룰 수 있었던 데는 현능주의가 크게 작용했다고 본다. 최근 중국 당정 관료들의 부정부패와 안일함이 비판의 대상이 되고 있지만, 전반적으로 현능주의가 잘 작동하고 있다고 평가한다. 중국이 패권국이 되면 이러한 현능주의가 국제적으로 퍼질 가능성은 있다.

미국이나 서방국가에서는 이러한 중국 모델의 확산에 대해 크게 우려한다. 시장이 아니라 국가가 주도하는 경제 발전, 중국 공산당의 일당 지배, 관료 중심주의, 그리고 권위주의의 용인 등은 서구에서 수용할 수 없는 가치와 제도이기 때문이다. 그러나 여기서 서구 국가들이 간과하는 것은 중국 시스템의 특수성이다. 마틴 자크는 『중국이 세계를 지배하면When China Rules the World』에서 중국을 단순한 국가가 아닌 문명국가라고 본다. 그는 문명국가로서 중국은 강한 특수성과 배타성을 내포하고 있어서, 자신의 특수성을 보편화하려고 시도하지 않을 것으로 본다.[83] 물론 중국의 힘이 세지면 사정은 달라질 수도 있겠지만 말이다.

그렇다면 어떤 조건 아래에서 팍스 시니카가 가능할까? 여러 전문가가 중국의 부상을 미국의 상대적 쇠퇴에서 찾고 있다.[84] 중국 경제는 'V'자 형태로 재빠르게 회복하고 있다. 중국은 코로나19의 진원지이고 코로나 바이러스가 경제에 미치는 영향이 커서 2020년 1분기에 개혁 개방 이후 최초로 마이너스 성장률을 보였다. 그러나 빠른 속도로 코로나 사태를 진정시키고 2분기에는 3.2%의 플러스 성장률을 기록했다.[85] 세계 경제 상위 20개국 중 플러스 성장률을 보인 나라는 중국이 유일하다. 현재 코로나 확산세를 막아내지 못해 전전긍긍하고 높은 실업률과 마이너스 성장으로 고통받고 있는 미국과는 크게 대조를 이룬다. 그뿐 아니라 미국 경제의 불평등 구조도 주요 변수로 등장하고 있다. 미국 기업의 CEO는 평사원 봉급의 400배를 받고, 미국 3대 부자의 부는 1억 6000만 명의 미국인 재산을 합한 것과 같다. 이러한 소득과 부의 불평등은 더욱 심화하고 있다. 이에 더해 코로나 사태로 4000만 명의 실업자가 생겨나고, 330만 개의 기업체가 휴업하거나 폐업한 상태다. 이에 더해 고질적인 인종 갈등은 미국의 장래를 어둡게 하고 있다.[86] 이러한 미국의 쇠퇴가 팍스 시니카 질서의 부상에 핵심 변수로 작용할 것이다.

싱가포르국립대학교 아시아연구소의 키쇼어 마부바니Kishore Mahbubani 석좌교수는 최근 『중국이 이겼는가?Has China Won?: The Chinese Challenge to American Primacy』에서 지금 미국에는 기댈 것이 없다고 주장한다. 미국 사회의 온갖 구조적 부조리와 모순이 드러나고 있기 때문이다. 그는 구조적 불평등, 인종주의, 미국 사회의 양극화 현상, 의회와 행정부 사이의 갈등, 공화당과 민주당 사이의 접점을 찾지 못하는 갈등 등을 근거로 미국을 상당히 분절화된 사회로 본다. 그리고 냉전 초기 대소련 봉쇄라는 개념을 만들어냈던 조지 케넌George Kennan을 인용하며, 미국과 중국 간 경쟁이 국내의 정신적 활력domestic spiritual vitality에 의해 결정된다면 중국이 단연 미국을 이기고 있다고 결론 내린다.[87] 내부의 정신적 활력이 없는 미국이 세계를 선도할 수는 없는 일이다. 그에 따르면 현재 유럽연합이나 일본 또한 그러한 활력이 없고 국제사회를 이끌 의도와 의지도 없으므로, 포스트 코로나 시대에는 중국이 세계 질서를 이끌 수밖에 없어 보인다.

하버드대학교의 스티븐 월트 교수도 중국의 패권적 부상 이유를 미국의 정치적·정책적 실패에서 찾았다. 월트는 코로나 사태 이전부터 민주주의, 인권 등 가치 지향의 자유주의 패권 전략이 무분별한 정치 개입과 전쟁을 가져왔을 뿐 아니라 각종 탈세 등 불법·탈법 행위들이 미국의 공공제도를 심각하게 침식해왔기 때문에 미국이 패권적 지위를 더는 유지하기 어렵다고 보았다. 거기에 정치적 양극화와 정파 정치의 난무로 미국은 더욱 무기력해졌다고 보았다. 특히 코로나 사태 이후 방역 실패는 경제적 침체만 가져온 것이 아니라 미국의 국제적 위상까지 크게 훼손했다. 게다가 아동 학대와 재소자 증가, 공공교육의 마비, 대학 교육과 외국인 학생 차별, 여성과 육아에 대한 악영향 등 코로나 사태의 부작용을 고려하면 중국의 부상이 기정사실이 될 수 있다.[88]

미국의 상대적 쇠퇴에 따라 중국의 경제력과 군사력이 강화된다고 해서 중국이 바로 패권적 지위에 올라가 팍스 시니카 질서를 열수는 없다. 전 세계가 중국을 패권국으로 따르고 존경해야 그러한 질서가 가능하다. 그러기 위해서는 중국이 도덕적 리더십을 보여야 한다. 칭화대학교 옌쉐퉁閻学通 교수는 법가 사상가 순자를 인용하며 세상에는 3가지 리더십이 있다고 했다.[89] 덕치로 사람과 천하를 얻는 왕도王道, 정치력과 무력을 통해 천하의 일부를 얻는 패도覇道, 그리고 강압으로 제후국 하나 정도를 강탈하는 강권强權이다. 옌 교수도 지적하고 있듯이, 중국이 미국을 능가하는 세계의 지도국 또는 아시아의 종주국으로 부상하려면 왕도의 길을 걸어야 한다. 즉 중국이 미국을 능가하는 도덕적 리더십을 발휘해 세상 사람들의 마음을 얻을 수 있을 때에야 팍스 시니카의 길이 열릴 것이다.

최근 코로나 방역 외교와 대규모 개발원조로 중국의 국제적 위상이 올라간 것은 부인할 수 없다. 코로나 사태 이후 중국 정부의 외교 행보를 보면 이 점이 극명하게 나타난다.[90] 중국은 지금까지 100개 이상의 국가에 중국 민항기를 이용하여 마스크, 방호복, 검진키트, 인공호흡기 등을 제공해왔다. 심지어 중국 의사들까지 파견하고 있다. 개발도상국뿐 아니라 이탈리아나 일부 유럽 국가들을 대상으로 그런 행보를 보이고 있다. 반면 미국은 속수무책이다. 오히려 WHO가 중국 편을 들었다고 해서 아예 탈퇴 선언을 했다. 이는 미국의 국제적 리더십이 약화하고 있고, 중국이 그 틈을 메꾸고 있다는 방증이다. 미국의 정치적·정책적 실패가 중국의 부상을 돋보이게 한다는 역설이다.[91] 그뿐 아니라 중국의 대외 개발원조도 크게 활성화하고 있다. 2018년 기준 중국은 68개 개발도상국을 대상으로 1017억 달러의 개발차관을 공여한 바 있는데, 이는 세계은행의 1037억 달러에 육박하는 수치다. 2014~2018년 4년간 중국의 대對개도국 개발차관은 400% 증가한 반면 세계은행은 40%, IMF는 10% 증가에 그쳤다.[92] 이런 추세가 계속되면 중국의 도덕적 리더십은 크게 향상될 수 있다.

그렇다고 중국 정부가 과거 영국이나 미국이 했던 것과 같은 세계 제패의 대전략을 갖춘 것으로 보이지는 않는다. 2021년 중국 공산당 창건 100주년에 중국 인민 대부분이 유족한 삶을 향유케 해주겠다는 소강小康 사회 건설, 그리고 2049년 건국 100주년에 맞춰 중국을 선진국 대열에 편입시키겠다는 중국몽China Dream 등을 살펴볼 때 더욱 그렇다. 물론 일대일로 구상Belt and Road Initiative, BRI이나 신형대국 관계론New Great Power Relations 등을 보면 중국의 세력권 확장 의도도 보인다. 과거 천하세계론에 따른 조공 체제까지는 아니라 해도 중국 중심의 새로운 세력권을 구축하려는 의지를 엿볼 수 있다. 아마 그 새로운 세력권은 미국이 만들어놓은 기존 질서와 보완적일 수도 있다. 한 가지 분명한 사실은 포스트 코로나 시대에 중국이 국제사회에 우뚝 서서 세계 평화와 번영을 좌우할 위치에 있을 수 있다는 점이다. 팍스 시니카의 꿈이 전 세계는 아니더라도 아시아 지역에서는 가능한 것 아니냐는 전망이 나오는 이유다.[93]

영국 '이코노미스트 인텔리전스 유닛Economist Intelligence Unit'의 여론조사에 따르면, 중국 응답자의 91.4%가 중국의 장래는 밝다고 답변했다.[94] 이는 중국 공산당이 잘하고 있다는 것으로 평가될 수 있다. 그러나 미국의 미래에 대해 낙관하는 미국인의 비중은 48%밖에 되지 않는 것으로 집계되었다. 그만큼 중국인들은 중국 지도부에 대해 확신을 가진 것으로 추론할 수 있다. 이는 팍스 시니카가 가능해질 수 있다는 또 다른 근거다.

현실적으로 판단하면, 팍스 시니카가 쉬워 보이지는 않는다. 국력 면에서 단·중기적으로 미중 간에 커다란 세력 전이가 이루어질 것으로 보이지 않기 때문이다. 중국이 코로나 경제 침체에서 먼저 벗어나서 경제적으로 최우량 국가가 된다 해도 미국 경제를 압도적으로 따돌릴 것으로 예단하기는 어렵다. 예를 들어, 옌쉐퉁은 2023년을 기점으로 중국이 미국을 경제적으로 추월할 것으로 예측한 바 있는데, 그럴 가능성은 희박하다.[95] 여러 전문가가 2028년, 2034년, 2050년을 미중 간 경제력 전이의 분기점으로 예측하기도 한다.[96] 이는 미국 경제가 계속 정체된다는 것을 전제한 일방적 또는 아전인수식 셈법이라 할 수 있다. 그리고 군사력 면에서도 중국이 단·중기적으로 미국을 뛰어넘지는 못할 것으로 보인다. 기반 전력뿐 아니라 첨단 무기 분야에서도 미국이 이미 압도적이기 때문이다.[97] 그리고 중국은 인민해방군을 위한 군사비보다는 공안, 대테러, 분리주의와 관련된 동요를 다루는 국가 내부의 안보에 더 많은 예산을 지출하고 있다.[98] 따라서 중국이 군사력 부문에서 미국과 경쟁하는 데는 구조적 제약이 크다.

국력뿐 아니라 정통성에서도 팍스 시니카 시나리오는 여러 도전에 직면하게 될 것이다. 무엇보다 중국이 코로나19와 관련된 국제 공공재를 제공해도 그 발원지라는 오명에서 벗어나기 어렵다.[99] 특히 미국이 코로나19 중국 원죄론을 계속 부각할 것이다. 그리고 중국의 특수성을 강조하는 중국 특색 사회주의와 민주주의 역시 중국의 국제 정통성 제고에 걸림돌로 작용할 것이다. 중국 공산당 일당 지배 체제와 그에 수반되는 권위주의 통치 양식에 동조할 국가는 그리 많지 않다. 거기에 더해 홍콩 보안법, 티베트와 신장에서의 소수민족 억압 문제 그리고 최근에는 중국의 인종차별 문제까지 국제 현안으로 대두하고 있다. 우한 코로나 사태를 다룰 때 중국 정부가 현지 아프리카인들을 차별적으로 격리·수용한 것에 대한 반발 때문이다.[100] 중국의 최근 외교 행태도 도마 위에 오르고 있다. 남중국해에서 보인 고압적 행보, 그리고 코로나 사태로 인구에 회자하고 있는 중국의 '전랑戰狼, wolf warrior 외교' 행태 등은 중국에 부메랑이 되어 돌아오고 있다. 2017년 사드 사태 때 한국에 보인 중국의 태도를 우리는 아직도 생생히 기억하고 있다. 왕도가 아니라 패도와 강권에 가까운 외교 행보로는 팍스 시니카를 담보하기 어렵다.

팍스 시니카 아래에서는 누가 이득을 볼 것인가? 중국은 당연히 가장 큰 수혜자가 될 것이다. 팍스 시니카가 아시아 지역에서 중국 중심적인 지역 네트워크 형태로 나타난다면 거기에 참여하는 역내 국가들은 국익, 특히 경제적 이익을 얻을 수 있을 것이다. 일대일로 참여국들도 혜택을 볼 수 있다. 그러나 이러한 중국 중심 네트워크 체제가 배타적 성격을 띨 경우, 비참여국들에게는 커다란 해를 가져올 수 있다. 중국이 세계적인 패권을 모색할 경우는 2가지 가능성이 있다. 하나는 미국이 만들어놓은 질서를 유지하며 그 안에서 중국이 패권국으로 등극하는 것, 다른 하나는 미국이 만들어놓은 질서를 중국 중심 질서로 변환하는 것이다.

이 두 시나리오 모두 미국을 포함한 기득권 국가들이 수용하기 어렵다. 국익의 충돌이 발생할 수밖에 없을 것으로 보인다. 따라서 국익이라는 측면에서도 팍스 시니카의 실현에는 한계가 있다.

포스트 코로나 시대, 세계 질서는 어디로 향할 것인가

포스트 코로나 시대의 세계 질서는 단선적이지 않다. 현상 유지, 새로운 중세, 팍스 유니버설리스, 팍스 아메리카나 II, 팍스 시니카라는 여러 형태로 나타날 수 있다. 여기서 관건은 두 가지다. 하나는 코로나 사태가 얼마나 강력하게, 오랫동안 지속하느냐는 것이다. 다른 하나는 각 나라가 코로나 사태에 얼마나 잘 대응하느냐는 것이다. 현 사태가 장기화하고 치명적이면서 효과적인 대응에 실패할 때는 성곽 도시와 새로운 중세의 출현 가능성이 크다. 반면에 비교적 단기간에 코로나 사태가 종식되고 피해 강도가 제한적이면, 미중 경합이라는 현상 유지 질서가 지속할 것으로 보인다. 코로나 정국에서 미국이 승기를 거머쥐면 팍스 아메리카나 II, 중국이 승자가 되면 팍스 시니카 질서가 자리잡게 될 것이다. 마지막으로, 코로나 사태가 악화하는 가운데 미국과 중국이 협력하고 국제적 지원이 뒤따를 때 유엔을 통한 세계 질서인 팍스 유니버설리스도 가능할 것으로 본다.

현재 가장 바람직한 세계 질서는 팍스 유니버설리스이지만 실현 가능성은 매우 낮다. 성곽도시와 새로운 중세 시나리오는 최악의 시나리오일 뿐 아니라 개연성도 커 보이지 않는다. 그리고 현 사태에서 미국이나 중국이 일방적으로 승기를 잡을 것으로 보이지 않으며, 따라서 가까운 미래에 팍스 아메리카나 II나 팍스 시니카가 도래하지는 않을 것이다. 오히려 코로나 사태로 미중 대결이 심화하면서 현상 유지가 악화하는 현상이 세계 질서의 새로운 일상으로 자리잡을 것이다. 이제 2부에서는 미중 간 악화한 현상 유지 시나리오를 심층적으로 살펴보자.

STATUS QUO

NEW MEDIEVAL AGE

PAX UNIVERSALIS

PAX AMERICANA II

PAX SINICA

2부

포스트 코로나 시대와
미중 신냉전의 미래

4장
신냉전 구도와 미중 경쟁

"중국과 미국의 관계는 제로섬 게임이 될 필요도 없고,
되어서도 안 된다."[1]

_ 헨리 키신저

2021년에 백신과 치료제 개발이 가속되면서 코로나19 이후의 세계
질서는 현상 유지가 될 가능성이 더 커지고 있다. 미중 간 양강 구도
의 현상 유지는 개선·악화·지속이라는 3가지로 변형될 수 있다. 미
중 관계의 개선은 G2 형태의 양두 지도체제로, 악화는 신냉전으로,
지속은 '차가운 평화'라는 긴장된 경쟁 관계로 각각 나타날 수 있다.[2]
그러나 2020년 한 해 동안 트럼프 행정부 아래에서 미중 관계는 악화
일로로 치달았고, 마이크 갤러거Mike Gallagher 하원의원이 지적한 것처
럼 "신냉전은 하나의 현실로 굳어지고 있다."[3] 물론 새롭게 출범한 바

이든 행정부가 반전을 가져올 수도 있다. 그러나 지금 추세로 보아 '강대 강의 충돌형 패권 경쟁'을 피하기는 어려워 보인다. 2부에서는 트럼프가 만들어낸 신냉전 구도를 면밀히 살펴보고, 바이든 행정부 이후 미중 관계의 변화 가능성을 분석하고자 한다.

신냉전의 기원과 미중 전략 경쟁

2020년 7월 23일, 마이클 폼페이오 미국 국무장관은 닉슨 기념관 연설에서 미국이 관여engagement 정책을 통해 중국을 변화시키려 했지만 "중국이라는 프랑켄슈타인Frankenstein을 낳았다"라고 개탄하며 사실상 중국과의 결별을 통한 신냉전을 선포했다.[4] 폼페이오는 그 이유를 코로나 사태에서 찾았다. 중국 공산당의 투명성 결여 때문에 2019년 12월 우한에서 발생한 코로나 바이러스가 중국은 물론 전세계로 확산되었다는 것이다. 당시 우한 중심병원의 리원량 박사가 이를 경고했는데도 그를 구속하고 은폐했던 데서 모든 문제가 비롯되었기 때문이다. '중국 공산당이 자기들의 치부를 감추려다 코로나의 전 세계적 확산이라는 재앙적 결과를 가져왔기 때문에 모든 책임은 중국 공산당에 있다'는 것이다.

여기서 더 나아가 폼페이오는 중국 공산당의 힘이 더 커지면서 중국 인민뿐 아니라 미국을 포함한 자유세계를 위협하고 있다는 결론을 내린다. 시진핑과 중국에 대해서는 각각 "파산한 전체주의 이데올로기의 진짜 신봉자", "세계 패권 장악에 나선 새로운 전체주의 독재 국가"라고 단언하고는 "중국 공산당의 도전으로부터 자유를 확보하는 것이 우리 시대의 사명이며, 미국은 이에 앞장서겠다"라고 덧붙였다. 그뿐 아니라 "중국이 세계를 변화시키기 전에 우리가 중국을 변화시켜야 한다"라고 강조하면서 중국 공산당 타도를 전면에 내세웠다. 가치보다는 거래주의 시각에서 국익 우선주의를 강조해온 트럼프 행정부로서는 예외적 행보다. 냉전 시대의 박제된 반공 이데올로기가 미국 외교정책의 전면에 화려하게 부활하면서 21세기 신냉전의 시발점이 되는 순간이다.[5]

폼페이오의 이 발언은 우발적인 것이 아니었다. 트럼프 행정부는 2020년 5월 21일 「대중국 전략 보고서」를 의회에 제출하면서 신냉전 프레임을 공식화하기 시작했다.[6] 이 보고서는 조용한 외교를 통해 중국을 설득하는 데는 한계가 있고, 이제는 미국의 국익을 위해 중국을 향한 공개적인 압박을 가하고 구체적인 행동을 취해야 한다는 점을 강조했다. 중국이 미국의 경제, 가치, 안보에 상당한 위협으로 등장하고 있으므로 국무부뿐 아니라 국방성, 법무부, CIA 등 관련 부처들이 협의해 종합적인 대안을 마련할 것을 권고했다. 마지막으로, 2017년 트럼프 행정부의 「국가안보 전략 보고서」에 담긴 미 본토 안보의 공고화, 미국 번영의 도모, 힘을 통한 평화, 그리고 미국의 영향력 증대라는 4가지 국가이익에 중국이 전면적으로 도전하고 있다는 점을 분명히 했다.

트럼프 행정부의 주요 인사들은 이 보고서가 발표된 후에 조직적으로 반중 비난 전선에 나섰다. 그 선봉에는 로버트 오브라이언Robert O'Brien 국가안보 보좌관이 섰다. 2020년 6월 14일, 오브라이언은 "시진핑 주석을 마르크스·레닌주의를 추종하는 스탈린의 후예"로 규정하고, 중국 공산당을 톈안먼광장 학살을 필두로 인권을 탄압하고 미국의 과학 기술을 탈취하는 파렴치한 행위자로 몰아세웠다.[7] 7월 7일에는 크리스토퍼 레이Christopher Wray FBI 국장이 나섰다. 그는 "중국 공산당이 경제와 기술 패권을 구축하기 위해 장기전을 펴고 있다"라고 지적하며, "코로나19 관련 정보를 수집하기 위해 미국의 공공 의료기관, 제약회사, 대학 연구소 등에 침투하고 있다"라고 경고했다.[8] 이어서 7월 16일에는 윌리엄 P. 바William P. Barr 법무장관까지 나섰다. 바 장관은 "중국 공산당이 경제 속도전을 통해, 세계를 독재자들의 안식처로 만들기 위해 룰에 기초한 국제 체제를 전복하려 하고 있다"라는 극단적 발언을 하고 나섰다.[9] 7월 23일의 폼페이오 국무장관 연설은 이 발언들의 연장선에서 트럼프 행정부의 대중 신냉전 정책의 총체적 그림을 그려낸 것이었다.

신냉전의 맹아는 미중 관계에 내재해왔다. 1972년 2월 닉슨 대통령의 역사적 방중과 상하이 코뮈니케Shanghai Communiqué 채택, 그리고 1979년 '하나의 중국 원칙' 아래 미중 수교가 이루어지자 덩샤오핑은 적극적으로 개혁·개방을 추진했고 미국은 이에 부응하여 중국에 대한 관여 정책을 펴왔다. 그러나 1979년 이후 현재까지 미중 관계는 롤러코스터 양상을 보였다. 1989년 톈안먼 사건이 일어나면서 미중 관계가 악화했고, 1995~1996년에는 대만해협에서 두 차례

미사일 위기가 있었다. 그리고 1999년 5월 9일, 미국 주도의 NATO 군이 세르비아 베오그라드에 있는 중국 대사관 빌딩을 오폭한 사건은 중국 인민의 격렬한 반미 정서를 촉발했다. 2001년 4월 1일, 하이난성 상공에서 미 해군 정찰기 EP-3E가 중국 전투기 J-8과 충돌하여 중국 조종사가 전사하면서 양국 관계는 다시 위기 국면에 돌입하기도 했다. 그러나 클린턴 대통령의 '관여와 확대engagement and enlargement' 정책과 43대 부시 행정부의 공동 책임대국stakeholder 정책에 힘입어 협력적 관계를 유지할 수 있었다.[10] 2008년 리먼 브라더스 부도 사태로 시작된 금융위기는 미중 관계에 커다란 변곡점이 되었다. 미국 경제는 하강 국면을 보였던 반면에 중국 경제는 급성장했다. 2010년을 기점으로 중국은 세계 2위의 경제 강국에 등극했고, 중국인들의 자존감도 그에 비례해 높아졌다. 내가 지난 2010년 1월 다보스 포럼에서 만난 한 중국 기업인은 그 자존감을 이렇게 표현했다. "1949년에는 사회주의가 중국을 살렸고, 1979년에는 자본주의가 중국을 살렸다. 그러나 1989년에는 중국이 사회주의를 살렸고, 2009년에는 중국이 자본주의를 살렸다." 사실 2010년 이후 미중 관계는 협력, 경쟁, 라이벌, 심지어 적대가 동시에 중첩되어 나타났다. 박한진과 이우탁은 이런 관계를 '프레너미Frenemy'(Friend와 Enemy의 합성어)로 표현한 바 있다.[11] 바로 협력과 적대의 동시성이다.

그러나 현재 쟁점이 되는 것은 협력과 적대보다는 경쟁이다. 미중 간 갈등이 패권 경쟁과 전략 경쟁 중 어느 범주에 속하는지가 논쟁의 핵심이다. 그러나 이는 그릇된 구분법이다. 특정 지역을 중심으로 역내 강대국이 다투는 지역 패권 경쟁과 세계적 수준에서 지배력을 확보하기 위해 경합하는 세계 패권 경쟁으로 나누어 보는 것이 정확하다.[12] 일반적으로 중국 지역 전문가들은 중국이 전 지구적 차원의 패권이 아니라 동아시아 지역에서의 세력권 구축이라는 전략적 이익을 두고 미국과 경쟁하고 있다고 본다. 크리스토퍼 레인Christopher Layne 같은 학자는 "1914년의 대재앙을 피하는 길은 동아시아에 대한 중국의 지역 패권을 인정하는 것"이라고 주장한다.[13] 이미 20년 전 랜드 연구소의 안승범 객원 연구원도 「현행 역사Current History」에 게재한 논문에서 "중국을 신흥 위협으로 간주하는 것은 위험한 발상"이며, "미국의 국익을 위해서라도 중국의 동아시아 지역 세력권을 인정해야 한다"라는 논지를 편 바 있다.[14] 그러나 미국의 주류 국제정치학자들은 폼페이오가 주장하는 것처럼 중국이 지역 패권보다는 세계 제패에 더 큰 관심이 있기 때문에 중국과 미국의 패권 충돌을 피하기 어렵다고 본다.[15] 그러나 할 브랜즈Hal Brands와 제이크 설리번Jake Sullivan은 절충적 시각을 제시한다. 중국은 20세기 초 미국과 독일의 경로를 밟고 있다는 것이다. 일차적으로 아시아 태평양 지역에서 지역 패권을 구축한 다음 세계 제패의 길로 나설 것이라는 진단이다.[16]

그러나 나의 개인적인 판단으로는 현재 중국이 세계적 수준에서 미국과 패권 경쟁을 전개하기는 어렵다고 본다. 미국은 전 세계적 군사력 투사를 공고히 하고 있지만, 중국의 군사력은 동아시아 지역에 국한되어 있다. 미국은 오대양 육대주 178개국에 17만 명 정도의 병력을 파견·배치하고 있고 조약에 기초한 군사동맹의 수가 52개나 되지만 중국은 공식적으로 동맹 관계를 맺은 국가가 없다. 미국은 유럽사령부, 중부 및 아프리카 사령부, 인도·태평양 사령부를 해외에 두어 전 세계를 담당하고 있다. 그러나 중국은 다섯 개의 전구사령부, 즉 북부, 서부, 남부, 중부, 북경 전구사령부가 모두 중국 내부에 배치되어 있다. 미국은 해군만 하더라도 3함대(동태평양), 4함대(대서양), 5함대(중동), 6함대(지중해), 7함대(서태평양과 인도양)를 두어 오대양을 관할하고 있다. 그러나 중국 해군은 칭다오의 북해함대, 닝보의 동해함대, 그리고 잔장의 남해함대로 구성되어 있어 미 해군과 견줄 수 없을 정도다. 이런 군사력 투사로 보아 아직은 중국이 미국과 세계적 차원의 패권 경쟁을 하기에는 역부족이다. 그러나 미국과 동아시아에서의 세력권 경쟁은 가능하다고 본다.[17] 더구나 중국의 군사력 증강 양상을 보면 지역 패권 경쟁과 세계 패권 경쟁 사이의 경계가 점차 불분명해지고 있다.

예정된 신냉전?: 대국굴기파 대 크로 학파의 충돌

지역 패권과 세계 패권, 현재 미국과 중국은 어느 경로로 가고 있는가? 그 경로 추적은 두 강대국 대전략의 실체를 파악할 때 가능해진다.

우선 중국의 대전략을 살펴보자.[18] 중국은 서방의 봉쇄와 마오쩌둥의 자급자족 전략으로 말미암아 오랜 기간 닫힌 사회였다. 특히

1965년부터 1970년대 중반까지 문화혁명의 거센 물결은 중국의 퇴행을 자초했다. 그러나 1979년 미중 외교관계 정상화와, 그에 뒤이은 덩샤오핑鄧小平의 개혁·개방 정책은 중국에 상전벽해 같은 변화를 가져왔다. 이 변화의 과정에서 중국 공산당 지도부는 덩샤오핑의 '도광양회 유소작위韜光養晦 有所作爲' 지침 중에서 '빛을 가리고 때를 기다리며 실력을 배양한다'라는 도광양회에 충실해왔다. 화평발전 전략은 여기서 나왔다. 외부적으로 평화를 유지하면서 내부적으로 지속 가능한 발전을 모색하겠다는 전략이다. 후진타오 주석 시기에 들어와 한때 '평화적으로 우뚝 선다'는 화평굴기로 불리기도 했지만, 평지에서 산이 솟아난다는 의미의 굴기崛起라는 표현이 자극적이라는 비판이 일자 화평발전 노선으로 회귀했다.[19] 이 전략에는 중국이 아직도 개발도상국이라는 전제가 깔려 있다. 사실 2019년 말 기준으로 중국의 전체 GDP는 14억 달러로 미국 다음으로 세계 2위이지만, 개인소득은 1만 263달러로 선진국 대열에 들어서지 못하고 있다. 게다가 중국은 경제적 양극화, 부정부패, 환경과 자원 문제, 서구적 민주주의에 대한 열망, 분리주의 운동, 배타적 민족주의 도전 등 극복해야 할 내부적 과제가 많으므로 아직도 고개를 들지 말고 때를 기다리며 실력을 길러야 한다는 것이다. 문화혁명을 경험했던 원로들은 중국이 "계속 낮은 자세로 영원히 고개를 들어서는 안 된다(도광양회 영부당두(韜光養晦 永不當頭))"라고 주장한다.[20]

2011년 중국 치안 예산(한화로 106조 원)이 국방 예산(102조 원)을 초과하고 있는바, 이는 다분히 서구에서 제기되고 있는 '중국위협론'

보다는 '중국붕괴론'에 대한 방어적 대응으로 볼 수 있다.[21] 티베트와 위구르의 분리주의 움직임을 포함해 중국의 국내 치안이 그만큼 어렵다는 것을 보여준다. 중국의 국가안보에 정통한 캘리포니아대학교 샌디에이고 캠퍼스의 청타이밍張太銘 교수의 최근 분석에 따르면, 아직도 인민해방군 예산보다 공안, 무장경찰, 대테러 부대에 할당된 예산이 더 많다. 2010년부터 2018년 사이에 이 분야 예산은 연평균 12.6% 증가했다.[22] 그만큼 국내 안보가 중요하다는 이야기다. 이는 중국이 화평발전론을 지속해야 하는 이유이기도 하다. 외부 세계와 평화로운 관계를 유지하면서 내부의 모순과 도전을 극복하여 지속적인 경제 발전을 하겠다는 것이 화평발전론의 요체다.[23] 그러나 중국 외교부를 중심으로 중국이 경제력에 부합하는 국제 공헌을 하고 그것을 통해 국제사회의 존경과 정통성을 확보해야 한다는 주장도 나오고 있다. 이른바 '책임대국론'이다. 여기에는 군사력이라는 경성 국력hard power보다는 국제사회에 책임을 다하는 연성 국력soft power을 구비해야 한다는 논리가 깔려 있다. 외교부를 포함해 베이징대학교의 왕이저우 교수 등 일부 자유주의적 성향의 학자들이 이러한 시각을 옹호하고 있지만, 소수파의 견해일 뿐이다.[24]

그러나 중국의 대세는 대국굴기大國崛起로 기울어지고 있다. 대국굴기 주창자들은 화평과 굴기는 공존할 수 없으므로 중국은 국력에 부합하는 국제적 지위를 가져야 한다고 주장한다. 따라서 경제력에 걸맞은 군사력을 구축해야 하며, 과거 중국이 고립주의 정책을 펼 때 고수했던 도광양회는 버려야 한다는 것이다. 대국의 시각은 인민해방군의 기본 노선과 부합하는 것으로, 특히 젊은 세대를 중심으로 광범위하게 공유되고 있다.[25] 칭화대학교 옌쉐퉁 교수는 다음과 같이 주장한다. "도광양회 화평발전은 위선적인 접근이다, 중국이 경제력에 걸맞은 군사력을 가져야 국제적인 지도 국가로 나아갈 수 있다." 그 과정에서 미국과 경쟁할 건 경쟁하고 협력할 건 협력하면서 중국이 힘을 투사해야 한다는 이야기다. 도광양회에서 벗어나 분발해서 할 것은 하는 유소작위로 가야 한다는 의미의 '분발유위奮發有爲'가 핵심 슬로건이 되고 있다. 2030년이 되면 중국이 심지어 명목 GDP 총액에서도 미국을 능가하고, 수출입 무역 총액에서 1위, 외화 보유고에서도 1위가 된다는 예측이 나오고 있다. 이런 배경이 중국을 대국굴기의 유혹에 젖어 들게 하고 있다. 미국과 대등하게 협력하고 경쟁하겠다는 신형 대국관계론, 2021년까지 중국인들을 절대 빈곤에서 벗어나게 하겠다는 소강小康사회 건설, 2030년까지 강한 군대를 만들겠다는 강군몽强軍夢, 그리고 2049년까지 중국을 개발도상국에서 선진산업국으로 전환하겠다는 중국몽. 이 모든 것이 대국굴기로 가는 중국의 본모습을 보여주는 것이다.

화평발전 대 대국굴기가 중국의 대전략 논쟁이라면, 미국에는 중국의 부상과 관련해 2가지의 경합 시각이 있다.[26] 하나는 이른바 상하이 학파Shanghai school라는 것이다. 이는 1972년 2월 상하이 코뮈니케 채택을 통해 미중 관계를 반전시키고 데탕트를 모색했듯이 중국의 부상을 하나의 현실로 인정하고 이를 적극적으로 수용하여, 중국과 더불어 G2라는 양두 지도체제를 구축하거나 공존 체제로 가야 한다는 시각이다. 중국을 위협으로 보지 말고 공동 진화의 파트너로 간주해야 한다는 키신저 박사가 이 시각의 대표적 주창자인데, 중국 지역 전문가와 중국과 경제적 이해관계가 있는 기업인들이 이 시각을 옹호하고 있다. 반면에 커트 캠벨Kurt Campbell과 제이크 설리번은 협력과 경쟁에 기초한 공존 체제로 가야 한다고 주장한다.[27]

다른 하나는 크로Crowe 학파다. 크로 학파는 키신저가 『헨리 키신저의 중국 이야기』에서 만들어낸 용어다.[28] '역사는 반복되는가?'라는 제목의 결론 부분에서 키신저는 1907년 당시 독일의 부상에 대한 영국의 대응책을 모색하기 위해 영국 외무부 고위 관리 에어 크로Eyre Crowe가 작성한 메모에 대해 상당한 지면을 할애했다. 키신저는 크로의 경직된 대독對獨 인식이 제1차 세계대전의 원인을 제공했다고 진단했다. 크로는 이 메모에서 "독일은 유럽의 패권을 노리고 있고 이 목적이 달성되면 세계 패권을 추구할 것이기 때문에 대영제국의 존립과 양립할 수 없다"라고 못 박으면서 독일에 대한 강경한 견제·균형 정책을 주문한 바 있다. 키신저는 한 세기가 지난 오늘날의 미국에 이러한 '크로 학파'가 재현되고 있다고 개탄한다. 이 학파의 강경론자들은 "중국의 부상은 그 의도와 관계없이 미국의 패권적 위상을 훼손할 수밖에 없으므로 견제·봉쇄해야 한다"라는 태도를 견지하고 있다. 그러나 크로 학파 안에도 2가지의 경합 시각이 있다. 하나는 중국의 부상을 저지하기 위해 신봉쇄neo-containment 전략을 펴야 한다는 강경파의 시각이고, 다른 하나는 중국에 대한 관여와 봉쇄를 동시에 추구하자는 봉쇄·포용congagement의 시각이다. 트럼프 행정부가

표 4-1. 미중 관계 전망: 4가지 시나리오[30]

중국＼미국	상하이 학파	크로 학파
화평발전 학파	공동 진화형 협력 관계	수용형 현상 유지
대국굴기 학파	공세형 현상 변경	충돌형 패권 경쟁

전자라면 에런 프리드버그Aaron Friedberg 교수 등은 후자에 속한다.[29]

표 4-1에서 볼 수 있듯이, 중국의 대국굴기에 미국이 크로 학파의 강경 정책, 특히 신봉쇄 전략으로 맞선다면 동북아시아의 정세는 예측 불허의 난기류에 직면하게 될 것이다. 반면에 중국이 '화평발전' 전략으로 나아가고 워싱턴이 상하이 학파의 G2나 공존 전략으로 화답한다면, 미국과 중국은 '공동 진화형 협력 관계'를 만들어갈 수 있다. 그러나 현실은 대국굴기와 신봉쇄라는 강 대 강 구도의 패권 경쟁으로 나타나고 있다.

앞서 지적했듯이, 트럼프 행정부는 신냉전 구도를 사실상 공식화했다. 중국을 협력과 경쟁이라는 기존의 시각에서 보지 않고 라이벌을 넘어선 적국으로 간주했다. 특히 반공주의 구호 아래 중국 공산당 타도를 정책 목표로 삼고 있다는 점에서 크게 우려된다. 과거의 냉전 시기처럼 이념이 미중 대결의 전면에 나오고 있기 때문이다. 여기서 트럼프 행정부는 중국의 역사를 간과했다. 1921년 창당된 중국 공산당은 1949년 국공내전에 승리한 후 오늘의 중화인민공화국을 창건한 주역이다. 중국은 공산당이 국가에 우선하는 당-국가 체제다. 공산당을 타도한다는 것은 당과 국가, 그리고 현대 중국의 정체성 자체를 송두리째 부정하는 것을 의미한다. 트럼프 행정부는 신냉전의 루비콘강을 건넜다. 중국을 세계 차원의 패권 경쟁 상대로 인식하고 지정학적 봉쇄, 지경학적 탈동조화, 기술민족주의를 통한 대중 견제, 그리고 이념·가치 대결에 나섰다. 이제 이 4가지 대결 영역을 자세히 살펴보자.

5장
신냉전과 지정학적 대결

"한반도는 잠재적 지뢰로
언제 터질지 아무도 모른다."[1]

_ 스인훙時殷弘

신냉전의 제1전선은 지정학적 대결을 중심으로 전개되고 있다. 지정학이란 지리적 변수가 국제정치에 미치는 영향을 연구하는 학문이다.[2] 히틀러가 독일의 생존공간Lebens Raum을 명분으로 유럽 중심부를 차지하기 위해 제2차 세계대전을 일으킨 이래로 지정학은 국제정치에서 금기시되어왔다.

부활하는 지정학

그러나 미국 극우파의 이론가로 트럼프 대통령의 선임 고문을 맡았던 스티븐 배넌Stephen Bannon은 중국의 부상을 재조명하며 '중국위협론'을 부각하기 위해 지정학을 공론의 장으로 끌어냈다. 2019년 8월 21일, 배넌은 '리얼 비전 파이낸스Real Vision Finance'라는 유튜브 채널에서 중국과의 무역 분쟁에 관해 강연했다. 그는 강연 서두에서 미국의 쇠퇴로 중국이 팽창하는 것을 막아야 한다고 주장하며 중국의 지정학적 위협을 다음과 같이 3가지로 정리했다.[3] 첫째, 중국은 대륙 세력으로서 핼포드 매킨더Halford Mackinder의 하트랜드(심장부) 이론에 따라 유라시아 대륙을 선점하기 위한 포석을 하고 있다. 둘째, 중국은 미국의 해양 전략 이론가 알프레드 마한Alfred Mahan이 주장했듯이 남중국해, 인도양, 걸프 지역에서 영향력을 확대함으로써 해양세력 국가로 자리매김하고 있다. 마지막으로, 이에 더해 일대일로 구상에 따라 육상 실크로드 구축을 통해 유라시아 대륙뿐 아니라 그 주변부 해안선Rimland 거점 확보에도 혈안이 되어 있다. 배넌은 대륙과 해양뿐 아니라 이 둘을 연결하는 해안 지역까지 석권하려는 중국의 의도가 드러나는 것이라고 설파했다.[4]

사실 한반도에서 멀리 중동에 이르기까지 유라시아 대륙의 주변부 해안 지역을 석권하는 국가가 유라시아 대륙은 물론 세계를 제패할 수 있다는 '주변 지역 이론Rimland theory'을 제시한 니컬러스 J. 스파이크먼Nicholas J. Spykman 교수의 이론이 중국에는 매력적일 수 있다.[5] 주목할 것은 스티븐 배넌의 이러한 주장이 2020년 5월 백악관의 「대중국 전략 보고서」에 암묵적으로 반영되었다는 사실이다.[6] 미국의 신냉전 구도는 이런 맥락에서 시작되었다고 할 수 있다.

여기에는 로버트 D. 카플란Robert D. Kaplan의 역할이 크다. 카플란은 미국의 언론인으로서 캅카스 지역을 주로 취재하면서 국제정치에서 지정학의 중요성을 부각한 인물이다. 그는 2012년 출간한 『지리의 복수The Revenge of Geography』에서 중국은 단순히 대륙세력 국가일 뿐 아니라 해양세력의 야욕을 꿈꾸면서 제국으로 거듭나려 한다고 경고한 바 있다.[7] 그에 따르면 중국의 일대일로 구상은 이러한 지정학적 야망을 잘 담고 있다. 일대일로 구상에 따라 결국은 중원에서 중앙아시아, 그리고 유럽과 중동으로 뻗어나가는 육상 실크로드, 중국 푸젠성에서 동남아, 인도양 그리고 중동과 아프리카를 연계하는 해상 실크로드, 최근에는 중국 훈춘에서 북한의 나진·선봉을 통해 북극해로 나가려 하는 북극 실크로드를 구축하고 있는 바, 이는 바로 새로운 '중국 제국'의 야망을 드러내고 있다는 것이다.

카플란이 주목한 것은 중국이 오대양을 엿보는 해양세력 국가로 부상하고 있다는 사실이다. 그는 중국 해군의 아버지로 불리는 류화칭劉華淸 제독의 도련선 이론에서 중국의 해양세력 야망을 찾았다. 류화칭 제독은 1982년 중국 공산당 중앙군사위원회 부주석 재임 당시 덩샤오핑의 지시에 따라 해로해양 계획 초안을 작성했다. 이 계획에 따르면 중국은 우선 2010년까지 쿠릴열도에서 일본, 대만, 필리핀, 말라카이에 이르는 해양(제1도련선)에 대한 지배권을 확보하여 내

해화內海化한다. 그다음으로 2020년까지 오가사와라제도, 괌, 사이판, 파푸아뉴기니 근해, 서태평양 연안 지대를 포함하는 제2도련선에 대한 해양 지배권을 확보한다. 그리고 2040년까지 태평양과 인도양에서 미국의 지배권을 억제할 수 있어야 한다고 언급한 바 있다.

그러나 좀 더 구체적인 대안은 1987년 류화칭 제독이 인민해방군 해군사령관 재임 당시 내놓은 '3단계 해로 전략'에서 잘 나타난다. 여기서 류화칭은 21세기 초까지 제1도련선 내의 해양 지배권을 확보하고, 2020년 전후로 제2도련선 내의 해양 지배권을 확보하며, 2050년 전후로 전 세계를 대상으로 한 대양 해군을 건설하겠다는 미래 구상을 밝힌 바 있다.[8]

중국 인민해방군의 이러한 해양 군사전략을 미 국방성은 '반접근anti-access'과 '지역 접근 거부area denial 전략', A2AD로 명명했다.[9] 중국은 제1도련선과 제2도련선에 대한 방어와 대만해협, 남중국해, 동중국해에서 핵심 이익을 지키기 위해 미 해군 함정이나 공군력의 접근을 막겠다는 전략으로 나올 것이므로 이에 대한 준비가 되어 있어야 한다고 보았다. 중국이 공을 들여 지대함 탄도미사일 둥펑東豐, DF을 개발한 것도 그런 이유에서다. 현재 미국 항공모함이 제일 두려워하는 것이 DF-16, 17, 26, 47 등 지대함 탄도미사일인데, 사정거리가 1500킬로미터에서 5000킬로미터까지 달한다. 미국 항공모함뿐 아니라 오키나와를 비롯한 주한 미 공군 기지와 주일 미 해군 및 공군 기지도 사정권에 있다. 과거 중국의 군사력이 낙후했을 때는 이러한 반접근·지역 거부 전략이 큰 의미가 없었으나 현재는 사정이 다르다.[10]

중국의 이러한 움직임에 대해 오바마 행정부는 2011년 10월 '아시아 회귀Pivot to Asia'라는 정책으로 대응했다.[11] 여기에는 새롭게 부상하는 중국의 위협을 묵과하지 않겠다는 계산이 깔려 있다. 이 정책에서는 중국을 구체적으로 지목하지는 않았으나, 그동안 테러와의 전쟁과 아프가니스탄 전쟁, 이라크 전쟁 과정에서 아시아 태평양 지역의 중요성을 간과했다는 점을 인정하면서 이 지역에서 '재균형'이 필요하다는 점을 강조한다. 이를 위해 이 지역에서 군사력을 증강하고 역내 국가들과의 군사·경제 협력을 강화해나가겠다는 것이 이 전략의 요지다. 동북아시아에서는 한·미·일 3국 공조 체제, 동남아시아에서는 아세안 국가들, 특히 현재 남중국해에서 중국과 영토 분쟁에 있는 필리핀 및 베트남과 군사 협력을 확대해나간다. 또한 남태평양의 재균형을 위해 호주 등과 협력하며, 인도와의 공조를 통해 인도양으로 팽창려는 중국의 의도에 맞선다는 것을 주요 골자로 한다. 그리고 중국과는 계속 관여를 하지만 중국의 행태에 따라서 대응해 나간다는 태도를 보이는가 하면, 인적 연대를 통해 미국의 영향력을 확장해나가겠다는 것이다. 이러한 전략이 선거철의 수사학인지 전략적 재조정인지 분명치 않았지만, 오바마 행정부는 중국의 부상에 대비하여 유럽에서 아시아·태평양 지역으로 정책적 우선순위를 전환하겠다는 의지를 분명히 했다.

트럼프 행정부에 와서는 '아시아 회귀' 전략이 인도·태평양 전략으로 전환되었다. 2019년 6월 2일 미국 국방성은 「인도·태평양 전략 보고서」를 발표하고 태평양사령부를 인도·태평양사령부로 개칭했다.[12] 이 보고서는 2017년 채택된 「국가안보 전략 보고서」의 연장선상에서 중국을 수정주의 세력, 러시아를 악의적 행위자, 그리고 북한을 불량국가로 규정하고 이 국가들에 대한 안보 전략이 필요한 동시에 마약, 해적, 전염병, 핵확산, 자연재해, 무기 밀매 등 비전통 안보에 대한 위협 인식을 표명했다.[13] 트럼프 행정부의 국가이익 우선순위도 분명히 했다. 보고서에서는 국익의 우선순위를 다음과 같이 규정했다. 첫째는 국민, 미 본토, 미국적 삶의 양식 보호다. 둘째는 공정하고 호혜적인 경제 관계를 통한 번영 증진이다. 셋째는 힘을 통한 평화의 모색이다. 마지막으로, 미국의 영향력 증대다.

여기서 트럼프 행정부는 본토 방어, 군사적 우위 유지, 미국에 유리한 세력균형, 자국의 안보와 번영에 도움이 되는 국제 질서 조성이라는 큰 틀을 정해놓고 그 안에서 인도·태평양 전략 구상을 제시했다. 인도·태평양 전략의 목표는 '자유롭고 열린 인도·태평양' 지역을 만들겠다는 것이다. 여기서 자유란 주권이 존중되고 인간의 기본권과 민주주의라는 가치가 보장되는 것을 의미한다. 또한 열린 인도·태평양 지역은 해상 통로, 항공로의 안전이 보장되고 모든 분쟁을 평화적으로 해결하는 동시에 공정하고 상호 호혜적인 무역과 투자 환경의 개방성·투명성이 담보되는 것을 의미한다.

이를 위해 다음의 3대 전략 요소가 언급되었다. 첫째, 전투 준비 태세를 공고히 하고, 연합 전력을 확보하며, 우주·사이버를 포함한 다차원적 대응 능력을 구비한다. 특히, 중국을 겨냥해 아시아·태평양 지역의 해·공군력 증강을 강조했다. 둘째, 이 지역의 동맹 우방들과 양자 협력을 모색하고 정보 공유, 방위산업 협력, 연합 연습·훈련, 무기 체계의 상호 보완성 등을 강화해나간다. 셋째, 역내 국가들과의 안보·경제 네트워크 구축을 공고히 한다.

이렇게 보면 트럼프 행정부의 인도·태평양 전략은 오바마 시기의 아시아 회귀 전략과 그리 달라 보이지 않으나 이행 강도에서는 크게 다르다. 미국, 일본, 호주, 인도로 구성된 쿼드Quad, 즉 4개국 안보 대화 협의체를 본격적으로 가동하기 시작했다. 또한 쿼드 4개국에 한국, 베트남, 뉴질랜드를 더해 7개국으로 구성된 쿼드 플러스Quad plus도 모색하고 있다.[14] 거기에 더해 남중국해에서 미국 주도의 동맹국과 우방국이 참가하는 연합 해상 군사훈련의 강도와 빈도도 더해가고 있다.

거세지는 미중 군비전쟁

지정학적 측면에서 가장 우려되는 대목은 미국과 중국 간의 전략적 군비경쟁이다. 전통적으로 미국의 군사력은 압도적이지만 지난 10년간 중국의 군사력이 괄목할 만하게 신장했다. 특히 과학 기술력 향상에 따라 중국은 현재 해군력, 초음속 미사일, 우주 무기, 사이버, 그리고 대량살상무기 분야에서 미국과 각축을 벌이고 있다.[15] 우선 군사비에서 큰 차이가 난다. 2019년 말 기준 미국은 6846억 달러를 국방비로 지출했는 데 비해 중국은 1811억 달러를 지출했다. 구매력PPP을 기준으로 보아도 미국이 압도적이다. 핵탄두만 해도 미국은 5800개,

중국은 320개, ICBM은 미국 400개, 중국 320개, 핵전략잠수함은 미국 14척, 중국 4척, 인공위성은 미국 140개, 중국 117개로 추정된다. 공군력에서도 미중 간 격차는 크다. 전투기는 미국이 3311기, 중국이 1976기로 미국이 우세다. 다만 폭격기에서는 중국이 211기로 미국의 157기를 앞서고 있다. 현대전에 필수적인 대형 무인기, 공중급유기, 조기경보기 분야에서는 미국이 압도적 우세를 점하고 있다. 이는 전략무기 분야에서는 중국이 미국에 필적하기 어렵다는 것을 의미한다.[16]

그러나 해군력에서는 격차가 크게 줄어들고 있다. 아직도 군사력 투사의 핵심인 항공모함에서는 차이가 크다. 미국은 11척을 보유하고 있지만, 중국은 2척을 보유하고 있을 뿐이며 2030년 배치를 목표로 2척을 더 건조하고 있다. 그러나 전함 수에서는 이야기가 다르다. 2020년 9월 1일 발간된 미 국방성의 중국 군사력 평가에 따르면 중국이 보유한 전함이 350척으로, 미국의 293척을 앞서고 있다.[17] 미 해군이 보유한 잠수함은 53척으로 모두 원자력 추진 잠수함이다. 그러나 중국은 54척의 잠수함 중 원자력 잠수함은 6척에 불과하고 나머지는 모두 디젤 잠수함이다. 이는 중국 해군력이 아직은 열세라는 점을 시사한다.[18] 그러나 표 5-1에서 볼 수 있듯이, 2030년에는 중국이 항공모함 4척, 핵잠수함SSN 12척, 전략잠수함SSBN 12척, 구축함 34척, 호위함 123척으로 전체 함정 수에서는 미국의 199척을 크게 웃도는 260척을 확보할 것으로 예상된다. 비록 중국이 항공모함과 핵잠수함 등에서 계속 열세이지만 추격의 속도는 눈여겨볼 만하다. 특히 미국의 해군 전력은 전 세계에 분산 배치되어 있지만, 중국의 해군 전력은 남중국해와 동중국해에 집중 배치되어 있다는 점에서 미국의 우세를 장담하기 어렵다.

표 5-1. 미중 해군력 비교

	2000년		2016년		2030년	
	미국	중국	미국	중국	미국	중국
항공모함	12	0	10	1	11	4
핵잠수함	55	6	57	5	42	12
탄도미사일 장착 전략잠수함	18	1	14	4	11	12
디젤 잠수함	14	4	0	51	0	75
구축함	79	20	84	19	95	34
호위함	62	79	23	103	40	123
계	226	164	188	183	199	260

출처: US Naval Academy 2020. 박용한, "미중 첨단무기 남중국해 총집결…전쟁 땐 美 승리 장담 못한다", 「중앙일보」, 2020.9.6., https://news.joins.com/article/238652730에서 재인용.

현재 미중 전략적 군비경쟁의 문제점은 속도다. 트럼프 행정부는 러시아와 맺은 중거리핵무기조약Intermediate-Range Nuclear Forces, INF을 파기하고, 핵전력을 강화해나가고 있다. 중국을 포함하는 중거리핵무기조약이어야 한다는 이유에서다. 그러나 중국은 미국과 러시아가 중거리 핵전력에서 중국에 압도적으로 우세한데, 중국이 참여할 이유가 없다는 태도다. 사태가 이렇게 발전하면서 미국과 중국 간의 전략 군비 통제는 더욱 어려워지고 있다.[19] 또한 전 세계를 겨냥한 미중

세력권 경쟁이 심화하고 있다. 미국은 현재 59개국 영토에 군 기지 또는 군사 기지권을 갖고 미군을 주둔시키고 있으며, 170개 국가와 연례 군사훈련과 연습을 실시하고 있다.[20] 이는 미국이 아직도 세계 유일의 패권국임을 보여주는 증거다.

앞서 3장에서도 지적했지만 최근 중국 역시 해외 군 기지를 확장하는 추세에 있다. 홍해 연안의 지부티에 해군기지 조차·건설을 필두로 미얀마, 태국, 싱가포르, 인도네시아, 파키스탄, 스리랑카 등 총 12개 국가에 중국의 해공군 및 지원 병력을 위한 기지 조차 또는 건설에 주력하고 있다.[21] 이런 점에서 미중 군사 대결이 사실상 오대양 육대주로 서서히 확장되고 있다고 평가할 수 있다.

대만해협 위기

미중 신냉전 구도에서 가장 우려되는 발화점은 대만해협이다.[22] 국민당 정부가 1949년 국공내전에서 패배하고 대만에 정착한 이후 양안 사이에는 세 차례의 중대 위기가 있었다. 1954년 9월 3일 금문도를 중심으로 한 1차 위기, 그리고 1958년 8월 3일 역시 금문도를 둘러싼 2차 위기가 발생했다. 그러나 가장 심각한 위기는 3차 위기였다. 1995년 7월 21일과 1996년 3월 23일 두 차례에 걸쳐 중국은 대만에 미사일 위협을 가했다.

도발 이유는 명백했다. 대만은 당시 중국 본토와의 현상 유지를 선호하는 국민당 노선과 대만 독립을 주장하는 민진당 세력으로 양분되어 있었다. 그런데 국민당 당수 출신 리덩후이李登輝 총통이 '하나의 중국' 정책에 부정적 입장을 취하자 이에 대한 경고로 중국이 대만해협을 향해 미사일 시험 발사를 했던 것이다. 1996년 리 총통의 후임을 선출하는 총통 선거가 임박하자 중국은 대만의 평자섬에 미사일 시험 발사를 강행하고, 푸젠성의 인민해방군 병력에 동원령을 내리기도 했다. 중국 본토와의 현상 유지를 선호하는 국민당 후보를 지원하고 민진당 후보 천수이볜陳水扁에 불리한 국내 정세를 조성하기 위한 일종의 정치적 조치였다. 그러나 클린턴 행정부가 항공모함 2척을 대만해협에 전진 배치하면서 중국의 도발은 멈추었고, 중국의 위협에도 불구하고 민진당 후보가 새로운 총통으로 선출되었다.[23]

그 후 양안은 비교적 평온했다. 마잉주馬英九 총통이 중국과 화해 정책을 전개했기 때문이다. 그러나 민진당의 차이잉원蔡英文 총통 이래 대만이 독립 노선을 공개적으로 전개하면서 사정은 달라지기 시작했다. 트럼프 행정부가 중국과 각을 세우면서 양안 간 긴장은 다시 고조되었다. 특히 2020년 4월 10~11일에는 랴오닝호를 필두로 한 중국의 제1항공모함 전단이 대만해협을 통과했고, 이에 맞서 미국이 4월 24일 이지스 구축함을 이 지역에 파견했다. 그리고 9월 18일에는 중국 전투기 16기가 대만해협 중간 지점을, 그다음 날에는 중국 군용기 19기가 대만 방공식별구역Air Defense Identification Zone, ADIZ을 침범했다. 9월 13일에는 시진핑 주석이 광둥성 산터우의 해병 기지를 방문하여 "인민해방군 해병대는 만반의 전쟁 준비를 하라"고 지시했다.[24] 이와 더불어 중국은 대만을 타격할 수 있는 탄도미사일 DF-17 과 J-20 스텔스 전투기 일개 여단을 남부 해안 지역에 전진 배치했다. 이에 더해 저장성과 광둥성에도 DF-17을 배치했다.[25] 중국 정부는 '선제 사격 금지no first attack' 교리를 지키고 있고, 대만군 역시 이를 인지하여 신중한 행보를 보이고 있으나 양안 간의 우발적 충돌 가능성은 고조되고 있다.

이와 관련해 마이클 모렐Michael Morell 전 CIA 부국장과 제임스 위너펠드James Winnefeld 퇴역 해군 제독은 "2021년 초반, 중국이 대만을 3일 만에 접수할 수 있다"라는 전쟁 시나리오를 제시한 바 있다. "첫날, 중국은 사이버 공격을 통해 대만의 전력망을 마비시킨다. 둘째 날, 잠수함 전단을 전개하여 해상과 공중을 봉쇄한다. 그런 다음 셋째 날, 대규모 해병 병력을 투입하여 대만을 접수한다"라는 시나리오다.[26] 마잉주 대만 전 총통도 이와 유사하게 비관적으로 전망한다. 그에 따르면, "중국의 대만 공격은 조기에 전쟁을 종식할 것이기 때문에 미국이 군사적으로 개입할 여지가 없을 것"이다.[27] 대만해협 위기는 더 이상 허구가 아니라는 것이다. 대만해협은 왜 위기가 고조되고 있는가? 무엇보다 차이잉원 총통의 강경 노선 때문이다. 차이 총통은 중국이 제시하는 '일국양제'를 수용할 수 없고 대만 독립을 추진하겠다는 입장을 2020년 5월 재선 취임 후부터 표명해왔다. 여기에는 대만의 국내 여론도 크게 작용했다. 대만정치대학 여론조사에 따르면 응답자의 79%가 일국양제를 거부하는 것으로 나타났다.[28] 트럼프 행정부의 행보도 큰 변수로 작용했다. 미국은 1979년에 중국과 수교한 뒤 대만에 대해 '전략적 모호성'으로 일관해왔다. 여기에는 4가지 'No'가 깔려 있다. 즉 '대만 독립이나 분리 거부, 대만과 공식 수교 거부, 공격형 무기 판매 거부, 그리고 대만과 상호 방위 조약 체결 거부'가 그것이다.[29]

그러나 트럼프 행정부는 2020년 들어 반중 행보를 취하면서 이러한 원칙을 부분적으로 위반하기 시작했다. 8월에는 앨릭스 에이자Alex Azar 보건복지부 장관이 1979년 이후 미국의 관료급 인사로는 최초로 대만을 방문했고, 9월 19일에는 키스 크라크Keith Krach 국무차관이 리덩후이 총통 장례식에 참가했다. 그뿐 아니라 11월 12일에는 TV 인터뷰에서 마이클 폼페이오 국무장관이 "대만은 중국의 일부가 아니다"라는 발언을 해 파문을 불러일으키기도 했다. 다음 날 미 국무부가 "대만 주권에 대해 국무부는 아무런 입장이 없다"라고 해명하여 사태가 수습되기는 했지만, 중국의 거부감은 극에 달했다. 2020년에 들어와 미국의 대對대만 무기 판매도 급증했다. 대부분 방어형 무기 체계이지만 2020년 10월에는 SLAM-ER 공대지 미사일과 하푼 함대함 미사일, 그리고 고속기동용 포병 로켓HIMARS 등 41억 달러에 달하는 신형 무기를 대만에 판매했다.[30]

이처럼 대만해협은 과거 어느 때보다 위태롭다. 관건은 대만과 미국의 태도다. 반면 중국은 상수다. 대만 정부가 독립 노선에 제동을 걸고 현상 유지를 선호한다면, 중국 정부의 태도도 바뀔 것으로 보인다. 또한 바이든 행정부가 클린턴 행정부 이래 유지되어왔다가 트럼프 행정부에서 거의 파기 직전까지 갔던 '전략적 모호성'을 유지한다면, 중국도 이에 부응할 것으로 보인다.

그러나 대만 국내 정세로 보아 이러한 정책 선택이 쉬워 보이지는 않는다. 홍콩 보안법과 미중 관계 악화 이후 대만의 반중 정서는 최악으로 치닫고 있다. 마찬가지로 미국 내 사정도 녹록지 않다. 공화당이나 민주당이나 할 것 없이 반중 정서가 강하고, 대만에 대한 '전략적 확실성'을 제도적으로 보장해주어야 한다는 목소리도 높아지고 있다.[31] 대만의 미국 로비에도 주목해야 한다. 2020년 11월 미국 총선에서 친대만계 상원의원 11명, 하원의원 120명 등 131명이 재선된 바 있다.[32] 바이든 행정부에 대한 압박이 커질 수밖에 없다. 따라서 신냉전 구도하에 대만을 옹호하는 미국과 대만 독립을 핵심 국가 이익에 대한 도전으로 규정하는 중국 사이의 심각한 충돌을 배제할 수 없는 상황이다.

남중국해[33]

남중국해도 신냉전 구도에서 미중 대결의 발화점으로 부각되고 있다. 2020년 트럼프 행정부가 대중 견제·봉쇄 정책을 전개하면서 이 지역에서 군사적 긴장이 크게 고조되었기 때문이다. 2020년 1월 8일 미국은 남중국해 파라셀(시사) 군도 인근에서 항행의 자유 작전Freedom of Navigation Operations, FONOP을 실시했고, 5월 5일에는 스프래틀리(난사) 군도에서, 5월 21일에는 스카버러 암초(황옌다오) 인근에서, 9월 15일에는 다시 파라셀 군도에서 해군 작전을 전개했다. 또한 5월에는 중국 함정이 스프래틀리 군도 인근에서 석유 탐색 작업을 하던 말레이시아 시추선에 위협을 가하자 미 해군이 개입하여 미중 간 해상 충돌 일보 직전까지 갔다. 특히 7월 1일 중국이 파라셀 군도에서 해상 훈련을 시작하자 미국은 즉각 니미츠함과 레이건함 등 항공모함 2척을 현장에 급파하기도 했다.

크게 우려되었던 것은 2020년 8월 25일부터 27일까지의 남중국해 상황이었다. 8월 24일 중국이 파라셀 군도에서 해상 훈련을 하자 미국은 8월 25일 U-25 전함기를 비행 금지 구역에 보내 훈련 상황을 정찰·감시했다. 그러자 중국은 다음 날 이 지역에 '항모 킬러'라고 불리는 지대함미사일 DF-21D와 중거리 탄도미사일 DF-26B를 포함한 각종 미사일을 시험 발사하며 무력시위에 나섰다. 특히 주목할 것은 사거리가 1만 1000킬로미터에 이르는 JC(쥐랑)-2A SLBM도 처음으로 시험 발사했다는 사실이다. 이에 미국도 8월 27일에는 이지스 구축함 머스틴함을 파라셀 군도에 급파했고, 9월 2일 캘리포니아에서 ICBM 미니트맨-III를 대응 시험 발사하기에 이르렀다.[34] 이러한 상황 전개는 남중국해가 미중 대결 구도에서 얼마나 위태로운 지역인지를 극명하게 보여준다.

남중국해 문제는 이미 오래된 난제다. 1949년 대만 정부가 11단선을 선포했고, 중국 정부 역시 1992년 9단선을 선포하며 그 지역에 있는 3개의 도서군〔파라셀(시사), 스프래틀리(난사), 스카버러(황옌다오)〕을 자국 영토·영해로 규정하면서 문제가 촉발되었다.[35] 파라셀 군도는

그림 5-1. 남중국해와 구단선

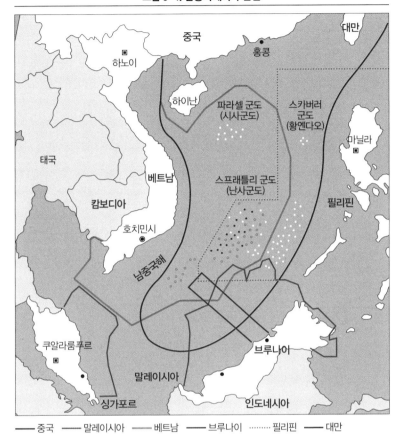

출처: "Challenging Beijing in the South China Sea," VOA, Jul. 31, 2012, https://blogs.voanews.com/state-department-news /2012/07/31/challenging-beijing-in-the-south-china-sea/.

베트남과, 스프래틀리 군도는 베트남·말레이시아·인도네시아·브루 나이·필리핀 등과, 스카버러 군도는 필리핀과 영유권 분쟁에 직면하 게 되었다. 그러나 이 국가들은 물론 미국과 국제사회의 반대에도 불 구하고 중국 정부는 스프래틀리 군도의 7개 암초를 비롯해, 파라셀 군도와 스카버러 암초에 만든 인공섬에 항만과 군사용 활주로를 건설하기에 이르렀다. 일부 인공섬에는 미사일 배치까지 마친 상황이다. 이는 "남중국해 분쟁 도서의 군사화를 추진할 의도가 없다"라는 시진핑 주석의 2015년 발언에 위배되는 행동이기도 했다.[36]

중국의 이러한 행보에 필리핀 정부가 제동을 걸었다. 2012년 중국이 스카버러를 점거하고 군사기지화하자 필리핀 정부는 헤이그의 국제상설중재재판소에 제소하고 2016년에 승소 판결을 받아냈다. 재판소는 9단선에 대한 중국의 연고 주장에 따른 스카버러 점유는 법적 근거가 없으며 산호초를 매립하여 만든 인공섬은 영해나 배타적경제수역Exclusive Economic Zone, EEZ을 가질 수 없을 뿐 아니라 인공섬 건설 과정에서 해양 환경을 크게 오염했으니 원상 복구하라는 판결을 내렸다.[37] 그러나 중국 정부는 이 제소에 응하지 않았기 때문에 판결을 수용할 수 없다고 밝혔다.

그렇다면 왜 중국은 남중국해나 동중국해에 집착할까? 무엇보다 국력 증강에 따른 새로운 위상 정립이 큰 이유다. 중국은 남중국해와 동중국해에 대한 역사적 연고가 있었지만, 지난 150년 수모의 역사 속에서 이를 행사하지 못했기 때문에 이제 이를 되찾아오겠다는 것이다. 그래서 중국 정부는 남중국해를 핵심 이익으로 규정하고 있다. 이와 더불어 이 지역의 석유 등 광물자원과 수자원이 큰 변수로 작용하고 있다. 그리고 난사군도에는 상당한 원유가 매장된 것으로 추정되기 때문에 경제적 이익을 위해서라도 남중국해를 고수해야겠다는 것이다. 마지막으로, 남중국해가 전략적 요충지로 부상했기 때문이다. 미중 관계가 원만했을 때만 하더라도 전략적 이유는 크게 대두하지 않았다. 그러나 미중 관계가 악화하면서 7함대를 중심으로 남중국해의 제해권을 가지고 있는 미국이 중국의 해상 통로를 봉쇄하지 않을까 하는 우려가 생겼다. 특히 1995~1996년 제3차 대만해협 위기 이후 이러한 우려는 더 커졌다. 이에 더해 남중국해 도서들을 군사기지화해 해공군 및 미사일 전력을 전진 배치했을 경우, 미국에 대한 반접근 및 지역 접근 거부를 더욱 효과적으로 전개할 수 있다는 전략적 계산도 깔려 있었다.[38] 따라서 중국은 복합적 이유로 남중국해 문제에 집착하고 있다.

그러나 미국도 남중국해에서 물러설 수 없는 입장이다. 미국의 인도·태평양 전략과 쿼드 플러스 구상의 관건이 바로 남중국해이기 때문이다. 미국은 남중국해 문제를 둘러싸고 3가지 전략을 전개해왔다.[39] 첫째, 외교적 해결이다. 이를 위해 미중 정상회담, APEC, 동아시아 정상회담 등 기회가 있을 때마다 중국 정상에게 외교적 해결을 강조해왔다. 둘째, 항행의 자유 작전을 통해 중국의 주장에 정면으로 맞서는 방안이다. 이미 항행의 자유 작전은 상시 전개되고 있고 참여하는 국가도 늘고 있다. 역내 국가들의 해로 안전 문제가 걸려 있기 때문이다. 마지막으로 동남아 국가, 특히 베트남·필리핀·말레이시아·인도네시아와 연대를 강화하는 것이다.[40]

그러나 미국의 이러한 노력이 순조로워 보이지는 않는다. 이미 미중 간 관계 악화로 양국 정상회담 개최 자체가 어려운 실정이다. 항행의 자유 작전은 계속될 것이지만, 중국 정부도 이에 강력하게 맞설 것으로 보인다. 또한 동남아시아 국가와의 연대 역시 만만치 않아 보인다. 2020년 7월 13일, 폼페이오 국무장관은 중국이 동남아시아 역내 국가들이 남중국해에서 행하고 있는 어로 작업과 원유 등 광물 자원 개발에 간섭하는 것은 "불법적이고 위협적illegal and bullying"이라고 선언한 바 있다.[41] 그러나 이는 남중국해 상황을 더욱 어렵게 만들고 있다. 베트남 같은 국가의 군사적 모험주의를 부추겨 역내에서 군사적 충돌이 일어날 가능성을 높일 수 있기 때문이다. 따라서 신냉전 시기에 남중국해의 전략적 불안정성은 한층 더 고조될 것으로 보인다.

제2의 한국전?: 미중 갈등과 한반도

2019년 5월 말, 제주 포럼에서 나는 미국과 중국 간 패권 경쟁에 대한 토론의 사회를 맡았다. 리자오싱 전 중국 외교부장, '투키디데스 함정' 가설로 유명한 하버드대학교의 그레이엄 앨리슨Graham Allison 교수, 그리고 『중국이 세계를 지배하면』의 저자 마틴 자크 교수가 패널로 참가했다. 토론 중 앨리슨 교수가 "투키디데스 함정이 제2의 한국전 형태로 나타날 것이다"라는 폭탄 발언을 했다. 그 후에도 앨리슨 교수는 여러 곳에서 '제2의 한국전' 발언을 했다.[42] 그뿐 아니라 중국 국무원 자문위원이자 저명한 국제정치학자인 스인훙 런민대학교 교수도 중화권 인터넷 매체와 한 인터뷰에서 "한반도는 잠재적 지뢰로 언제 터질지 아무도 모른다"라고 경고한 바 있다. 미중 대결 구도에서 한반도가 그 정도로 위태롭다는 것을 보여준다.

아마 2가지 이유에서 이런 추론을 하는 것 같다. 하나는 과거 역사의 관성적 해석에서 오는 것이고, 다른 하나는 북한 핵 문제를 둘러싸고 전개되는 한반도의 전략적 불안정성에서 오는 것이다. 여기서 역사의 관성적 해석이란 1950년 6·25전쟁과 같은 상황이 재연될 수 있다는 가정이다. 북한이 남침하자 미국을 필두로 한 16개 유엔회원국은 유엔 헌장의 집단안전보장 원칙에 따라 한국전쟁에 참전했다. 1950년 10월 유엔군이 압록강까지 진격하자 중국이 항미원조抗美援朝, 즉 미국에 항거하고 조선을 지원한다는 명분 아래 개입했다. 중국의 개입으로 한국전쟁은 남북 간 전쟁에서 미중 간 강대국 전쟁으로 성격이 바뀌었다. 이와 같은 맥락에서 미국과 중국 간 열전熱戰이 한반도에서 다시 발생할 수 있다는 것이다. 여기에는 2가지 가능성이 있다. 남북 간 군사적 충돌에 미국과 중국이 개입하는 것과 미중 패권 경쟁이 남북한 간 대리전쟁으로 번지는 것이다. 미국과 중국 간 갈등과 대립이 심화될수록 그들의 연루 가능성은 커질 수밖에 없다.

이러한 열전을 촉발하는 핵심 변수는 북한 핵 문제가 될 것이다. 2019년 하노이에서 열린 트럼프-김정은 정상회담이 실패로 돌아가면서 북핵 문제 해결은 답보 상태에 있다. 이러한 교착 상태가 장기화하는 가운데 북한이 핵 무장력을 강화해나가고 미국 또는 한국과 일본을 군사적으로 위협하면, 한반도 상황은 2017년보다 더 위태로워질 수 있다. 특히 미국 정부가 외교적 협상이나 최대한의 압박 전략이 작동하지 않는다고 판단하면 군사행동을 고려할 수도 있다. 중국이 동의할 수 없는 미국의 대북한 군사행동은 중국의 군사 개입을 유도할 수 있다. 한반도의 갈등 구조로 보아 미국이 주요 핵·미사일 시설에 국한된 정밀 타격을 해도 확전은 명약관화해진다. 사실 이명박 정부 시기에 북한의 급변 사태를 대비해 한국과 미국이 북한에 안정화 작전을 편다는 계획을 세우고 긴밀하게 협력한 바 있다. 중국 정부는 이러한 행보에 매우 민감한 반응을 보이고 대규모 군 병력을 북중 접경 지역에 전개한 바 있다. 북한 지역을 일종의 완충지대로 간주하는 중국으로서는 미국이 북한을 접수하고 바로 코앞에서 중국을 위협한다는 것을 상상하기조차 어려울 것이다. 이처럼 북한의 핵 문제나 급변하는 사태 때문에 한반도에 위급 상황이 발생하게 되면 미국과 중국의 연루는 피하기 어려울 것이다.

사실 미래의 전쟁 가능성을 거론하지 않아도 미국과 중국 간의 지정학적 대결 구도는 이미 한국에 여러 가지 정책적 딜레마를 가져다주고 있다. 트럼프 행정부는 중국에 대한 신봉쇄 전략을 전개하면서 한국의 동참을 요청한 바 있다. 그러나 문제는 한국과 미국 사이에 위협 인식의 비대칭성이 있다는 사실이다. 우리도 중국으로부터의 위협을 강하게 느껴야 미국의 대중 전선에 동참할 수 있는 것인데, 우리 국민 대부분은 '즉각적이고 현존하는' 중국의 위협을 느끼지 못한다. 오히려 미국의 국력이 여전히 중국을 압도하고, 중국 역시 외교적 타결을 바라고 있는 상황에서 워싱턴이 봉쇄·강압·포위라는 대결의 길로 향하는 것이 미국 대선이라는 국내 정치 변수 때문이었다는 의구심마저 있다. 45년 냉전의 연대기에서 분단과 전쟁, 고질적 군사 대결, 반도국가라는 한계로 고통받았던 한국 국민에게 또 다른 냉전의 등장이 반가울 리 없다.[43] 그뿐 아니라 미국이 주도하는 반중 전선에 참여하는 데 따른 안보·경제상의 비용은 매우 클 것으로 판단된다.

6장
지경학적 대결 구도

"지금의 미중 관계 파열은
예상보다 10년 빠르다."[1]
_ 왕치산王岐山

지경학地經學은 일반적으로 지리적 위치가 경제에 미치는 영향을 연구하는 학문을 의미하고, 경제지리학과 맥을 같이한다. 그러나 엄격하게 말해 지경학은 단순히 지리적 변수를 넘어 정치·전략적 요소에 의해 경제 현상이 좌우된다고 본다. 제2차 세계대전 이전 일본의 대동아 공영권, 제2차 세계대전 이후 미국이 만들어놓은 자유시장 경제권, 그리고 이에 대한 대항으로 소련이 구축했던 경제상호원조회의 등이 대표적 사례다.[2] 국가 간 무역 분쟁도 지경학적 시각에서 접근할 수 있다. 제2차 세계대전 후 미국은 GATT와 브레턴우즈 통화 체제에 의거해 자유주의 경제 질서를 구축했다. 그러나 이러한 보편적 질서는 항구적인 것이 아니다. 미국의 경제 사정에 따라 이 질서가 부분적으로 파기되기도 했다. 1960년대 말 베트남 전쟁의 여파로 미국 경제가 어려워지자 1971년 리처드 닉슨 대통령은 서독과 일본에 수입관세를 부과하고 달러를 기축통화로 설정한 금본위 교환 제도인 브레턴우즈 체제를 일방적으로 파기했다.

레이건 행정부 시절에도 미국은 비슷한 행보를 보였다. 1982년 12월, 로널드 레이건Ronald Reagan 대통령은 신통상 정책을 발표하고 미 통상법 301조(불공정 무역 관행)에 의거하여 일본·한국 등 주요 무역흑자국들에 대한 관세·비관세 조치를 부과했다. 그리고 GATT의 포괄적 호혜주의diffuse reciprocity 원칙에서 벗어난 기계적 상호주의specific reciprocity 원칙을 적용하여 일본·한국 등 동아시아 교역 대상국들에 대해 국가별·품목별 무역 균형 시정 조치를 압박했다.[3] 또한 계속 악화하는 무역적자를 이유로 1985년 플라자 협약Plaza Accord을 반강제로 체결하여, 당시 주요 흑자국이었던 일본과 독일이 인위적인 환율 평가절상을 하도록 했다. 무역수지 불균형 문제를 장기적 시각에서 시장 기능을 통해 해소하지 않고 특정 국가, 특정 품목을 대상으로 정치·외교적으로 해결하려는 지경학적 노력이라 할 수 있다.

트럼프 행정부도 닉슨, 레이건 정부와 다를 바 없었다. 이번에는 중국이 주요 대상이었을 뿐이다. 만성적인 대중국 무역적자를 개선하기 위해 관세전쟁을 전개하고 있을 뿐 아니라 중국의 불공정 무역 관행, 더 나아가서는 시진핑 주석이 야심 차게 전개하고 있는 일대일로 구상에 대해서도 강력하게 견제하고 나섰다. 특히 트럼프 행정부는 중국을 글로벌 공급사슬에서 완전히 배제하겠다는 무역과 투자에서의 탈동조화 전략을 폈다. 트럼프 대통령의 이러한 조치는 단순히 경제적 동인에 의한 것이라기보다는 미국의 경제력을 넘어서서 세계 패권 국가로 등극하려는 중국의 야망을 저지하기 위한 전략적 포석이었다. 이에 대한 중국의 대응 또한 만만치 않다. 지금부터는 이러한 미중 간 지경학적 대결을 관세전쟁과 불공정 무역, 통화 경쟁, 일대일로, 그리고 미국의 탈동조화 전략으로 나눠 살펴보고자 한다.[4]

관세전쟁과 불공정 무역

2016년 미 대선 기간 중 트럼프 후보가 내세운 대표적인 공약이 '중국 때리기'였다. 중국이 환율을 조작하고 지적재산권을 침해하는 동시에 각종 불공정 무역 관행을 통해 미국 경제를 위협하고 있다는 이유에서였다. 특히 중국을 환율 조작국으로 지정하고, 중국산 수입품에 45%의 상계관세를 부과하겠다는 폭탄 선언은 파격적이었다.[5] 이는 마치 1930년 스무트-홀리 관세법을 연상케 하는 발언이었다.[6] 이 법안으로 당시 미국과 유럽의 관세전쟁이 발생했고, 이는 결국 제2차 세계대전의 주요 원인이 되었다. 이러한 행보는 비단 트럼프에 국한되는 것이 아니었다. 민주당, 공화당을 가리지 않고 초당적으로 중국에 대한 보호무역주의 정책을 옹호하고 있었기 때문이다. 2010년 미국의 대중 무역적자는 2930억 달러였으나 2016년에는 3468억 달러, 그리고 트럼프가 취임했던 2017년에는 3715억 달러로 증가했다. 미국의 초강경 대중 무역정책은 다분히 예견된 것이었다.

트럼프 대통령은 취임하자마자 미국 무역대표부United States Trade Representative, USTR에 지식재산권 침해와 기술 강제 이전 등과 같은 중국의 불공정 무역 관행을 조사토록 지시했다.[7] 2018년 3월에 USTR의 보고서가 나오자 그에 의거하여 중국에 대한 징벌적 조치를 하기 시작했다. 2018년 3월 22일에는 중국 측에 대중 무역적자 2000억 달러를 삭감하도록 요청했고, 중국산 제품에 대해 500억 달러 규모의 관세를 부과했다. 같은 해 7월 6일에는 340억 달러 규모의 중국산 제품에 25%의 관세를 발표했는가 하면, 9월 24일에는 5745개 품목 2000억 달러 상당의 중국 제품에 10% 관세를 매겼다. 2019년 5월 10일에는 2000억 달러 상당의 중국 제품에 대한 관세를 10%에서 25%로 올리고, 9월 1일에는 3000억 달러 규모의 중국 제품에 15%의 관세를 부과하기에 이르렀다.[8]

중국도 이에 반격했다. 2018년 4월 2일 미국산 돈육 등 8개 품목에 25%, 120개 품목에 15%의 관세를, 4월 4일에 미국산 대두·자동차 등 106개 품목에 25%의 관세를, 9월 24일에는 600억 달러 규모의 미국산 제품에 5~10%의 관세를 부과하면서 맞섰다. 2019년 6월 1일에도 미국산 제품 600억 달러에 대해 5~25% 관세를 인상했고, 9월 1일에는 750억 달러 규모의 미국산 제품에 5~10% 관세를 부과했다.

확대일로의 관세전쟁은 2020년 1월 15일 미중 무역 협상 1단계 합의를 체결함으로써 우선 일단락되었다. 트럼프 대통령과 류허劉鶴 부총리가 백악관에서 서명하기 이틀 전인 1월 13일 미국은 중국을 환율 조작국 지정에서 해제했다. 우선 무역 확대 조치로 중국은 4개 부문에서 향후 2년간 2000억 달러 상당의 미국 제품을 추가로 수입하기로 했다. 이에 대해 미국은 대중 추가 관세를 보류하고 2월 14일부로 기존 1100억 달러에 부과했던 관세를 7.5%로 인하했다. 또한 중국 최고인민법원은 지적재산권 보호 강화 지침을 발표하고 위조품의 압수, 파기, 처벌 기준을 강화했다. 그 밖에 중국 정부가 환율 개입을 자제하고 대미 식품 수입 장벽을 완화하는 동시에 기술 이전 강요를 금지하기로 합의했다.[9]

1단계 합의로 미중 관세전쟁은 어느 정도 진정되었다. 그러나 그 이행 여부를 두고 미중 간 마찰이 다시 불거질 가능성이 크다. 사실 트럼프 대통령의 강공 드라이브에도 불구하고 미국이 얻은 것은 그리 커 보이지 않는다. 관세 압박으로 미국의 대중 적자는 2018년의 4195억 달러에서 2019년에는 3456억 달러로 줄어들었고, 중국의 상대적 비중도 2016년 47.2%에서 2020년 9월 34.3%로 감소했다. 그러나 트럼프 행정부 기간 중 미국의 전체 무역적자 폭은 2016년 말에 6880억 달러에서 2020년 말 8532억 달러로 증가했다.[10] 전투에서는 이기고 전쟁에서는 지는 결과다. 미국의 전체 후생 측면에서 볼 때, 트럼프의 관세전쟁으로 미국 기업들의 시장가치는 약 1조 7000억 달러의 손실을 보았다. 이는 미국 스탠더드 앤드 푸어스S&P 800 지수가 6% 하락한 것과 같다.[11] 그뿐 아니라 중국에 대한 고관세는 기업들의 이윤 감소, 미국 노동자들의 실업과 임금 하락, 그리고 소비자 가격 인상 등 부정적 결과를 가져왔다는 평가가 나오고 있다.[12] 2021년 1월 15일 로이터 통신의 보도에 따르면, 미중 무역 분쟁 결과 미국에 24만 5000명의 실업자가 양산되었다고 한다.[13]

그러나 관세전쟁은 한 단면에 불과했다. 미국의 대중 무역적자는 불공정 무역 관행의 결과라 해도 과언이 아니다. 불공정 무역은 단순히 비관세장벽을 통해 국내 수요를 억제하는 것에 그치지 않는다. 더 핵심적인 것은 국가가 시장에 체계적으로 개입하여 인위적으로 중국의 비교 우위, 그리고 중국 기업들의 경쟁 우위를 만들었다는 데 있다. 국가 주도로 전략산업을 설정하고, 여기에 참여하는 기업들에 각종 보조금을 비롯해 금융·세제 혜택을 제공함으로써 인위적으로 전략산업과 관련 기업의 경쟁력을 창출하는 것은 결코 새로운 것이 아니다. 1980년대 일본이 체계적인 산업 정책을 통해 인위적 비교 우위를 만들어 미국 시장을 공략했던 것은 주지의 사실이다.[14] 이러한 사실을 인지하고, 미국에서도 1980년대 중반 미국형 산업 정책을 도입해야 한다는 논쟁이 전개되었다.[15]

트럼프 행정부 내의 강경파, 특히 피터 나바로Peter Navarro 무역 고문과 USTR 대표인 로버트 라이트하이저Robert Lighthizer 등은 중국의 공격적 산업 정책에 주목했다. 1단계 협상에서도 제기되었지만, 이들 강경파는 중국 정부의 국영기업체에 대한 보조금 지급 중단과 중국 진출 미국 기업들의 강제 기술 이전 금지를 명시적으로 요구하는 동시에 이러한 요구 조건의 법제화와 그 이행 여부를 감시할 수 있는 상설 기구 사무소를 베이징에 설치할 것을 요구했다. 그리고 그 진전 여부에 따라 관세를 부분적·점진적으로 철회할 수 있다는 태도를 보였다.[16] 여기서 강경파의 주요 목표는 '중국 제조 2025'였다.

산업 정책은 19세기 후반 통일된 독일이 산업혁명을 통해 앞서 간 영국과 프랑스를 따라잡기 위한 후발국의 경제 전략이라고 할 수 있다. 일본과 한국도 유사한 경로를 걸었다. 중국 역시 미국을 추격하기 위한 경제 전략으로 '중국 제조 2025'를 채택했다. 중국 정부는 2015년 5월 13차 5개년 계획 기간 중 제조업 발전 전략의 하나로 '중국 제조 2025'를 발표했다. 이 구상에 따르면, 중국은 2025년까지 글로벌 제조 강국으로 도약하기 위해 10대 핵심 산업을 선정하고 이 산업들을 집중적으로 육성하겠다고 한다. 10대 산업에는 고정밀 수치제어공작기계·로봇, 항공우주 장비, 해양 장비·첨단 선박, 선진 궤도교통 설비, 에너지 절약·신에너지 자동차, 전력 설비, 농업기계 장비, 신소재, 바이오 의약·고성능 의료 기기 등이 포함되어 있다.[17]

이 계획에 따르면, 2020년까지 핵심 기초 부품 및 재료의 국산화 율을 40%로 올리고 2025년까지 70%를 달성한다고 한다. 이를 달성하기 위해 중국 정부는 보조금을 포함하여 각종 우대 혜택을 제공하고 있다. 이 10대 핵심 전략 산업 대부분이 미국과 경쟁 관계에 있다. 이 산업들을 전적으로 시장에 맡기고 있는 미국으로서는 중국의 정부 주도 핵심 산업 육성 정책을 용납할 수 없었다. 불공정 무역 관행 주장이 나올 수밖에 없었던 것이다. 일본과 한국의 경우, 미국과

WTO의 압력 때문에 산업 정책을 폐기하고 정부의 개입을 최소화한 바 있다. 중국도 그러한 전례를 국제 규범에 따라 수용하는 것이 합리적이다. 그러나 중국이 이를 강제적 방법으로 법제화하는 것을 수용하기는 어려울 것이다.

미중 통화 패권 경쟁

홍콩 행정수반 캐리 람의 연봉은 520만 홍콩달러로 세계 지도자 중 연봉이 가장 높은 편에 속한다. 그런 그녀가 텔레비전 인터뷰에서 다음과 같이 토로했다. "은행 서비스를 받지 못해 집에 현금을 쌓아 두고 산다. 신용카드도 사용하기 어렵다." 2020년 8월 미국 재무부가 "홍콩의 가치를 훼손하고 홍콩 시민의 자유를 억압하는 데 관여했다"는 이유로 캐리 람을 포함해 홍콩과 중국의 고위 관리 11명에 대해 미국 내 자산 동결, 미국 입국 금지, 그리고 미국 금융기관과의 거래 금지를 실행했기 때문이다.[18] 미국 은행과 달러 거래를 하는 모든 홍콩의 은행은 람 장관과 거래시 미국으로부터 불이익을 받을 것을 우려해 그녀에 대한 은행 서비스 공급을 거부했다.

이것은 미국 달러가 갖는 패권적 지위를 바로 보여준다.[19] 브레턴우즈 통화 체제가 1971년 8월 15일 해체되었는데도 미국 달러는 여전히 환율 측정의 기준, 국제 교환의 수단, 그리고 외화보유고 비축 자산, 즉 기축화폐로서 기능을 한다. 2019년 말 기준 세계 외환시장에서 일일 달러 거래량은 5조 8000억 달러로, 전체 거래량의 46%에 해당한다. 또한 전 세계 외화보유고 중 달러의 비중은 61.7%로 압도적이다.[20] 미국의 제재를 거부하는 금융기관들은 제3자 보이콧 Secondary Boycott 규정에 따라 미국 정부로부터 징벌적 제재를 받게 된다. 현재 북한이 당면하고 있는 가장 큰 문제도 바로 미국의 금융 제재에 있다. 아무리 한국 은행들이 북한과 거래하려 해도 미국의 금융 제재 때문에 감히 엄두를 내지 못하는 실정이다. 중국도 마찬가지다. 중국의 자율적 행보를 제약하는 것은 '달러 헤게모니'에 따른 금융·통화 분야의 구조적 한계라고 해도 무방하다.[21] 특히 미국이 주도하고 있는 국제 결제 시스템인 국제은행간통신협회망Society for Worldwide Interbank Financial Telecommunication, SWIFT에는 전 세계 11만 개 은행이 가입해 있다. 미국의 제재를 받게 되면 이 결제 시스템에서 배제되고, 사실상 국제 거래가 불가능해진다.[22]

중국이 세계 제2의 경제 대국이고 향후 10년 내에 경제력에서 미국을 능가한다고 해도, 이러한 구조적 제약에서 벗어나기는 쉽지 않다. 그래서 중국은 미국 달러에 대한 의존도를 계속 줄여왔다. 1995년만 해도 중국의 외화보유고에서 미국 달러가 차지하는 비중이 79%였다. 2015년에 와서 58%로 줄었지만, 대미 의존도가 여전히 높은 편이다. 달러에 대한 의존도는 금융 제재에 대한 취약성 못지않게 중국 경제의 약화를 초래할 수 있다. 미국 경제가 악화하여 미국 달러 가치가 하락하면 중국의 달러 관련 자산 가치도 줄어들기 마련이다. 최근 미 국채 보유액 비중을 줄여나가는 것도 이러한 이유 때문이다.

한때 1조 4000억 달러에 육박하던 미 국채 비중이 2020년 9월 기준 1조 617억 달러로 축소되었고, 조만간 8000억 달러 아래로 줄여 나갈 것으로 계획하고 있다. 또한 외화보유액에서 달러 비중도 2005년 58%에서 2020년 30%로 줄어들었다.[23]

중국은 금융·통화 부문의 자율성을 위해 위안화의 국제화와 디지털 통화 도입을 적극적으로 모색하고 있다. 위안화의 국제화란 위안화 표시 채권 발행, 위안화 환전 시스템, 통화스와프, 위안화를 통한 국제 거래와 외화보유고의 수단으로 제도화하려는 노력을 의미한다. 더 나아가서는 중국 위안화 통화권을 구축하는 것도 국제화의 한 축으로 볼 수 있다. 그러나 중국 정부의 노력에도 불구하고 큰 진전을 보지는 못하고 있다. 2019년 기준 전 세계 외화보유고 중 위안화의 비중은 1.9%에 지나지 않는다. 국제 지급수단으로서 위안화의 비중도 2.2%에 불과하다. 그러나 중국 정부는 33개 국가와 통화스와프 협정을 추진하고 있는가 하면, 홍콩에 위안화 청산 센터를 설립하는 등 국제화하려는 노력을 강화하고 있다.[24] 현실적으로 위안화의 국제화는 아직 갈 길이 멀다. 중국 경제의 구조적 불안정성, 저조한 금융 개혁과 자본시장 통제, 중국 정부의 규제 등은 위안화의 국제화에 커다란 장애물로 작용하고 있다. 또한 중국 정부로서도 자본의 자유로운 유·출입이 중국 경제의 안정을 해칠 수 있기 때문에 국제화를 강력히 추진하기는 어려울 것으로 보인다.

그러나 미국에 가장 위협적인 도전은 중국 중앙은행인 인민은행이 발행하는 디지털 화폐Central Bank Digital Currency, CBDC다. 현재까지 디지털 화폐 종목은 1500개가 넘고, 시가총액도 3891억 달러에 이른다. 중국 정부는 바로 여기에 역점을 두고 있다. 시진핑 주석까지 나서서 디지털 화폐를 독려하고 있는데, 현재 인민은행 주도하에 선전 등 28개 도시에서 디지털 화폐를 실험적으로 실시하고 있고, 향후 2~3년 안에 유통 화폐의 30~50%를 디지털 화폐로 대체하겠다는 것이다.[25] 중앙은행이 발행하는 화폐이기 때문에 비트코인이나 이더리움 등의 가상화폐보다는 공신력이 있을 뿐 아니라, 중국 정부로서는 화폐 금융의 효율성을 제고할 수 있고 더 나아가 탈세, 회색경제, 지하경제 등을 감시하고 사회 통제 수단으로 활용하여 부정부패 등을 방지할 수 있다는 강점이 있다.

문제는 중국의 디지털 화폐가 국제화되는 경우다. 버클리대학교의 비노드 아가왈Vinod Aggarwal 교수가 주장하듯이, 중국 정부가 디지털 화폐를 국제화하면 미국 달러화의 패권적 지위를 크게 해칠 뿐 아니라 미국의 국제금융 제재 시스템에 커다란 타격을 가져올 수 있다. 게다가 일대일로 참여국들과 디지털 화폐로 연계될 때 미국의 감시·통제에서 벗어난 위안화 통화권이 출현할 수도 있다. 이는 현재 중국 정부가 일대일로 참여국과 추진하고 있는 '디지털 실크로드' 구상과 접목될 수 있다.[26] 이런 노력은 중국 정부가 미국 주도의 국제은행간통신협회망에 대한 대안으로 2015년 10월에 도입한 '위안화 중심의 국제은행간결제시스템Cross border Inter-bank Payment System, CIPS'이 2018년을 기준으로 26조 위안에 달하는 거래가 이루어졌다는 점에서 잘 나타난다. 물론 중국 정부는 이에 대해 신중한 반응을 보이고 있다. 인민은행 저우샤오촨周小川 전 총재는 2020년 열린 상하이 경제 포럼Shanghai Financial Forum에서 "디지털 위안화는 미 달러, 유로화 등 글로벌 법정화폐를 대체할 의도가 없다"라고 밝히며, "결제와 환전을 연결함으로써 국경 간 무역과 투자를 혁신하기 위한 것"이라고 표현한 바 있다.[27] 이렇듯 부인하긴 하지만, 중국 정부는 위안화의 국제화와 디지털 화폐를 강력하게 추진할 것이고 미국은 이를 저지하기 위한 다양한 조처를 할 것으로 보인다. 통화 패권도 미중 신냉전의 또 다른 전선이 될 수 있다는 것을 암시하는 대목이다.

일대일로 구상과 미국의 견제

미중 간에 가장 첨예한 지경학적 대결은 중국의 일대일로 구상을 중심으로 나타나고 있다. 앞서 지정학 부분에서도 간략히 지적했지만, 미국은 시진핑 주석의 일대일로 구상을 지경학을 넘어선 지정학적 포석으로 파악하고 있다. 시진핑은 2013년 3월 14일 국가주석에 공식 취임했다. 그러나 그 1년 전인 2012년 오바마 행정부는 '아시아 회귀' 전략을 새로운 아·태 전략으로 발표했다. 중국의 부상에 대비해 아·태 지역에서 군사·외교적 재균형을 모색하겠다는 것이다. 시진핑은 이를 중국에 대한 지정학적 견제로 파악하고 일대일로를 통해 '서쪽으로의 회귀Pivot to the West'를 구상하기에 이르렀다.[28]

2013년 9월 7일, 카자흐스탄을 국빈 방문 중이던 시진핑 주석은 나자르바예프대학교 강연에서 '일대일로' 구상을 공식적으로 발표했다. 중국-중앙아시아-유럽을 도로, 철도, 인프라로 연결해 과거의 실크로드를 재현하겠다는 이 구상은 2014년 5월 8일 구체적인 모습으로 나타났다.[29] 그 하나는 육상 실크로드로, 중국-중앙아시아-이란-유럽을 연결하는 남방 로드와 중국-몽골-러시아-유럽을 잇는 북방 로드다. 다른 하나는 1405년 6월 명의 정화가 원정했던 해상 실크로드로, 중국 소주에서 동남아-인도양-홍해-아프리카 동부 지역까지 연결되는 해상 수송로다. 그러나 최근에 와서 일대일로 구상의 영역은 더 확장되고 있다. 지구온난화에 따라 북극 항로가 열리면서 중국은 '극지방 실크로드'에 착수하고 있다.[30] 그리고 디지털 인프라의 확충을 통해 일대일로 참여 국가들과 촘촘한 통신망을 구축하겠다는 '디지털 실크로드'는 물론이고 코로나19 발생 이후에는 공공 보건 실크로드 구상도 전개하고 있다.[31]

이처럼 일대일로 구상은 지경학적 셈법을 넘어 전방위적인 포석으로 작동하고 있다. 그렇다면 일대일로 구상은 어떤 동기에서 비롯한 것인가? 명분은 중국의 대전략이라 할 수 있는 인류 운명 공동체다. 2012년 11월, 18차 당 전국대표회의에서 제기된 인류 운명 공동체 구상은 중국이 인류 사회의 공동 발전, 지속 가능한 번영, 장기적 안정, 그리고 세계 평화와 발전에 공헌하겠다는 것이다.[32] 엄격하게 말해 인류 운명 공동체는 "평화 발전 노선을 외연화하고 정확한 의리관으로 세계 평화의 건설자, 세계 발전의 공헌자, 그리고 국제 질서의 수호자"가 되겠다는 의지의 표현이기도 하다.[33] 좀 더 구체적으로 일대일로 구상은 중국 공산당 창건 100주년이 되는 2021년까지 소강 사회를 건설하고, 중화인민공화국 건국 100주년이 되는 2049년까지 중국몽을 실현하겠다는 위대한 중국의 부흥에 유리한 국제 환경을 조성하기 위한 것이라고 평가할 수 있다. 어쩌면 중국도 일대일로를 구상하면서 제2차 세계대전 이후 미국이 구상했던 마셜 플랜을 염두에 두고 있었던 것인지도 모른다.[34]

그러나 일대일로 구상에는 명분보다 실리가 더 크게 작용하고 있다.[35] 이미 지적했지만, 동쪽에서 오는 미국의 압박에 대응하기 위해 서쪽에 새로운 생존공간(육상 실크로드)을 만들 필요가 있고, 중국 수출입의 80%가 이루어지고 있는 해로의 안전을 위해 해양 실크로드 구축이 긴요했다. 그뿐 아니라 경제적 계산도 있었다. 아시아개발은행의 2017년 보고서에 따르면 2016~2030년 아시아 지역의 인프라 수요는 22조 5000억 달러, 중동·아프리카 수요를 포함하면 57조 달러가 될 것으로 추산된다.[36] 특히 중국 국내 인프라 시장이 포화 상태에 있기 때문에 건설·토건 업계의 새로운 시장을 개척하기 위해서라도 이러한 구상이 필요했다. 거기에 더해 중국 중심의 새로운 세력권을 편성하고 백년변국百年變局의 시대 상황 속에서 시진핑 주석의 유산 정치legacy politic를 확립하기 위해서라도 이러한 전략적 포석이 절박했을지도 모른다.

일대일로는 '세기의 프로젝트'다. 과거의 실크로드를 넘어서 오대양 육대주 140여 개국, 전 세계 인구의 3분의 2를 대상으로 한다. 제2차 세계대전 이후 미국이 서유럽에서 전개했던 마셜 플랜의 지원

규모가 1300억 달러였던 반면, 일대일로는 이미 1조 달러 이상을 투자하고 있다.[37] 6대 경제회랑[38]을 중심으로 도로·철도 연결 사업, 심해항 구축, 중개 공업단지, 전기·발전·통신설비 사업, 스마트 도시, 환경보호, 그리고 문화적·인적 교류에 이르기까지 광범위한 사업을 포함하고 있다. 그리고 일대일로 사업을 추진하기 위해 중국 정부는 2016년 1월 아시아인프라투자은행Asian Infrastructure Investment Bank, AIIB을 공식적으로 출범했다. 2014년 11월, 57개국이 참여하여 자본 1000억 달러로 시작한 AIIB는 2020년 말 기준 102개 국가가 참여하고 있다. 자본금 1000억 달러 가운데 중국 지분이 3분의 1이며, IMF에서 미국이 거부권을 행사하는 것과는 달리 중국은 거부권을 행사하지 못한다. 2020년 12월 말 기준으로 AIIB는 71개 프로젝트에 총 142억 7000만 달러를 차관으로 공여했다. AIIB와는 별개로 중국개발은행China Development Bank과 중국수출입은행China EXIM Bank이 일대일로 사업의 주요 재원이 되고 있다. 2008년부터 2019년까지 이 두 국유 은행은 총 4620억 달러를 일대일로 관련국들에 개발차관으로 공여해주었는데, 이는 세계은행의 총 차관액 4670억 달러에 육박하는 액수다. 이 외에도 중국공산은행, 건설은행, 중국은행 등도 개발차관 공여 기관으로 참여해왔다.[39]

그러나 일대일로 구상이 최근 숱한 어려움에 직면해 있다. 인프라 개발은 좋으나, 실제로는 현지인을 고용하지 않고 무리하게 사업을 전개해 수혜국들을 부채의 덫에 빠지게 한 뒤 채무를 이행하지 못하면 중국 투자 기업이 인수하는 것은 신식민주의와 다를 바 없다는 주장이 나오고 있다.[40] 그리스와 스리랑카 항만 사업이 대표적인 예다. 중국 개발 업체들과 수혜국 관리들 간의 정경유착을 통한 부정부패 관행도 커다란 쟁점이 되고 있다. 특히 문제가 되는 것은 중국 개발차관의 60%가 베네수엘라(12.5%)·파키스탄·러시아·앙골라 등 소수 국가에 집중되고 있고, 이 국가들의 공통점은 권위주의 국가라는 사실이다. 일대일로가 권위주의 국가를 옹호하고, 중국 권위주의 모델의 수출 통로가 되고 있다는 비난은 여기서 비롯했다.[41] 마지막으로, 채산성 악화와 중국 국가 전략의 변화도 문제다. 일대일로는 장기 투자를 전제로 한다. 그리고 코로나 사태와 미국의 대중 견제는 쌍순환이라는 중국 발전 전략의 변화를 가져왔고, 그에 따라 자원 배분의 우선순위도 달라질 수밖에 없다. 이미 그러한 변화는 중국개발은행과 수출입은행의 차관 행태에서 쉽게 감지할 수 있다. 2017년에 이 두 은행의 일대일로 관련 차관 액수는 750억 달러에 달했다. 그러나 2019년 차관 액수는 40억 달러로, 거의 20분의 1 정도로 급감했다.[42] 따라서 일대일로에 대한 미국의 견제도 있지만, 사업 자체의 구조적 모순 때문에라도 일대일로에 대한 조정은 불가피할 것으로 보인다. 그러나 2049년 중국몽을 꿈꾸는 시진핑 주석이 이를 포기하지는 않을 것이다. 미국의 압박이 거세질수록 일대일로는 중국의 지정학·지경학적 생존공간으로 작동할 것이기 때문이다.

미국의 탈동조화 전략과 중국의 대응

트럼프 행정부는 징벌적 관세 부과, 불공정 무역에 대한 수정 조치 요구, 일대일로 구상에 대한 포위 전략 등 다양한 방식으로 중국의 경제적 부상에 제동을 걸어왔다. 그러나 이러한 접근에는 한계가 있었다. 마이클 폼페이오 국무장관이 2020년 7월 23일 닉슨 기념관 연설에서 밝혔듯이, 트럼프 행정부는 중국에 대한 관여와 협력, 개혁·개방 지원, 그리고 WTO 가입 지지가 부메랑이 되어 돌아왔다는 인식이 강했다. 이러한 정서는 2020년 5월 14일 「대중국 전략 보고서」가 발표된 직후, 트럼프 대통령이 "중국과 모든 관계를 끊을 수 있다"라고 발언한 데서도 잘 나타난다.[43] 사실 2002년 WTO에 가입한 이후 중국은 세계 제조업의 생산 공장이자 글로벌 공급사슬의 주요 허브로 자리잡아왔다. 이미 세계화와 더불어 제품의 설계, 원재료의 조달, 생산, 유통, 판매는 공급사슬을 통해 글로벌 분업 질서로 재편되어왔다. 2017년 기준, 글로벌 공급사슬Global Supply Chain, GSC에 의한 무역의 규모는 전 세계 GDP의 20%, 그리고 전체 교역의 74%를 차지했다.[44]

트럼프 행정부는 바로 이러한 공급사슬에서 중국을 분리하거나 탈동조화하겠다는 것이다. 쉽게 말해, 중국과는 무역도 투자도 하지 말라는 이야기다. 미국은 이미 바세나르 협약에 따라 군수물자, 국방 기술 등 전략물자에 대해서는 금수 조치를 취하고 있었다. 그러나 앞으로는 소비재와 생산재는 물론 민간·군사 양용 하이테크 분야에서도 무역과 투자를 금하겠다는 것이다. 이는 중국에서 생산도 하지 말고, 중간재와 부품을 공급하지도 않으며, 심지어 중요한 제품과 기술에 대해서는 중국과의 교역도 금지하겠다는 것이다.[45] 또한 나스닥에 상장된 중국 기업들을 퇴출하고 미국의 공적 연기금의 중국 기업에 대한 투자를 중지하겠다는 태도를 보였다. 그리고 중국에 진출한 자국의 기업들이 본국으로 회귀하거나 주변국으로 생산 시설을 이전하도록near shoring 장려했다.

그러나 탈동조화는 미국의 독자적 조치에 끝나지 않고 있다. 트럼프 행정부는 아시아 국가들과 '경제 번영 네트워크Economic Prosperity Network, EPN'를 설립한다는 구상을 통해 경제적 탈동조화를 위한 지역 협력체 구축에 나섰다. 명분은 코로나 사태로 타격을 입은 세계 공급사슬을 재구축하기 위해 미국의 동맹(호주, 인도, 일본, 뉴질랜드, 한국) 또는 신뢰할 수 있는 역내 국가(베트남을 비롯한 아세안 국가)들과 무역, 공공보건, 개발·원조, 세제 혜택 등을 협의하겠다는 것이다.[46] 이 지역 국가들이 중국과 갈라설 수 있도록 지역경제 협력체를 구성하겠다는 셈법이다. 심지어 중국에 투자한 생산 설비를 해외로 이전하는 기업들의 손실을 보전하기 위해 600억 달러 규모의 공동 구조 기금을 조성하자는 제안까지 나오고 있다. 이는 전방위 압력을 통해 중국을 자본주의 국제 분업 질서에서 축출하겠다는 구상과 다를 바 없다. 지경학적 대결의 대표적 징표인 셈이다.

중국을 무역·투자·금융의 연계 사슬에서 완전히 배제하는 것은 현실적으로 쉬워 보이지 않는다. 본국으로 회귀하든 주변국으로 이전하든 인건비, 대안적 부품·소재 공급선, 신규 부품·소재 검사 과정 등을 고려하면 탈동조화가 만만한 작업은 아니다.[47] 더구나 미중 간 경제 상호 의존 구조로 보아 이러한 경제적 '이혼divorce' 작업은 더욱 어렵다. 미국 20대 하이테크 기업 매출액의 20~50%가 대중 수출에서 오기 때문이다.[48] 또한 2020년 8월 24일자 「인민일보人民日報」에서 지적했듯이, 중국 내 미국 투자 기업 7만 업체의 연매출이 7000억 달러에 달하고, 이 기업들의 97%가 이윤을 창출하고 있다. 이를테면 애플의 전 세계 매출의 10%, GM의 42%를 중국 시장이 차지하고 있다. 게다가 주중 미국 상공회의소의 최근 조사에 따르면, 중국에 진출한 미국 기업의 84%가 중국 시장에서 철수하기를 원치 않고 있는 것으로 집계되었다.[49] 2020년 9월 9일의 상하이 주재 미국 상공회의소의 조사는 더 충격적이다. 중국에 진출한 미국 제조기업 중 미국 본토로 회귀하기를 원하는 기업은 한 곳도 없고, 개도국으로 이전하기를 희망하는 기업의 비중도 14%에 지나지 않는다는 것이다.[50] 무역 부문에서도 탈동조화의 비현실성이 단적으로 드러난다. 트럼프 행정부가 탈동조화를 본격적으로 실행한 2020년 1월~11월 중에 미국의 대중 수출이 전년 대비 7.2% 증가했고, 중국의 대미 수출 역시 11월 한 달 동안 전년 대비 46.1% 증가했다. 외국 기업들의 대중 투자도 1~11월 중에 전년 대비 6.3% 늘어났다.[51] 2021년 1월 15일, CNN은 '중국이 무역전쟁에서 이기고 있다'라는 제목의 기사에서 미국의 견제에도 불구하고 2020년 중국의 무역흑자는 5350억 달러로 전년 대비 27% 증가해 역대 최고를 기록했다고 보도했다.[52]

트럼프 행정부가 강조해온 '경제 번영 네트워크'도 대만과 호주만이 적극적으로 동참하고 일본을 포함한 역내 국가들은 소극적으로 임하고 있다. 금융 부문의 탈동조화도 마찬가지다. 중국 경제가 반등하고 중국 정부가 자본시장을 추가로 개방하면서 미국 등 서방의 자본이 중국으로 몰려들고 있다. 미국 등 서방 국가의 낮은 이자율이 변수다. 예를 들어 10년 만기 미국 국채의 이자율이 0.77%인 반면, 10년 만기 중국 채권의 이자율은 3.2%로 미국보다 4배 이상 높다. 이러한 이유로 골드만삭스, 모건스탠리 등 세계 굴지의 금융회사들이 중국 채권과 주식시장에 대규모로 투자하고 있다.[53] 트럼프 행정부는 중국 3대 이동통신사와 3대 정유회사(중국해양석유, 시노펙 등)에 대하여 뉴욕 증시 상장 폐지를 결정했다. 그러나 상하이, 홍콩 증시가 커지면서 큰 문제가 되지 않아 보인다. 인위적인 탈동조화에 한계가 있다는 것을 보여주는 대목이다. 미중 경제의 상호 의존성을 감안하면, 탈동조화는 중국이 피해를 볼수록 미국도 부수적 손실을 보게 된다는 역설을 보여준다.

트럼프 행정부 출범 이후 미국은 무역, 투자, 금융 부문에서 전면 강압 방식으로 중국을 몰아세웠다. 중국으로서는 미국의 이러한 공세가 예상 밖이었다. 왕치산 부주석이 "지금의 미중 관계 파열은 예상보다 10년 빠르다"라고 고백했듯이, 미국의 압박은 충격적이었다. 시진핑 주석은 미국의 이러한 압박에 쌍순환을 통한 내수 경제 진작, 일대일로 구상을 통한 경제적 번영 공간 확보, 열린 지역주의를 통한 무역과 투자 활성화라는 전략으로 대응하기 시작했다.

첫째, 시진핑 주석은 2020년 5월 14일 중국 공산당 정치국 상무위원회에서 "국내와 국제 쌍순환을 통한 새로운 상호 발전 구조를 구축해야 한다"라고 강조하며, "국내 내수 시장의 우위를 이용해 국제시장의 위험을 제거해야 한다"라고 주문했다.[54] 이는 미국의 탈동조화라는 외압에서 벗어나기 위해 대외 의존도를 줄여나가는 동시에 내수를 성장 동력으로 삼겠다는 의지의 표명으로, 제14차 5개년 계획(2021~2025)의 핵심으로 자리잡았다. 좀 더 구체적으로는 미국이 주도하는 글로벌 공급사슬 재편에 대비해 중국 자체의 산업 사슬을 구축하겠다는 전략적 포석이기도 하다. 따라서 단기적으로 소득 증대를 통해 내수와 투자를 촉진하고, 중장기적으로는 경제구조 개혁과 과학 기술 혁신을 모색하겠다는 것이다.[55] 이에 더해 시진핑 주석은 '양신일중兩新―重'이라는 중국판 디지털 뉴딜 정책을 추진하고 있다.[56] '양신兩新'은 신형 인프라, 신형 도시화라는 2개의 신규 프로젝트를 의미한다. 신형 인프라는 5G, 빅데이터 센터, 인공지능, 산업 인터넷, 블록체인, 위성인터넷 등을 포함하며, 신형 도시화는 디지털 인프라 구축과 더불어 스마트시티를 지향하겠다는 것이다. '일중―重'은 철도, 도로, 교통망, 수리 시설 등 중요 사업을 말한다.

둘째, 탈동조화에 대비하여 무역 및 투자선을 미국과 서구에서 아시아 인접국, 유라시아, 그리고 중동·아프리카 국가로 전환하는 다변화 전략을 추진하고 있다. 특히 러시아와 경제협력을 강화하고 6개의 일대일로 경제회랑을 통해 서남아시아 및 동남아시아와 관계 구축에 역점을 두고 있다. 여기서 핵심적 연계 고리는 일대일로 구상이다. 현재 코로나 사태와 미국의 압력 때문에 일대일로 사업들이 어려움을 겪고 있으나, 이를 포기하지 않겠다는 것이다. 일대일로 구상을 통해 경제적 중국 세력권Sino Sphere을 점진적으로 만들어나가겠다는 시진핑 주석의 의지가 엿보인다. 중국이 미국과 미국의 우방으로부터 탈동조화를 당하는 것이 아니라, 중국 스스로가 내수 시장과 일대일로 경제권 구축을 통해 미국으로부터 갈라서겠다는 역발상이 드러난다.[57] 2020년 11월 초에 내가 만났던 왕이王毅 외교부장의 "미국이 세계의 전부가 아니다. 이 세상에는 많은 나라가 있다"라는 발언의 의미가 새롭게 느껴진다.

마지막으로, 중국은 다자주의는 물론 열린 지역주의를 적극적으로 추진하고 있다. 2020년 11월 19일, 중국은 지난 8년 동안 31차에 걸친 협상 결과 '역내포괄적경제동반자협정Regional Comprehensive Economic Partnership, RCEP'에 서명했다. RCEP는 아세안 10개국과 한·일·중 3국, 그리고 호주와 뉴질랜드로 구성된 지역 경제 협력체다. 전 세계 인구와 경제 규모의 3분의 1을 차지하는 RCEP는 농수산물 제외와 서비스 부문 규제 유지 등 한계가 있으나 중국으로서는 새로운 출구를 마련한 셈이다.[58] 중국은 여기서 그치지 않았다. 2020년 11월 21일 개최된 APEC 화상 정상회담에서 시진핑 주석은 '열린·포용적 지역주의, 혁신 주도 성장, 그리고 역내 연계성connectivity'을 제안하며 '포괄적·점진적환태평양경제동반자협정Comprehensive and Progressive Agreement for Trans-Pacific Partnership, CPTPP'에 참여 의사를 천명한 바 있다.[59] RCEP, CPTPP에 더해 '남아시아지역협력연합South

Asian Association for Regional Cooperation, SAARC˚에도 적극적으로 참여하고 있다. 그리고 중국의 개방 무역 체제를 부각하기 위해 시진핑 주석은 중국의 해외 수입을 2030년까지 22조 달러 상당으로 늘리겠다고 밝혔다.[60] 2020년 11월 상순 상하이에서 열린 중국 수입박람회에 미국 기업들이 가장 많이 참여했다는 것 또한 역설적 현상이라고 할 수 있다.

미중 간의 지경학적 대결은 갈수록 우려스러운 방향으로 전개되고 있다. 미국은 징벌적 관세, 경제적 포위, 탈동조화로 중국에 압박을 가하는 한편, 중국은 이에 쌍순환과 자력갱생, 경제적 다변화와 열린 지역주의로 맞서고 있다. 중국에 대한 미국의 압력이 더욱 거세지고 중국은 이에 지구전 전략으로 대응하면서 미중 양국은 충돌 국면에 들어설 공산이 크다. 지정학적 대결 못지않게 지경학적 마찰이 우려스러운 이유다.

7장
기술민족주의의 충돌

"기술 자립이
바로 국가 독립이다."
_런정페이任正非

1985년 가을, 내가 미국 켄터키대학교에서 교편을 잡고 있을 때 출처 불명의 보고서가 하나 배달되었다. 출판사와 저자 미상인 이 보고서의 제목은 '소련의 서방 핵심 군사기술 획득: 최근 현황Soviet Acquisition of Military Significant West Technology : An update'이었다. 소련의 KGB, GRU(국방정보부), 대외무역부가 미국의 핵심 과학 기술을 노리고 어떤 대학에 어떤 방식으로 접근하는지를 상세히 분석한 내용이 담겨 있었다. 나중에 안 사실이지만, 이 보고서는 미국 CIA가 작성한 것으로 소련의 산업 기술 스파이 침투를 막기 위해 각 대학에 익명으로 배포한 것이었다. 당시 미국 정보 당국은 소련, 중국은 물론이고 한국, 프랑스, 일본까지도 요주의 국가로 분류하고 미국 내 핵심 기술에 대한 접근을 경계·차단하고 있었다. 1988년에는 엑손–플로리오 수정법안Exon-Florio Amendment을 통과시켜, 외국 기업들이 국가안보에 민감한 군수·민수 양용 기술 관련 회사를 인수·합병하려 할 때 미 대통령이 행정명령으로 이를 차단할 수 있게 했다. 그즈음 이 수정법안으로 일본 후지츠사의 페어차일드 반도체회사 인수·합병 시도가 좌절된 것으로 알려져 있다. 그로부터 35년이 지난 2020년, 기술민족주의Techno-nationalism의 부활이 시작되었다. 자유시장 논리에 따른 기술전이가 한 국가의 경제와 국가안보에 치명적인 부메랑 효과를 가져올 수 있다는 우려 때문이다.[1]

되살아나는 기술민족주의

기술민족주의는 현대사회에서 과학 기술력이 경제력은 물론 군사력에도 결정적인 영향을 미치기 때문에 국가가 기술 개발과 과학 기술 거래를 직접 관리해야 한다는 시각이다. 좀 더 구체적으로는 국가의 산업 발전과 국가안보에 필요한 핵심 기술을 국가가 나서서 진흥해야 한다는 '국가중심주의', 국가가 보유한 핵심 기술(특히 군수·민수 양용 기술)을 적대국 또는 경쟁국의 획득·탈취 시도로부터 보호해야 한다는 '기술보호주의', 그리고 국제적인 기술표준을 자국 중심 기술로 설정한다는 '기술패권주의'가 기술민족주의의 세 축을 구성한다.[2] 현재 미중 간 기술 부문의 마찰은 이 세 분야에서 동시에 발생하고 있다. 중국이 국가 주도적으로 기술을 개발하고, 미국의 핵심 기술 획득·탈취를 시도하고, 기술표준 구축을 계획하는 것 등은 미국의 경제와 국가안보에 심각한 위협을 가하고 있다는 것이 워싱턴의 초당적 견해다.

20년 전 중국의 과학 기술 현실을 복기해보자. 중국은 세계의 생산 공장으로 자리잡았지만, 독자적인 기술력은 극히 낙후했다. 짝퉁 제품의 왕국이라는 오명이 시사하듯이, 중국의 과학 기술 인력은 미천했고 외국 기술을 모방하기에 급급했다. 그러나 최근 들어 사정은 급변하고 있다. 「아시아타임스」의 저명한 중국 관련 칼럼니스트 데이비드 골드먼David Goldman은 최근 저서에서 이렇게 주장했다. "미국이 중국 공산당 체제를 무너뜨릴 수 있다는 망상에 젖어 있지만, 오히려 중국에 동화될 수 있다. 중국은 군사력이 아니라 과학 기술력으로 세계를 지배할 것이다."[3] 미국의 싱크탱크 애틀랜틱카운실의 로버트 매닝Robert Manning도 최근 중국의 기술굴기를 1957년 소련이 미국에 앞서 위성을 발사했을 때 미국이 겪었던 '스푸트니크 모멘트The Sputnik Moment'에 견주면서 미국 정치인들의 경각심을 주문하기도 했다.[4] 무역역조 현상도 사실 기술 경쟁력에 좌우되는 것이기 때문에 이 사안이 중요해질 수밖에 없다.[5] 그렇다면 중국의 기술력은 얼마나 위협적인가?[6] 위협의 정도는 중국이 얼마나 핵심 기술에서 미국에 접근하느냐에 달려 있다. 핵심 기술을 중심으로 간략하게 살펴보자.

미국이 가장 우려하는 부분은 반도체와 5G 기술이다. 반도체는 제4차 기술혁명의 핵심 변수다. 아직도 반도체는 미국이 압도적 우위에 있다. 알리바바의 마윈은 "중국 반도체 산업이 미국에 20년은 뒤져 있다"라고 주장한 바 있다. 그러나 중국은 무서운 속도로 추격하고 있다. 정보통신기술의 요체라고 할 수 있는 5G 분야에서는 중국이 이미 미국을 앞서고 있다. 5G는 기존 통신보다 10배 이상 속도가 빨라져 네트워크와 플랫폼 간의 데이터 이동이 쉬워진다. 산업 경쟁력의 결정 변수일 뿐 아니라 사이버 안보와도 직결되어 있다. 중국의 화웨이가 이 분야에서 독보적인 위치를 차지하고 있다. 미국이 화웨이를 상대로 전방위 제재를 가하는 것도 이러한 이유에서다.

우주 기술도 경합 영역이다. 1957년 스푸트니크 쇼크 이후 미국은 우주 기술에 집중적으로 투자했고, 지난 50년간 세계에서 독보적 지위를 차지해왔다. 우리에게 GPS로 알려진 위치 확인 시스템도 압도적 우위를 유지해왔다. 그러나 중국이 무서운 속도로 추격해오고 있다. 이미 유인우주선을 띄워 올리고 2019년 1월 3일에는 최초로 달의 뒷면에 우주선을 안착시키기도 했다. 그리고 2020년 4월에는 우주왕복선을 시험 발사했고, 2022년까지 완공을 목표로 우주정거장을 짓고 있다. 더욱 위협적인 것은 중국이 미국 GPS를 대체하기 위해 베이더우北斗라는 독자적인 위성항법 시스템을 도입했다는 점이다. 이는 중국 자체는 물론 주변국들과 독자적인 위치 정보와 탐색 기능을 구축함으로써 미국에 대한 의존에서 벗어날 수 있다는 것을 의미한다. 2020년 5월 12일에는 사물인터넷IoT용 통신위성 2기발사에 성공하기도 했다. 2020년 11월에는 세계 최초로 6G 인공위성 발사에 성공하기도 했다. 이는 중국 정부의 대대적 투자의 결과다. 이 정도면 미국이 위협을 느낄 만도 하다.[7]

이 밖에도 양자컴퓨팅과 인공지능도 미국이 주목하는 분야다. 양자컴퓨팅은 슈퍼컴퓨터보다 수억 배 이상 빠른 속도로 전산처리를 하는 기술을 말한다. 양자물리학 원리를 적용하여 정보처리 속도를 획기적으로 향상하는 기술로, 제4차 산업혁명의 총아라고 할 수 있다. 그런데 이 분야 역시 중국이 미국을 근접하게 추격하는 것으로 알려져 있다. 인공지능 분야도 예외가 아니다. 2017년 중국의 인공지능 산업 성장률은 51.2%로, 그 산업 규모는 152억 1000만 위안에 이른다. 중국이 세계에서 가장 큰 인공지능 시장이다. 2017년 7월 중국 국무원이 '차세대 인공지능 발전 계획'을 발표하고 시행한 이후 중국의 인공지능 기술은 일취월장으로 발전했다.[8] 아마 미국이 가장 큰 도전으로 여기는 중국의 과학 기술이 인공지능 분야라고 해도 과언이 아닐 것이다.

중국이 핵심 기술 분야에서 이렇게 짧은 시간에 굴기를 이룰 수 있었던 것은 공격적인 산업 및 과학 기술 정책 덕분이다. 앞에서 지적했지만 '중국 제조 2025'와 '중국 표준 2035'라는 전략 목표를 세우고, 이 분야에 집중적으로 R&D 투자를 했기 때문에 가능한 일이다. 2000년만 해도 미국의 R&D 투자는 3300억 달러로 중국의 400억 달러에 크게 앞섰다. 그러나 2017년에 와서 중국은 매년 4500억 달러를 투자하면서 미국의 4800억 달러에 육박하고 있다.

표 7-1. 10개 분야 국가별 출원 건수 랭킹: 2000-2017

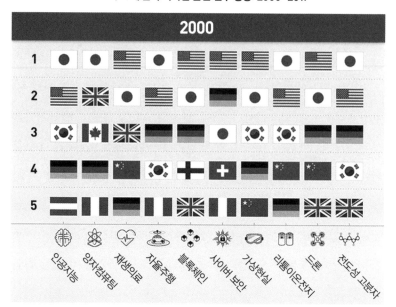

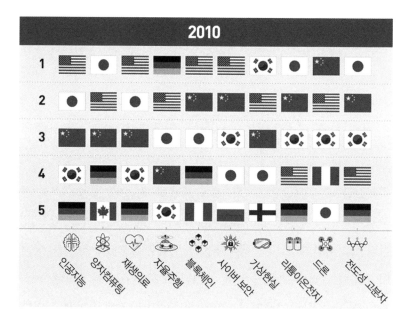

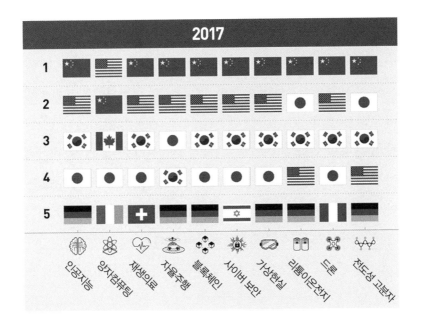

출처: https://vdata.nikkei.com/newsgraphics/patent-wars/.

인력 투자 면에서는 아예 역전 현상이 일어나고 있다. 2000년에 미국의 R&D 분야 연구자 수는 100만 명으로 중국의 65만 명을 앞섰다. 그러나 2017년에는 중국의 R&D 분야 연구자 수가 170만 명으로, 미국의 120만 명을 크게 앞질렀다.[9]

중국의 과학 기술 인적자원 확보 전략은 다분히 충격적이다. 2008년 12월 23일 중국 공산당 중앙위 판공실은 '천인계획'이라는 이름으로 세계적 수준의 해외 인재를 초빙한다는 계획을 발표했다. 해외 과학 기술 인재 1000명을 초빙해 국가 중심 창업 프로젝트, 주요 대학의 연구실, 그리고 주요 연구소에 배치한다는 것이었다. 이 계획에 의거하여 해외에 거주하고 있던 중국계 과학자들이 대거 입국했다. 여기에는 외국 국적의 과학자들 300여 명도 포함되었다. 이 해외파들은 중국과학원을 포함한 주요 연구기관의 성장 동력으로 작동했고, 이들과 연관된 벤처기업도 5000개나 생겨났다.[10] '천인계획'이 효과를 보자, 2012년에는 '만인계획'을 발표했다. 2012~2022년의 10년 동안 과학 기술 인재 1만 명을 초청한다는 계획인데, 여기에는 노벨상이 기대되는 과학자 100인도 포함되었다.[11] 이러한 새로운 인재 영입이 중국 과학 기술계의 상태를 혁명적으로 변화시키면서 짧은 시간에 중국의 기술굴기를 가능케 했다.

중국 정부의 집중적인 R&D 및 인적 투자는 비교적 단기간에 눈부신 성과를 가져왔다. SCI 등재지에 발표된 중국 학자들의 논문 수가 2003년 9만 건에서 2016년 42만 5000건으로 급증했다. 반면, 미국은 2003년 32만 건에서 2016년 41만 건으로 점진적 증가에 그쳤다. 2016년에는 중국이 미국을 앞질렀다. 특허 출원 수도 2000년에는 0건이었던 중국이 2019년에는 6만 건으로 획기적으로 증가해 그해 미국의 특허 출원 건수 5만 8000건을 앞질렀다. 기술 혁신 생산성도 미국은 하락세에 있지만 중국은 급격히 상승하고 있다.[12] 특히 10대 첨단 기술 특허 건수 변화를 보면 미국의 추세가 분명해진다. 표7-1은 「니혼게이자이신문日本經濟新聞」이 인공지능, 양자컴퓨팅, 재생의료, 자율주행, 블록체인, 사이버 보안, 가상현실, 리튬이온전지, 드론, 전도성 고분자 등 10대 차세대 핵심 기술의 특허 건수를 주요 나라별로 비교한 것이다.[13] 2000년에 중국은 10대 품목 중 5위안에 들어가는 품목이 드물었다. 그러나 2017년에는 양자컴퓨팅을 제외한 9개 분야에서 특허 건수 1위를 차지했다. 전반적으로 2017년 기준 중국 1위, 미국 2위, 한국 3위, 일본 4위, 독일 등 그 밖의 국가들이 5위권에 포진했다. 개방·개혁 40년 만에 중국은 타의 추종을 불허하는 기술 강국으로 자리잡았다. 이는 공세적 기술민족주의의 결과라고 할 수 있다.

미국의 위협 인식과 방어적 기술민족주의

중국의 기술굴기에 대한 미국의 위협 인식은 여러 형태로 나타났다. 무엇보다 경쟁력에 대한 우려로 나타났다. 이제 중국은 더 이상 짝퉁 제조국도, 정부가 저부가가치 제품들을 조립·생산하는 나라도 아니다. 제4차 산업혁명을 주도할 핵심 기술 분야에서 미국을 추월하기 시작했고, 이는 이미 경쟁력 추이에서 나타나고 있다. 2017년에 중국은 구매력 기준에서 미국의 GDP를 추월했다. 그리고 평가기관에 따라 명목 GDP에서도 중국이 빠르면 2027년, 늦어도 2035년에는 미국을 추월할 것으로 내다보고 있다.[14] 그뿐 아니라 2020년 8월 10일, 미국 경제 전문지 「포천」은 '글로벌 500' 기업 명단에서 중국과 홍콩 기업이 124개로 미국의 121개를 앞선다고 보도했다.[15] 모든 것을 중국의 불공정 무역 관행 탓으로 돌리기에는 중국 경제가 급격히 성장했다.[16] 이는 1980년대 일본과의 관계를 연상시킨다.

그러나 미국은 표면적으로는 경쟁력보다 국가안보에 대한 위협을 내세우고 있다. 중국은 2035년까지 강군몽을 실현하기 위해 공격적인 '군민 융합 기술Military-Civilian Fusion Technology'을 적극적으로 추진해왔다. 미국의 정보·보안 당국은 그 과정에서 중국이 광범위한 산업 스파이 네트워크를 통해 미국의 첨단 기술을 탈취하고 있다고 판단한다.[17] 미국 국가정보국의 「해외 사이버 경제 스파이 보고서」(2018), 백악관의 「중국의 기술 및 지식재산권, 경제 침략 보고서」(2018), 법무부의 「중국 이니셔티브The China Initiative: 연례 평가 보고서」(2020) 등에 따르면, 중국은 미국의 지식재산권을 불법적으로 탈취하고, 탈취 기술을 복제하는 동시에 산업 스파이 행위를 광범위하게 감행해오고 있다. 미 정보·보안 당국은 적대적 사이버 행위와 국방 산업기술 탈취 때문에 미국의 국가안보가 심각히 위협받고 있다고 평가한다. 크리스토퍼 레이 FBI 국장은 2020년 7월 7일 허드슨연구소 강연에서 공개적으로 "미국 내 중국의 산업 스파이 행위가 최근 10년 사이에 1300% 증가했고, 미국의 첨단 군사 기밀 탈취를 위해 활동하는 사이버 스파이만 최소 18만 명에 이를 것"으로 추정했다.[18] 여기에 깔린 전제는 중국이 미국으로부터 훔친 기술로 군사 혁신을 가속함으로써 미국의 국가안보에 위협을 가하고 있다는 것이다.

중국의 기술표준 확장도 위협으로 인식하고 있다. 기술표준은 '상품과 재화의 품질, 안전, 호환성 등을 개선하기 위한 과정이나 기술 스펙'을 지칭한다. 예를 들어, 글로벌 이동통신 시스템인 GSM은 전 세계 이동통신의 80%, 34억 명이 이용하고 있다. 이동통신의 국제

표준인 셈이다. 전압 코드(110V 대 220V)부터 철도 궤간(국제표준 대 러시아 표준)과 5G에 이르기까지 국제표준을 선점하는 국가가 기술 패권을 누린다 해도 과언이 아니며 "3류 회사는 제품을 만들고, 2류 회사는 생산 기술을, 1류 회사는 기술표준을 선점한다"라는 이야기마저 나온다.[19] 중국 정부는 '중국 표준 2035'라는 목표를 설정하고 2035년까지 5G, AI, 사물인터넷, 스마트시티, 우주 기술(베이두 항법 시스템) 분야에서 중국 기술표준을 만들고 이를 일대일로와 연계할 구상을 하고 있다.[20] 중국형 기술표준의 확산이야말로 경쟁력 또는 국가안보를 넘어 미국의 기술 패권에 정면으로 도전하는 것이다.

마지막으로, 미국은 중국의 기술굴기를 미국의 가치에 대한 도전으로 파악하고 있다. 이는 미 국무부 국제 안보·비확산 담당 크리스토퍼 포드Christopher Ford 차관보의 다음 발언에서 잘 드러난다. "중국은 인류 운명 공동체 구상을 통해 권위주의를 수출하고 있다. 저개발 또는 불안정한 민주주의로 고통받는 국가들에 경제력으로 압박하고, 금융자산을 활용하여 중국 모델의 확산을 꾀하고 있다."[21] 포드 차관보는 여기서 안면·음성 식별 기술, 5G, 디지털 지급수단, 상업용 드론 등 중국의 첨단 기술이 홍콩의 반대 세력, 신장 위구르 분리주의자, 그리고 중국 국내 반대 세력들을 감시하고 탄압하는 데 이용되고 있다는 점을 부각한다. 특히 신장 위구르족에 대한 탄압이 첨단 기술에 의해 정교하게 이루어지고 있다는 사실은 국제사회에 커다란 쟁점이 되고 있다.[22] 그뿐 아니라 이러한 기술이 러시아, 짐바브웨, 앙골라 등 일대일로 참여국들에 제공됨으로써 민주주의와 자유를 억압하는 기제로 이용되고 있다고 한다. 민주주의와 인권을 표방하는 미국으로서는 매우 심각한 문제가 아닐 수 없다.

이렇듯 중국의 기술굴기에서 오는 위협은 허구가 아니라 현실로 나타나고 있다. 미국의 대응은 단호했다. 사실 트럼프 대통령은 과거 2017년 1월에 취임하자마자 백악관 무역대표부에 중국의 불공정 무역 관행에 대해 조사하라고 지시했고, 무역대표부는 2018년 3월 22일 「301조 위반 보고서」를 발표하며 기술 이전 강요, 중국 정부의 차별적인 기술 인허가, 정부의 지원을 받는 중국 기업들의 공격적 해외 자산 취득, 그리고 기술 및 영업 비밀 탈취를 위한 불법 해킹을 대표적 불공정 사례로 지적했다.[23] 그 후 2020년 5월 21일 백악관이 미 의회에 제출한 보고서 「중국에 대한 전략적 접근」을 비롯해 각종 정부 문건에서 중국의 불법·불공정 기술 획득 사례를 지적하고 나섰다.[24] 이러한 인식에 근거하여 미국은 3가지 전략적 대응 방안을 취해왔다. 기술 경쟁력 강화, 징벌적 규제 및 제재를 통한 미국 기술 보호, 그리고 국제 공조를 통한 기술 탈동조화 전략이 바로 그것이다.

2019년 2월 21일, 미국 혁신 태스크 포스Task Force on American Innovation는 「2등 미국?—미국의 과학 리더십에 대한 증대되는 도전」이라는 보고서를 발표했다. 이 보고서는 미국이 아직은 과학 기술의 글로벌 리더십을 유지하고 있지만, 중국의 R&D 투자 확대 추세로 보아서는 2등으로 추락할 수 있으니 과학 기술 경쟁력을 강화해야 한다는 주문을 내놓았다.[25] 사실, 중국의 기술굴기 위협에 공세적으로 대응하는 산업 및 과학 기술 정책을 위한 기술 경쟁력 확보 관련 법안 366건이 이미 미 의회에 제출되어 있다. 이들은 미국 제조업 진흥, 핵심 기술 분야 R&D 투자 확대, 미국의 동부와 서부에 집중되어 있는 첨단 기술 허브의 타 지역 확장, 그리고 국가 기술 전략 수립 등 다양한 내용을 담고 있다. 이 중에서도 '미국을 위한 반도체 생산 진흥법CHIPS for America Act'은 주목할 만하다. 미국의 반도체 산업을 진흥하기 위해 반도체 투자액의 49% 감세, 100억 달러 매칭 펀드, 120억 달러 R&D 투자기금, 그리고 공급망 안전을 위해 7500억 달러의 신탁기금 조성 등을 골자로 하고 있기 때문이다. 기술 경쟁력 강화의 대표적 법안이라고 할 수 있다.[26] 이에 더해 '끝없는 프론티어 법Endless Frontier Act'은 종합적인 기술연구센터 설치를 추진하고 있고, 상원의 민주당 의원들은 '미국의 노동·경쟁력·동맹·민주주의·안보에 관한 법America LEADS Act'의 제정을 통해 향후 4년간 3000억 달러를 R&D에 투자하겠다고 나섰는가 하면, 상원의 공화당 의원들은 「중국 태스크 포스China Task Force」라는 보고서를 통해 기초연구, 양자 컴퓨팅, AI에 대한 R&D 투자를 2배로 늘리겠다는 제안을 한 바 있다.[27]

트럼프 행정부도 기술 경쟁력을 강화하는 정책을 다양하게 내놓았다. 2018년 10월 발표된 첨단 제조국가 전략에는 270개 이상의 R&D 프로젝트 지원, 1억 달러 상당의 연방 기금 조성, 20억 달러의 민간투자 유치, 그리고 20만 명의 첨단 기술 인력 훈련 등이 포함되어 있다. 그 밖에도 5G, AI, 고성능 컴퓨터, 첨단 전자공학, 양자 정보 과학 분야에 대한 R&D 기금 지원, 연구 인력 배출, 각종 정책 지원 및 조율을 천명하고 나섰다.[28] 이는 다분히 중국 과학 기술 정책의

'미러 이미지'라 할 수 있다. 늦게나마 정부가 개입하여 기술 경쟁력을 강화해야 한다는 주장이 미국에서 새로운 정책 담론으로 자리잡고 있다는 증거다.

그러나 경쟁력 강화에는 시간이 걸린다. 미국 정부가 현재 역점을 두는 것은 기술보호주의 정책이다. FBI의 레이 국장이 지적했듯이, 미국 정부는 중국의 기술 탈취와 산업 스파이 행위를 원천적으로 차단함으로써 미국의 첨단 기술을 보호하겠다는 의지가 강하다. 이와 관련하여 FBI는 미국에 체류 중인 중국 유학생과 연구자들을 대상으로 감시 활동을 강화하고, 아예 이들의 미국 입국을 제한하고 나섰다. 중국인 유학생들과 연구자들이 미국에서 '공적 1호'가 되고 만 것이다. 그뿐 아니라 '수출통제개혁법Export Control Reform Act, ECRA'에 따라 미국의 국가안보에 중요한 신흥 기술과 기초·기반 기술의 수출을 엄격히 제한하고 있다. 이미 '상거래 통제 목록'에 따라 37개 분야, 20개의 첨단 기술이 통제받고 있다. 제재 대상 목록Entity List, 품목별 수출 제한, 제3자 제재Secondary Boycott, 그리고 최종 사용자 및 용도에 따른 규제 등 다양한 형태의 중국 견제용 수출 규제 조치가 도입된 바 있다. 심지어 중국인과의 공동 연구마저 금지된 실정이다.

그뿐 아니라 미국의 기술이나 부품이 25% 이상 들어간 제품도 미 상무성 규제 리스트에 올려놓고 사안별로 상무부의 승인을 받도록 하고 있다. '중국 제조 2025' 관련 기술, 국가안보를 위협하는 기술, 신장 위구르 탄압에 이용되는 기술, 그리고 남중국해 군사 활동과 연관된 기술 등이 규제 대상이 되고 있다.[29] 미국은 여기에 그치지 않고 중국 기업들의 미국 신흥 기술 기업 인수·합병을 원천적으로 차단하기 위한 '외국인 투자 위험 심사 현대화법FIRRMA'을 2019년 국방수권법에 포함하여 입법화했다. 이 법안은 외국인 투자심의위원회의 권한을 크게 강화하여 중국이 미국의 핵심 기술 기업을 인수·합병하는 것을 거의 불가능하게 한다. 이러한 전방위적인 미국 기술 보호 정책은 구체적인 효과를 내고 있는 것으로 평가된다.

마지막으로, 기술 탈동조화 작업도 무서운 속도로 이행되고 있다. 중국과의 기술 연계 차단은 미국의 독자적인 탈동조화와 국제 공조를 통한 탈동조화로 나타나고 있다. 전자는 수입 규제와 자본 연계 차단 형식으로, 후자는 클린 네크워크Clean Network 구상으로 구체화하고 있다. 미국은 2019년 국방수권법 889조에 '특정 통신 및 영상 감시 서비스 또는 장비의 수입 금지' 조항을 두어 화웨이, ZTE, 하이크비전Hikvision, 다이화 테크놀로지, 하이테라Hytera의 미 정부 조달을 금지하고, 이 회사들의 상품이나 서비스를 사용하는 업체들의 정부 조달 사업도 제한하고 있다. 그리고 미 국방성은 2020년 11월 29일 중국 최대 반도체 위탁 생산 업체 SMIC, 중국해양석유총공사 CNOOC, 중국건설과기그룹CCTC, 중국국제엔지니어링컨설팅CICC도 블랙리스트에 올려놓으며 중국의 첨단 기업들을 미국의 핵심 인프라 시스템과 분리했다.[30]

이에 더해 미국은 중국의 주요 기업에 대한 자본 연계도 차단하고 있다. 중국이 미국의 자본시장을 이용해 국가안보를 위협하고 있다는 인식 아래 인민해방군과 연관이 있는 44개 주요 기업에 대한 미국 기업들의 투자를 금지하는 결정을 내렸으며, 뉴욕 증시에 상장된 중국 3대 이동통신사에 퇴출 명령도 내렸다. 또한 중국 기업에 투자하고 있는 미국 정부 연기금과 헤지펀드에 철수를 종용하고 있는 것으로 알려졌다.[31] '국제긴급경제권법'에 따라 틱톡과 위챗을 미국 시장에서 축출하는 조치도 취했다. 중국의 플랫폼 기업들을 국가안보와 개인의 프라이버시를 침해했다는 이유로 미국 SNS 시장에서 퇴출하겠다는 계산이다.

　미국은 국제 공조를 통해 중국 기술 확산의 차단을 꾀하고 있다. 2020년 8월 20일 마이클 폼페이오 국무장관은 '클린 네트워크' 구상을 발표하고, "자유를 사랑하는 모든 국가와 기업이 이 구상에 함께할 것을 요청한다"고 호소했다.[32] 이 주장은 중국 공산당과 같은 적대적 행위자들이 공격적 침투로 시민의 프라이버시와 기업의 민감한 정보를 비롯한 미국의 자산을 침해하려는 시도를 차단하고자 하는 트럼프 행정부의 포괄적 접근을 의미한다. 이를 위해 디지털 정보의 캐리어Carrier, 애플리케이션, 마켓, 클라우드, 케이블, 그리고 5G 경로Path를 국제적 협력을 통해 정화하자는 것이다. 이 구상은 중국통신이나 중국이동통신과 같은 캐리어 금지, 중국 스마트폰에 미국의 앱 설치 금지, 미국 앱스토어에서 틱톡과 위챗 같은 중국 앱 제거, 알리바바·바이두·중국통신·중국텔레콤·텐센트가 제공하는 클라우드 기반 시스템 이용 금지, 해저 케이블을 통한 중국 정부의 개입이나 정보 공작 차단, 5G에서 신뢰할 수 없는 화웨이나 ZTE 장비 배제를 포함하는 포괄적 조치다. 미국은 동맹과 우방국들에게 이러한 조치를 핵심으로 하는 '클린 네트워크' 구상에 참여할 것을 종용하고 있다. 기술 탈동조화 정책의 백미라고 하겠다.

5G 경쟁과 기로에 선 화웨이

미중 기술 마찰의 대표적 사례는 5G를 주도하는 화웨이에 대한 미국의 집중적 공략이다.[33] 화웨이는 중국 인민해방군에 엔지니어로 있던 런정페이가 1987년 광동성 선전의 한 아파트에서 소규모 통신장비회사로 시작했다.[34] 그러나 33년 만인 2020년에는 독자 5G 기술로 세계 굴지의 회사로 성장했다. 세계 170개국의 이동통신망을 설치·관리하고 있으며, 임직원 19만 1000명에, 스마트폰 판매량은 세계 2위인 대기업이다. 2019년 기준 R&D 투자비 150억 달러에 스마트폰 670억 달러, 5G 통신장비 420억 달러의 매출을 기록했고, 2018년 미국으로부터 수입한 부품 금액만 700억 달러에 달한다.[35] 화웨이는 비교적 짧은 기간에 중국의 독보적인 대표 기업으로 자리잡았다. 그러나 2018년부터 화웨이에 대한 미국의 견제가 본격화했다. 캐나다 정부는 2018년 12월 1일 미국 사법 당국의 범죄인 인도 요청에 따라 런정페이 회장의 장녀이자 화웨이 부회장인 멍완저우孟晚舟를 체포했는데, 현재 가택연금 상태에 있다. 멍완저우 부회장이 미국의 대이란 제재를 위반했다는 이유에서였다. 그러나 이는 '화웨이 때리기'의 서막에 지나지 않았다. 트럼프 행정부는 2019년 5월 15일, 국가안보를 이유로 화웨이 본사와 68개 계열사에 대해, 그리고 8월 19일과 2020년 8월 17일에도 국가안보를 이유로 화웨이 해외 계열사 46개와 38개사에 대해 전방위 제재를 가했다.

제재의 형태는 다양했다. 화웨이 장비·부품의 수입 규제, 화웨이에 대한 미국 반도체 수출 금지, '클린 네트워크' 프로그램을 통한 국제 디지털 네트워크에서의 퇴출, 화웨이 장비를 사용하는 외국 정부나 기업에 대한 '제3자 보이콧', 화웨이 관련 기업들에 대한 미국 기업 투자 중지 등이 대표적이다. 미국의 '화웨이 때리기'는 런정페이 회장을 질식하게 했다. "날로 심각해지는 미국의 제재를 겪으며 우리는 미국 일부 정치인의 목적이 화웨이를 바로잡는 것이 아니라 때려죽이는 데 있음을 명백히 알게 되었다"라는 런 회장의 탄식이 이를 방증한다.[36]

왜 미국은 '화웨이 때리기'에 집착할까? 이유는 여러 가지가 있다. 화웨이가 미국의 지적재산권을 침해하고 협력사에 악질적 횡포를 일삼는가 하면, 중국 정부의 지원 아래 독점적 지위를 누려왔다는 것이 한 가지 이유다. 그보다 더 큰 이유는 화웨이가 일대일로 구상에 참여하여 개발도상국에 이동통신망을 구축하면서 중국의 세계 패권 야욕을 지원하고 있을 뿐 아니라 중국형 권위주의를 확산하는 데 중추적 역할을 하고 있기 때문이다. 트럼프 행정부는 런정페이 회장을 마오주의자로, 그리고 화웨이를 중국식 공산주의를 실현하는 도구로 파악했다. 여기에 더해 화웨이가 자사 제품에 백도어back door를 설치해 미국 정부와 개인에 대한 정보를 불법적으로 탈취하고 중국

인민해방군과 공유한다는 주장까지 나오고 있다.

그러나 프랑스 언론인 에브게니 모로조프에 따르면 미국이 화웨이를 집중적으로 때리는 이유는 다른 데 있었다. 화웨이의 5G 기술이 전 세계로 확대되면서 미국의 기술표준을 잠식하고 중국의 기술패권을 앞당기고 있다는 위협 인식이 더 큰 변수로 작용했다고 할 수 있다.[37] 2013년 에드워드 스노든Edward Snowden의 위키리크스에 따르면, 미국 국가안보국National Security Agency, NSA이 2010년 공작명 '거대한 총탄shot giant'으로 중국 인민해방군의 동향과 화웨이 장비를 쓰는 이란과 파키스탄의 동향을 파악하기 위해 화웨이 서버 해킹을 시도했지만 실패했다고 한다. 그만큼 화웨이 통신 보안장치가 우수하다는 것을 입증하는 것으로, 이는 미국을 포함한 '파이브 아이스Five Eyes(호주, 영국, 캐나다, 뉴질랜드, 미국)'의 통신정보 수집에 장애가 된다는 것을 의미한다.

미국의 이러한 압박에 화웨이의 대응은 명확했다. 트럼프 행정부가 화웨이에 대대적으로 제재를 가한 다음 날인 2020년 5월 15일, 화웨이 사내 인터넷 게시판에는 '호프만의 전투기' 사진이 올라왔다. 거기에는 다음과 같은 런정페이 회장의 경구가 적혀 있었다. "상처없이 야성을 기를 수 없을 터, 영웅은 자고로 고난 속에서 태어나는 법." 이 전투기는 제2차 세계대전 당시 소련 조종사 겐리흐 호프만의 전투기로 146번 출격하고 총 600발의 총탄을 맞았는데도 무사 귀환했다. 미국과 결사 항전하겠다는 의지를 밝힌 것과 다름이 없다.[38]

오래전부터 "기술 자립이 바로 국가 독립이다"라고 주장해온 런정페이 회장은 정공법으로 맞서고 있다. 역탈동조화de-decoupling를 통해 미국이 통제하는 핵심 기술로부터 독립하여 탈미국화하겠다는 것이다. 우선, 구글 안드로이드 운영시스템과 결별하고, 독자적으로 훙멍 2.0을 공식 배포했다. 또한 코보Qorvo 라디오 주파수용 칩, 마이크론 D램 나노칩, 멘토그래픽 디자인 소프트웨어 등 화웨이가 의존하고 있는 칩과 소프트웨어 등을 대체할 수 있는 기술을 독자적으로 개발하고 있다. 한편, 화웨이는 미국의 제재를 받지 않는 클라우드 컴퓨팅 사업에도 역량을 집중하고 있다. 실리콘밸리에 있는 화웨이 R&D 관련 자회사인 퓨처웨이Futurewei는 미 정보기관의 기술 침투를 우려해 연구원의 70%를 해고하기도 했다. 그리고 미국 인력의 결원을 러시아 수학자, 유럽의 과학자, 대만 엔지니어 등을 공세적으로 충원하면서 만회하려 하고 있다.[39] 그러나 반도체 자급률이 15% 밖에 되지 않는 중국의 현실에서 화웨이의 독자적인 신생태계를 만들기는 쉽지 않아 보인다.

화웨이의 고난이 중국 정부에는 반면교사가 아닐 수 없다. 중국 정부는 미국의 전방위 압박에 3가지 전략으로 맞서고 있다. 첫째는 탈미국을 목표로 한 기술 독립 전략이다. 중국판 탈동조화라고 하겠다. 앞서 논의한 '중국 제조 2025', '중국 표준 2035', 그리고 최근 발표한 쌍순환 정책이 모두 기술 분야의 자력갱생을 목표로 한다. 미국이 주도하는 글로벌 공급사슬에서 벗어나 중국의 내수시장과 일대일로를 활용한 자급자족적인 공급사슬을 만들겠다는 것이다. 이를 위해 적극적으로 산업 구조를 조정하고 독자 기술 개발에 박차를 가하고 있다.[40] 둘째는 맞대응 전략이다. 미국의 각종 제재에 대응하여 중국 정부는 2020년 8월 28일 '수출 금지·제한 기술 목록'을 조정하여 인공지능, 항공우주 관련 23개 항목의 첨단 기술 수출을 금지·제한했다. 그리고 9월 19일에는 '신뢰할 수 있는 기업 리스트'를 공개하고, 중국의 국가 주권·안보·개발 이익을 침해한 기업들에 제재를 가하겠다고 발표했다. 10월 17일에는 '수출통제법'을 채택하여 미국의 '수출통제개혁법'에 상호주의적 대응을 했다.[41] 마지막으로, 수용 전략이다. 미국이 제기하고 있는 지적재산권과 사이버 보안 문제에 대해서는 법과 제도를 보완하여 미국 측의 요구를 적극적으로 수용하겠다는 것이다.

결론적으로, 미국과 중국 모두 자국의 기술 발전을 정부가 주도하고 첨단 기술의 전이를 적극적으로 막겠다는 기술민족주의를 기본 노선으로 채택하고 있다. 그런 이유로 기술민족주의의 충돌이 시간이 갈수록 더 심화할 수밖에 없다는 전망이 나오고 있다.

8장
미중 이념 대결과 소프트 파워 경쟁

> "미중 간 국력의 격차는 줄어들고 있지만,
> 이념적 격차는 더 벌어지고 있다."[1]
> _스티븐 리 마이어스Steven Lee Myers, 폴 모주Paul Mozur

지금까지 논의했듯이 트럼프 행정부의 신냉전은 지정학, 지경학, 기술 패권을 중심으로 전개되었다. 그러나 냉전적 성격을 가능케 하는 것은 미중 간의 이념 대결이다. "미중 간 국력의 격차는 줄어들고 있지만, 이념적 격차는 더 벌어지고 있다." 「뉴욕타임스」 기자 스티븐 리 마이어스와 폴 모주의 예리한 관찰이다. 역사의 박물관에 박제된 냉전의 유물이 이렇게 되살아날 거라고는 누구도 예측하지 못했다. 프랜시스 후쿠야마가 낙관적으로 전망했던 자유민주주의의 승리가 역사의 종말을 가져오지 못했다는 이야기다. 그러나 단순히 이념만

이 문제가 되는 것은 아니다. 민주주의와 인권을 둘러싼 가치 논쟁과 소프트 파워 경합 역시 미중 관계 불협화음의 중심에 있다.

미중 이념 대결의 대두

2009년 가을 학기에 베이징대학교 국제관계학원에 초빙교수로 가 있으며 중국의 주요 학자들과 인터뷰를 가졌다. 그 중 인상에 남은 학자가 안보 전문가인 당시 베이징대학교 주펑朱鋒 교수였다. 중국의 국가안보 목표가 무엇이냐는 내 질문에 그는 서슴지 않고 "중국 인민 은 중국 공산당의 정통성을 통해 정치·사회적 안전을 확보하는 것 을 국가안보의 중요한 목표로 삼고 있다"라고 답했다.[2] 어떻게 당이 국가에 우선할 수 있느냐는 내 반문에 주 교수의 설명은 이랬다. "중 화인민공화국을 창건한 것은 중국 공산당이며, 당이 있기에 외세의 위협을 이겨내고 정치 안정과 경제적 번영을 가져올 수 있었다." 강의 시간에 50여 명의 베이징대학교 학생들에게 '중국 공산당의 정통성 확보가 국가안보의 제일 목표가 될 수 있는가?'라는 질문을 던졌다. 놀랍게도 90% 정도의 학생이 중국 공산당이 건재해야 사회적 안정 과 국가안보가 가능하다고 답했다. 중국 사회에서 중국 공산당이 차 지하는 비중을 가늠할 수 있었다.

중국인들이 금과옥조처럼 여기는 중국 공산당이 트럼프 행정부 의 집중적인 공격 대상이 되고 있다. 이미 지적했듯이, 2020년 5월 백악관이 「대중국 전략 보고서」를 발간한 이후 로버트 오브라이언 국가안보 보좌관이 중국에 대한 이념적 공격의 선봉에 섰다. 2020년 6월 20일 애리조나 상공부 강연에서 그는 "중국 공산당은 마르크스·레닌주의 조직"이고, "시진핑 총서기는 자신을 죠셉 스탈린의 후예로 간주하고 있다"고 비판하고 나섰다.[3] 1979년 미중 수교 이후 미 행정부의 현직 고위 관계자가 이념적 시각에서 중국 공산당을 공개적으로 비난한 것은 처음 있는 일이었다. 그러나 이는 서막에 불과했다. 마이클 폼페이오 국무장관은 2020년 7월 23일 닉슨 기념관 강연에서 본격적으로 중국 공산당을 때렸다.[4] 중국 공산당을 "파산한 전체주의 이데올로기"로 규정하며 "중국 공산당은 인민과 유리되어 있고, 14억 인구를 대표한다는 것은 거짓말"이라고 단정했다. "공산주의는 항상 거짓말을 일삼기 때문에 먼저 불신하고 검증해야 한다. (…) 중국은 자유로운 나라가 아니다. 14억 인구가 감시·억압당하고 있으며, 이들의 재산권과 법치는 거부당하고 있다. (…) 중국은 국제협약을 위협하고 규칙에 기반한 세계 질서를 파괴하고 있을 뿐 아니라 세계 패권을 추구하고 있다." 그리고는 "중국이 세계를 변화시키기 전에 우리(자유세계)가 중국을 변화시켜야 한다"라고 선언했다. 게다가 시진핑 주석이 중국을 대표하는 지도자가 아니라 중국 공산당을 대표하는 정통성 없는 인사라는 점을 강조하기 위해 주석이 아니라 공산당 총서기라는 타이틀을 사용하기도 했다. 이쯤 되면 중국에 대한 이념 전쟁의 선전포고와 다를 것이 없다. 반공주의를 전면에 내세워 공산당 정권 타도를 미국 외교정책의 목표로 설정하는 순간이다. 1950년대의 그 악명 높은 매카시즘의 악몽이 되살아나는 것 같다.

이념안보가 군사안보 위에 있다는 중국의 안보 개념에 따르면, 폼페이오 국무장관의 발언은 도저히 수용할 수 없을 것이다. 중국 공산당 중앙당교의 탕아이쥔唐愛軍 교수는 중국의 이념안보를 이렇게 묘사했다. "국가의 지배 이데올로기야말로 안과 밖의 위협으로부터 중국을 안전하고 자유롭게 하는 핵심적인 국가안보 능력이다."[5] 탕 교수는 중국의 이념안보에 대한 외부적 위협을 서구 이데올로기 침투, 서구적 자유와 민주주의 개념, 그리고 주권보다 인권을 중시하는 서구의 문화 헤게모니로 규정하는 동시에 이념적 다양성과 세속화 경향을 내부의 위협으로 파악한다.

사실, 트럼프 행정부는 시진핑 주석의 역린을 건드린 셈이다. 폼페이오의 닉슨 기념관 발언 직후인 2020년 7월 27일 시진핑 주석은 당외 인사들과 면담하는 자리에서 "어떠한 국가, 어떠한 사람도 중화민족이 위대한 부흥을 실현하려는 역사적 발걸음을 막을 수 없다"라고 천명했다.[6] 그리고 9월 4일에는 "중국 공산당의 역사를 왜곡하고 중국 공산당의 본질과 목적을 비방하는 어떤 시도나 세력도 절대 용납하지 않겠다"라고 선언했다.[7] 중국 외교부 자오리젠趙立堅 대변인도 "중국 공산당의 영도 지위는 역사와 인민의 선택"이라고 밝히며, "중국 공산당이 없었다면 새로운 중국도 없었다는 것이 중국인의 보편적 믿음"이라고 못 박았다. 그러면서 "중국은 미국이 설계한 길이 아닌 독립적이고 자주적인 평화 발전의 길을 걸을 것"이라고 덧붙였다.[8] 2020년 11월 초 나와 조찬을 가졌던 왕이 외교부장도 "미국의 냉전적 사고는 역사의 반동이자 제로섬식 접근"이라 비판하며, 중국과 미국은 '윈윈'의 상생 관계로 거듭나야 한다고 강조했다.

러시아 주재 미국 대사를 지냈던 스탠퍼드대학교의 마이클 맥폴 Michael McFaul 교수는 시 주석을 히틀러와 스탈린으로 비유하고, 중국 공산당을 타도의 대상으로 삼은 것은 트럼프 행정부의 큰 패착이라고 지적한다.[9] 그는 중국을 '있는 그대로' 봐야지 미국 우파의 이념적 잣대로 자의적으로 해석하고 그에 따라 정책을 전개할 때는 커다란 재앙을 피하기 어려울 것이라고 경고한다. 세계적인 중국 문제 전문가인 하버드대학교 케네디스쿨의 윌리엄 오버홀트 William Overholt 박사도 중국과의 이념 대결은 현실과 유리된 발상으로, 이는 미국적 가치에 기초한 것이 아니라 미국의 군산복합체가 만들어낸 신화에 불과하다고 질타한다.[10] 사실 중국 공산당의 이념을 부인하고, 중국 공산당 타도를 외교정책의 목표로 삼는 것은 다분히 비현실적으로 보인다. 이러한 행보는 오히려 중국의 내적 응집력을 더욱 견고히 하고 시진핑 주석과 중국 공산당의 정통성을 고양하면서 미국에 부메랑이 되어 돌아올 수 있다. 냉전의 기원이 이념에 있듯이, 미국 정부가 이념을 이유로 중국과 대결하면 신냉전을 피하기는 어렵다.

홍콩 민주주의, 위구르 인권, 가치 충돌

헨리 키신저 박사는 역저 『외교 Diplomacy』에서 미국 외교정책은 국익과 가치 간의 상호작용으로 결정된다고 보았다. 닉슨 같은 공화당 출신 대통령은 '현실 정치real politic' 논리에 따라 국익을 중요시하는 한편, 민주당 출신 대통령은 '윌슨주의Wilsonianism'에 의거하여 가치 지향의 외교정책을 펴는 경향이 있다는 것이다.[11] 트럼프 대통령도 공화당 출신이기 때문에 초기에는 국익에 기초한 거래주의적 대중 정책을 폈다. 민주주의와 인권 같은 사안은 그리 중요시하지 않았고, 미국의 경제적 실익에 집중했다. 그러나 2020년 5월 「대중국 전략적 접근」 보고서를 채택한 이후 대중 정책 기조가 급격히 바뀌기 시작했다. 민주주의와 인권이라는 가치를 전면에 부각했다. 이 보고서에서는 "중국 공산당이 인간의 생명, 자유, 그리고 행복 추구라는 미국의 절대 신념과 양보할 수 없는 인간 권리라는 미국의 가치에 도전하고 있다"는 점을 분명히 했다.[12]

2020년 11월 미 국무성이 발표한 「중국의 도전 요소들」이라는 보고서에서는 권위주의 중국이 어떻게 민주주의나 인권을 억압하고 있는지를 자세히 기술했다.[13] 이 보고서에서 열거한 민주주의와 인권 위반 사례는 다음과 같다.

- 정치적 반대 세력의 숙청 도구로 이용되는 반부패 캠페인
- 블로거, 인권운동가에 대한 불공정한 조치
- 소수민족, 종교지도자 체포와 광범위한 종교 탄압
- 언론, 대학, 기업, NGO에 대한 검열과 탄압
- 개인, 기업, 각 기관에 대한 감시와 사회적 통제

- 반체제 인사들에 대한 자의적 구금, 고문, 탄압
- 시진핑 사상에 대한 맹종과 세뇌
- 미국·영국 등 해외에서 반정부 인사 감시, 탄압

이 보고서대로라면 중국은 조지 오웰의 소설 『1984』에 나오는 빅 브라더나 스탈린의 독재국가와 다를 바 없다. 이 중에서도 미국과 중국 간에 뜨거운 감자로 등장한 쟁점은 홍콩 보안법 통과를 둘러싼 민주주의 억압과 신장 지역의 위구르인을 가두는 대규모 수용소 운영 문제다. 이 2가지 사안을 집중적으로 다루어보자.

홍콩은 원래 중국의 일부였다. 그러나 1839년 발발한 영국과의 아편전쟁에서 패전한 중국이 1842년 난징조약을 체결하고 그 섬을 영국에 할양했다. 중국인들에게는 난징조약이 대표적인 불평등조약으로 기억되고 있다. 그러나 영국은 1984년 12월 19일 중국과 '홍콩 반환협정'을 체결하고, 1997년 7월 1일 홍콩을 중국에 공식적으로 반환했다. 반환 조건 중 하나는 홍콩을 특별행정구로 지정하고 일국양제–國兩制 원칙에 따라 2047년까지 국방과 외교를 제외한 자치권을 인정한다는 것이었다.

그러나 중국 정부와 홍콩 현지인 간에 정치적·사회적 긴장은 지속해왔다. 영국 통치 아래 서구화된 홍콩 젊은이들과 중앙 통제에 익숙한 중국 정부 간에 조화를 이루는 것이 쉽지 않았기 때문이다. 2019년 홍콩 특별행정구가 도입하려던 '범죄인 인도법'이 홍콩 문제의 도화선이 되었다. 홍콩의 범죄인을 중국에 인도할 수 있도록 한

범죄인 인도법이 중국 정부에 반대하는 홍콩 인사들을 본토로 송환하는 데 악용될 수 있다는 이유에서 홍콩의 민주화 세력은 강력히 반대했다. 대규모 시위는 결국 범죄인 인도법을 무산시켰다. 그러나 중국 정부는 홍콩 입법부를 거치지 않고 전인대 상무위에서 '홍콩 국가안전법'을 직접 제정했는데, 이를 홍콩 정부가 2020년 6월 30일 공포하고 시행하기 시작했다. 그 내용은 국가 분열 및 폭력 활동, 테러리즘, 그리고 외국 세력과의 결탁 등 국가의 안전에 위해가 되는 일체의 행위를 금지·처벌하고, 홍콩 내에 이를 심의·집행하는 국가안전수호위원회를 설치하는 것이다.

　미국과 영국의 반응은 격렬했다. 그들은 이 조치를 홍콩의 민주주의와 인권을 말살하는 행위로 보았다. 「뉴욕타임스」의 저명한 칼럼니스트 브렛 스티븐스Bret Stephens는 이를 중국의 '라인란트 모멘트The Rhineland Moment'라고 표현했다. 1936년 히틀러가 제1차 세계대전 이후 베르사유조약에 따른 라인란트의 비무장 중립 조항을 파기하고 독일군을 진주시켰던 것처럼, 중국이 일국양제를 파기하고 파행적 행동을 하고 있다고 비난했다.[14]

　중국 정부에 대한 미 행정부와 의회의 보복은 신속하고 강력했다. 2020년 6월 30일에 홍콩에 대한 수출 통제를 강화했고, 7월 14일에는 미 의회가 홍콩자치법을 제정하여 홍콩의 자치를 침해하는 외국인, 법인, 그리고 그들과 거래한 금융기관에 제재를 가하기 시작했다. 또한 같은 날 트럼프 대통령은 홍콩자치권이 유지되는 한 특별지위를 부여한다는 홍콩 정책법(1992)을 행정명령 13936호를 통해 파기하고 홍콩의 특별지위를 박탈하여 중국 본토와 같이 취급하도록 했다. 이 명령에 의거하여 홍콩과의 사법·인적·교육·연구 교류를 중단하고, 홍콩 여권 소지자에 대한 특혜 조치도 중단했다. 8월 7일에는 홍콩자치권 및 언론의 자유를 침해한 11명을 제재 리스트에 올리기도 했다. 그리고 11월 27일 트럼프 대통령은 '홍콩 인권 및 민주주의법'에 서명하고 홍콩의 자치 수준과 홍콩에 대한 관세 및 무역상의 특별지위를 연계하도록 했다.[15]

위구르 문제도 커다란 정치적 쟁점으로 등장했다. 위구르족은 이슬람을 믿는 튀르크계 민족으로 신장 지역에 1000만 명 정도 거주하고 있다. 위구르족은 독자적 왕국을 유지해왔으나 1750년 청조 건륭제 시기에 중국에 편입되었다. 1949년 건국 이후 중국 정부가 신장웨이우얼자치구를 설치하고 자율권을 주었으나 한족과 위구르족 간에는 수시로 대규모 유혈 충돌이 있었다. 1995년과 1997년에는 위구르족이 봉기했고, 2009년 7월에는 2000여 명의 위구르족이 가담한 폭동이 발생했는데 그 결과로 한족 주민 197명이 사망하고 1700여 명이 부상했다.[16] 2014년에도 위구르족의 테러 공격으로 43명의 희생자가 발생했다. 2017년 이후 테러 공격은 전무했지만, 한족과 중국 정부에 대한 위구르족의 증오와 반목은 여전히 뿌리가 깊다. 위구르족은 기본적으로 독립을 지향하며 중앙아시아의 이슬람 원리주의 세력과 긴밀하게 연대를 구축하는 것으로 알려져 있다.[17]

중국 정부는 위구르족의 분리 독립 움직임을 국가안보에 심각한 위협으로 인식했고, 실질적·잠재적 위험 인물들을 재교육 또는 정신

순화라는 명목으로 적절한 사법 과정 없이 여러 수용소에 분산 수용하고 있는 것으로 파악되고 있다. 국제탐사보도언론인협회는 100만 명에 달하는 위구르인이 '자발적 재교육 시설'이라는 수용소에 분산 수용되고 있다는 사실을 폭로했다. 그뿐 아니라 위구르인의 민족적 정체성과 종교적 신념을 없애고 중국 문화에 동화시키기 위해 강제적 세뇌 교육, 체계적 수용소 생활, 강제 노동, 종교 탄압, 그리고 사생활 감시 등을 자행하고 있다고 보도했다.[18] 중국 정부의 인권침해에 대한 추가 폭로와 보도가 뒤이었다. 호주전략정책연구소ASPI는 상업위성을 통해 신장 지역에 380여 개의 위구르인 수용소가 존재한다는 사실을 밝혀냈고,[19] 위구르인에 대한 강제적 산아제한으로 위구르족의 출산율이 2018년에는 2015년보다 60% 감소했다는 사실도 들춰냈다. 특히 위구르인들에게 한족과의 결혼을 장려하는 등 동화정책을 적극적으로 추진하고 있다는 보도도 나왔다.[20] 또한 중국 기업들이 위구르인 노동자들을 면화 채취에 강제 동원하는가 하면 알리바바의 안면인식기가 신장 지역에 배치되어 위구르인들에 대한 감시 자산으로 이용되고 있다는 지적도 나왔다.[21]

중국 정부의 위구르족에 대한 이러한 인권침해는 미국을 포함한 서방국가들의 즉각적 반발을 가져왔다. 미 의회는 2020년 5월 '신장 위구르 안전법'을 일사천리로 통과시켰고, 트럼프 대통령도 이 법에 서명하여 6월 17일부터 시행되었다. 이 법안에 의거하여 미국 정부는 위구르 소수민족에 대한 고문과 불법 구금 등 인권 탄압을 저지른 중국 관리의 명단을 미 의회에 보고하고, 이들의 비자를 취소하는 동시에 자산을 동결했다. 그리고 7월 20일에는 신장 위구르의 인권침해와 관련해 11개 중국 기업을 제재 리스트에 올렸다. 또한 영국, 캐나다 등 유럽 국가들과 공조하여 중국 정부에 전방위적으로 압박을 가하고 있다. 2001년 9·11테러가 발생하여 중앙아시아의 원리주의 이슬람 테러리스트들과 전쟁을 전개했을 때만 해도 미국은 중국 정부와 긴밀하게 협력하여 중앙아시아 원리주의 이슬람 세력과 연계를 구축한 위구르인에 대한 감시를 강화했다. 그런데 2019년 이후 인권을 이유로 미국과 위구르 분리주의자들이 연대하여 중국에 압박을 가하고 있다는 것은 역설적이라고 하지 않을 수 없다.

　미국의 압박에도 불구하고 중국의 태도는 단호하다. 홍콩의 경우, 중국은 일국양제를 존중하지만 홍콩이 중국의 일부라는 사실은 불변의 진리라는 태도를 보인다. 따라서 중국의 주권과 영토를 부인하고 외세와 결탁하여 국가 전복을 획책하는 자들에 대해서는 관용을 베풀 수 없다는 것이다. '홍콩 보안법'의 이론적 기초를 제공한 것으로 알려진 베이징대학교의 지앙스공 교수는 "홍콩 시위자들은 홍콩을 서구의 일부로 보고, 서구를 세계 전체로 본다"고 질책하며 "홍콩은 중국의 일부"라는 것을 분명히 한다. 또한 '홍콩 보안법'은 중국 헌법의 정신과 부합한다는 것을 강조하며 다음과 같이 말했다. "국가의 생존이 먼저다. 헌법은 이 기본 목표에 종사해야 한다."[22] 홍콩 민주주의 탄압 문제에 대해서도 정공법을 쓰고 있다. 영국의 식민지였을 때 홍콩은 영국이 임명한 총독이 지배했던 곳으로 민주주의가 없었다. 그러나 지금은 삼권분립의 민주주의 체제가 확립되어 있다.

미국의 주장과 달리, 홍콩 주민의 자유는 보장되어 있다. 분리주의, 국가 전복, 테러 행위, 그리고 외세와의 결탁을 통해 국가안보를 저해하는 자들의 자유만을 부분적으로 제한하겠다는 것이다. 「인민일보」는 이에 더해 740만 홍콩 인구의 절반에 가까운 300만 시민이 '홍콩 보안법'을 찬성하고 있다고 보도하기도 했다.[23] 중국 정부는 미 의회와 트럼프 행정부의 제재에도 불구하고, 홍콩이 미국 기업들의 아시아 지역 허브로 작동하는 데 별 지장이 없다고 믿는다.[24] 오히려 미국이 홍콩에 대한 특별지위를 박탈함으로서 일국양제를 일국일제로 전환시키고 있다고 냉소적 태도를 보인다.[25] 홍콩 문제에 미온적 태도를 보이면 대만, 티베트, 그리고 신장 지역에 소요 사태의 도미노 현상을 가져올 수 있다는 우려 때문에 중국이 필요 이상으로 강경한 자세를 보이는 것일 수도 있다. 더구나 서구 열강과 일본에 의한 치욕과 수모의 역사를 기억하는 중국 본토인들의 정서로 보아 강경한 대홍콩 정책은 시진핑 주석의 정치적 지지에 유리하게 작용할 수도 있다.

위구르 인권 탄압 문제도 마찬가지다. 중국 정부는 위구르 지역에 존재하는 수용소는 정치범 강제수용소가 아니라 테러리즘과 극단주의를 방지하기 위해 실시하고 있는 미국의 '지역공동체 교정 센터community correction center', 영국의 '교화 프로그램Desistance and Disengagement Programme'과 유사한 재교육 센터라고 주장한다. 그리고 이 센터에서는 재교육·직업훈련·중국어 교육을 실시하고 있으며, 중국 헌법에 따라 이들에게 인권과 종교의 자유를 보장하고 있다고 반박한다. 100만 명 이상의 위구르인이 신장의 강제수용소에 수용되어 있다는 주장은 사실과 다르며, 이는 위구르족과 결탁한 외부 세력 또는 중국 정부에 적대적인 세력들의 중상모략에 불과하다는 것이다. 국제사회의 우려를 불식하기 위해 중국 정부는 베이징 주재 외교관, 해외 언론인과 종교단체를 포함하여 90여개 국가에서 1000여 명의 조사단이 현지를 방문하고 현장 조사를 했다고 밝히며, 중국의 위구르 정책에 반대하는 국가는 23개국에 불과하고 50개 국가가 중국의 입장을 지지하고 있다는 사실을 반증 자료로 제시했다.[26] 홍콩 못지않게 위구르 인권 문제에도 중국은 강경한 태도를 견지할 것으로 보인다.

이렇게 볼 때 가치 문제에서 미국과 중국 간의 대립을 피하기는 어렵다. 중국 공산당 체제안보를 국가안보와 동일시하고, 소수민족 또는 홍콩·대만의 분리 독립을 중국의 핵심 이익에 치명적 위협으로 간주하는 중국 정부로서는 외부의 압력이 거세어져도 양보하기가 쉽지는 않을 것이다. 그러나 중국이 이러한 현실적 문제점을 중국 특색 민주주의 혹은 중국의 특수성이라는 구실로 계속 은폐할 수는 없다. 국제사회에서 존경받는 지도 국가로 자리매김하기 위해서라도 중국은 민주주의와 인권이라는 보편적 가치에 주목할 필요가 있다.

거세어지는 소프트 파워 경쟁

이념과 가치의 대결은 곧바로 미중 간 소프트 파워 경쟁으로 귀결된다. 하버드대학교의 조지프 나이 교수가 정의 내렸듯이, 소프트 파워란 한 국가가 국제사회에서 얼마나 매력적으로 받아들여지고 있는지를 가리키는 것이다.[27] 매력적인 국가는 정통성과 밀접한 관계가 있다. 정통성은 그 국가가 지향하는 가치가 국제사회와 얼마나 공유될 수 있으며, 국제사회에 얼마나 적극적으로 참여하고 공헌하느냐에 달려 있다. 그 밖에도 소프트 파워를 결정짓는 변수로는 디지털 인프라의 활성화 여부, 문화적 매력, 기업의 자유화와 자율성, 외국인 유학생의 선호도, 그리고 해당 국가가 지향하는 자유·인권·민주주의·정치제도 등을 들 수 있다. 영국 런던의 '소프트 파워 30Softpower 30'은 해마다 이 변수들에 근거하여 30개 주요 국가의 소프트 파워 순위를 매긴다. 2019년에는 프랑스가 1위, 미국은 5위에 올랐는데, 중국은 27위에 머물렀다.[28] 미국이 중국에 압도적 우위를 차지했다. 그러나 트럼프 이후 사정은 달라지고 있다.

이 경쟁에서 미국은 중국의 악마화 이미지를 확산하는 데 주력하고 있다. 시작은 코로나 책임론이다. 2020년 9월 트럼프 대통령은 유엔 연설에서 "중국 때문에 전 세계 184개 국가가 코로나로 고통을 받고 있다"라고 주장하며 중국 정부의 투명성 결여, 초동 대응 실패, 강제적 봉쇄 정책 등을 중점적으로 부각했다. 그뿐 아니라 마이클 폼페이오 국무장관을 비롯한 트럼프 행정부의 고위 인사들이 '중국 악마화 캠페인'의 최전선에 나섰다. 그 중에서도 시선을 끄는 것은 트럼프 행정부의 존 랫클리프John Ratcliffe 국가정보부장의 2020년 12월 3일자 「월스트리트저널」 기고문이다. 그의 기고문에 따르면, 중국은 '악의 원천'이다. 중국은 미국의 핵심 기술을 탈취해 가고, 미국의 안보를 해치는 스파이 행위를 일삼는가 하면 미국 시민의 프라이버시를 심각하게 침해하고 있다는 것이다. 그에 더해 생물학적으로 강화된 병사인 '슈퍼 솔저super soldier'를 개발하려고 생체 실험까지 하고 있다고 주장했다. 이 대목에 와서는 과거 일본 제국주의자들의 731부대가 떠오르지 않을 수 없다.[29] 랫클리프는 또한 중국 공산당의 권위주의적 통제는 자유의 흐름에 역행하는 것이며, 미국을 대체하려는 패권적 야욕을 보인다고 강조했다.[30]

'악마화 캠페인'이라는 중국 때리기는 구체적 행동으로 옮겨지고 있다. 우선 2020년 9월 1일 미 국무부는 중국 정부의 자금 지원을 받는 미국 내의 모든 공자학원을 중국 공산당의 외교기관으로 규정하고 폐쇄를 권고했다. 공자학원을 중국 공산당의 간첩과 협조자를 모집하는 기관으로 부각하여 중국의 이미지를 깎아내리려는 의도였다.[31] 그뿐 아니라 중국 공산당을 포함하여 인민해방군, 학계, 기업, NGO, 자매도시와 같은 지방 정부 간 협력까지도 적대시하여 미 정보·보안 기구의 감시 대상에 올려놓았다. 또한 미 정보 당국이 중국 공산당 당원 명단을 확보하기 위해 노력한다는 보도까지 나왔다. 이는 미국이 중국 공산당 당원에 대해 비자 발급을 거부하고, 필요시 미국에 체류 중인 당원들을 축출하기 위한 것이다.[32] 특히 주목할 것은 트럼프 행정부가 해외 홍보 심리전 강화를 위해 국무부 내에 설립한 글로벌 인게이지먼트 센터Global Engagement Center의 예산을 오바마 행정부 당시인 2016년 2000만 달러에서 2020년에는 1억 3800만 달러로 증액했다는 사실이다.[33] 이는 중국과의 홍보·심리전 경쟁에 그만큼 많은 투자를 하고 있다는 것을 보여준다.

　미국은 외부의 적을 악마화하는 오랜 전통이 있다. 제2차 세계 대전 중에는 일본이, 냉전 시대에는 소련이, 1980년대에는 일본이, 9·11테러 이후에는 이슬람 테러리스트들이 악마화되었다면, 이제 는 중국이 그 대상이 되고 있다. 코로나 원죄론, 중국 공산당 악마화, '훔치고 거짓말하는 중국과 중국인,' 신생국을 약탈하는 중국의 일 대일로, 국제법과 국제 규범을 무시하는 중국의 패권 야욕. 중국의 악마화 작업에는 미국 언론, 워싱턴의 싱크탱크, 그리고 정치인·학자 등의 여론 주도층도 동참하고 있다. 그 결과 중국의 국가 브랜드는 심 각히 손상되고 있다.[34] 퓨리서치센터의 2020년 7월 조사에 따르면, 중국에 대한 미국 시민들의 부정적 인식이 2010년 36%에서 2020 년에는 73%로 급증했다.[35] 미국 시민 10명 중 거의 8명이 중국을 싫 어한다는 이야기다. 그리고 해외에서도 중국의 이미지는 크게 악화 하고 있다. 미국의 악마화 캠페인이 소기의 목적을 달성한 것으로 보 인다.

　"중국이 우리의 일자리를 훔치고, 우리나라 사람들을 죽이고 있 다." 트럼프 대통령이 즐겨 쓰던 표현이다. 이보다 효과적인 선전과 역 정보는 없을 것이다. 트럼프 행정부가 원하는 것은 '전 세계에 중국 의 친구는 하나도 없는 것'인지도 모른다. 그러나 중국의 대응도 만만 치 않다. 중국 속담에 "억압이 강할수록 반항도 거세다"라는 말이 있 다. 이 속담을 그대로 반영하는 것이 중국의 대응 전략이다. 중국은 미국의 압박에 대응하여 내부적으로는 애국주의를 고취하고, 외부적으로는 코로나 외교와 전랑 외교를 동시에 추진하고 있다. 1990년대와 2000년대에 출생한 '주링허우九零后' 세대와 '링링허우零零后' 세대를 대상으로 한 애국·애족주의 교육이 그 대표적 사례다.[36] 이는 1989년 텐안먼 사건 이후 미국과 서방이 대중 압박을 가해오자 당시 장쩌민江澤民 주석이 애국주의에 호소하여 극복한 것과 맥을 같이 한다. 150년 치욕스러운 역사를 공유하는 중국 인민에게 중국의 민족적 자존심을 해치는 미국의 부당한 압박을 부각함으로써 내부적 지지와 응집력을 고취하려는 전략으로 이해할 수 있다.

중국은 외부적으로는 코로나 외교를 통해 선심 공세를 펼치고 미국과 서방의 부당한 선전과 역정보에 대해서는 강 대 강의 자세로 맞서는 전랑 외교를 구사하고 있다. 2020년 9월 24일 유엔총회 화상 연설에서 시진핑 주석은 "중국은 이미 몇 가지 백신이 임상 3상 실험에 들어갔고, 연구개발 후 상용화되면 전 세계의 공공재로 개발도상국을 지원할 것"이라고 천명했다.[37] 이는 '코로나 중국 책임론'만 강조하던 트럼프의 연설과는 크게 대조되는 것이었다. 유엔 연설의 약속은 지켜졌다. 우선 중국 정부는 WHO의 국제 공동 백신 기구인 COVAX에 적극적으로 참여했다. 그리고 일대일로 구상에 공공보건 실크로드Health Silk Road를 포함하여 일대일로 참가국에 대한 백신 공급에 공세적으로 나섰다. 동남아시아 국가들은 물론이고 파키스탄, 터키, 이집트, 브라질, 아랍에미리트, 바레인 등의 국가들과 백신 우선 공급 협약을 맺었다. 특히 중국의 시노팜과 시노백이 개발한 백신은 화이자나 모더나가 개발한 백신과 달리 상온에서 보관·수송할 수 있고, 80%의 효과가 입증된 바 있으므로 개발도상국에 매우 매력적이다.[38] 그리고 2020년 12월 15일, 중국은 8000만 달러 상당의 질병통제예방센터Centers for Disease Control and Prevention, CDC를 아프리카연합African Union, AU과 협력하여 에티오피아 아디스아바바에 설립했다. 국내적으로 코로나19 때문에 공황 상태에 빠져 국제적 리더십을 발휘하지 못하는 미국과 대조적으로, 중국은 백신 외교에서 가시적인 성과를 내고 있다. 중국 소프트 파워의 부분적인 승리라고 하겠다.

그러나 중국의 외교 행보가 꼭 긍정적인 것만은 아니다. 미국과 서방국가들이 중국에 압박을 가할수록 이들에 대한 중국의 외교적 대응은 갈수록 거칠어지고 있다. 무엇보다 중국 외교관들의 발언이 문제시되고 있다. 미 국무부가 미국 내 중국 외교관의 이동에 대한 제재를 가하자 중국 외교부 화춘잉華春瑩 대변인은 '반중 망상증'이라는 부적절한 표현으로 비난했다. 호주 주재 중국 대사는 호주 정부의 반중 정책에 대해 "만일 당신들이 중국을 적으로 만들면, 중국은 당신들의 적이 될 것이다"라고 강경 어조로 대응했다.[39]

해외 주재 중국 외교관들은 외교 관례에서 벗어날 정도로 강경한 자세로 홍보·선전전에 나서고 있다. 이를 두고 서양 언론들은 '전랑 외교'라고 명명했다.[40] 전통적으로 중국 외교관들은 언어 문제와 관료 문화 때문에 비교적 과묵한 편이었으나, 최근에는 늑대 같은 행태를 보인다는 뜻에서 전랑 외교란 표현을 쓰고 있는데, 중국 외교관들의 반응은 사뭇 단호하다.

미국 미시시피주 출신 마샤 블랙번Marsha Blackburn 상원의원의 사례를 보자. 블랙번 상원의원이 "중국 역사 5000년은 거짓말과 도적 질로 점철된 역사. 하나도 변한 게 없다"라는 트윗을 올렸다. 이에 중국은 어떻게 침묵할 수 있느냐면서 "미국 고위 관료들의 악덕스럽고 인종주의적인 발언에 우리의 대응은 10%도 안 된다"고 주장했다. 그리고 "중국 외교가 늑대 외교를 하는 것이라면 폼페이오는 '악어 외교'를 하는 것"이라고 반박하기도 했다.[41] 특히 코로나 사태 이후 호주에 대한 중국의 보복 행위는 전랑 외교의 대표적인 사례로 지적되고 있다. 물론 중국 전문가들은 전랑 외교가 일시적 현상이며, 아직도 국제 협력과 다자주의가 중국 외교의 본류이기 때문에 일부 공세적 현상을 두고 지나치게 정치화하는 것은 바람직하지 않다고 본다.[42] 그러나 중국의 이미지에는 치명적인 타격이 되고 있다.

이념, 가치, 소프트 파워 분야에서 미중 경쟁은 거세어지고 있다. 지정·지경학적 대결에서처럼 미국은 공세에, 중국은 수세에 있다. 여기서 특히 걱정되는 대목은 미중 간 이념 갈등이다. 민주주의와 인권 문제는 협상의 여지가 있다. 그러나 반공주의 기치 아래 중국 공산당을 타도하겠다는 외교 목표는 실현 불가능할 뿐 아니라 중국과의 갈등을 심화할 뿐이다. 엄격히 말해 신냉전의 구체화는 이념 대립의 지속 여부에 달려 있다. 무역, 기술, 소프트 파워 분야에서는 치열한 경쟁을 해도 서로 타협할 수 있다. 그러나 중국의 실존적 정체성을 부인하고 중국 공산당 체제를 전복하겠다는 발상은 라만차의 돈키호테와 다를 바 없다. 게다가 미국과 중국이 진흙탕 싸움을 하는 동안 이 두 강대국의 국제적 정통성은 심각히 훼손되고 있다. 갤럽이 2019년

3월부터 2020년 2월 사이에 실시한 여론조사를 보면 미중 양국의 국제적 지지도가 아주 낮다. 미국의 글로벌 리더십에 대한 지지도는 2009년에 49%, 2017년에 30%, 그리고 2020년에는 33%로 나타났다. 중국은 2017년 31%에서 2020년 32%로 집계되고 있다. 2020년에 들어와 중국의 지지도는 약간 개선되고 있는 데 반해, 미국의 지지도는 큰 폭으로 떨어졌다.[43] 서로 손해를 보는 전형적인 네거티브섬 게임이다.

이러한 불신과 적대의 늪에서 벗어나기 위해서는 미국과 중국 모두 변해야 한다. 미국은 과도한 이념적 집착, 미국 예외주의, 가치의 국내 정치화에서 벗어나야 한다. 이분법적 선악 구도로 접근해서는 실용적 해법을 찾을 수 없다. 중국도 변해야 한다. 중국의 특수성만으로는 세계의 지도국이 될 수 없다. 보편적 가치에도 주목해야 한다. 중국 공산당도 21세기의 가치 지형에 맞게 개조되어야 하고, 민주주의와 인권에 대한 새로운 성찰이 있어야 한다.

9장
바이든 행정부 출범과 신냉전의 미래

"신냉전은 피할 수 있고,
피해야만 한다."[1]
_헨리 키신저

현재의 미중 관계는 매우 위태롭다. 베이징의 대국굴기파와 워싱턴
의 크로 학파 간의 대립은 아·태 지역과 세계 수준에서 동시적 패권
경쟁으로 나타나고 있다. 누구도 양보할 기세를 보이지 않는다. 중국
의 군사적 확장에 미국은 지정학적 봉쇄로 맞서고 있다. 아직은 군사
봉쇄의 범위와 강도가 제한적이지만 군사적 충돌을 배제하기 어려
운 상황으로 치닫고 있다. 대만 위협, 남중국해, 한반도 모두 위태로
운 발화 지점이 될 수 있다. 그런 까닭에 그레이엄 앨리슨 교수의 '예
정된 전쟁'론이 낯설지 않아 보인다.

지경학적 대결 양상도 심상치 않다. 미국의 탈동조화 전략은 중국의 고립을 넘어 전 세계 경제에 치명적인 타격을 줄 수 있다. 기술 민족주의를 둘러싼 미중 대결 또한 예측 불허의 경계에 놓여 있다. 특히 우려되는 대목은 이념 전쟁이다. 중국 공산당 타도라는 미국의 선제공격으로 촉발된 이념 대결은 미중 관계를 가장 불확실하게 만드는 변수다. 현재의 미중 관계를 '차가운 평화'에서 '신냉전'으로 전환하는 촉매제가 바로 미국의 반공주의와 이에 대한 중국의 격렬한 대응이다.

유라시아 그룹의 이언 브레머Ian Bremmer 회장은 중국이 냉전을 원치 않으며 미국이 만들어놓은 기존 질서 속에서 점진적 세력 확장을 시도하고 있기 때문에 미국과 중국이 신냉전을 향해 가고 있다는 주장은 부적절하다고 설파한다.[2] 그러나 이에 동의하기는 어렵다. 트럼프 행정부가 만들어놓은 신냉전의 프레임이 이미 제도적 관성을 구축하고 있기 때문이다. 바이든 행정부가 이를 뒤집기는 쉽지 않아 보인다. 워싱턴의 기득권 세력뿐 아니라 미국 시민 대다수가 '중국 때리기'에 익숙해져 있다. 중국은 이제 21세기 십자군 미국의 타도 대상으로 굳어진 것이 아닌가 하는 인상마저 든다.

트럼프의 유산, 신냉전

트럼프 취임 당시만 해도 미국은 무역과 기술 분야에서 중국에 대한 불만을 쏟아내긴 했지만, 지정학이나 이념과 가치 면에서 중국과의 대립각이 크게 가시화되지는 않았다. 가치보다는 거래주의 시각에서 국익 또는 자신의 개인적 이익의 극대화를 중시하던 트럼프의 외교 철학을 볼 때 이해가 가는 대목이다. 그러나 2020년 5월 「대중국 전략 보고서」를 채택한 이후, 트럼프 행정부의 대중 정책은 크게 전환했다. 이미 지적했듯이, 전방위 '중국 때리기'가 트럼프 외교정책의 중심에 자리잡았다. 남중국해와 대만해협에서 미국의 군사 행보가 두드러지고, 반공주의와 중국 공산당 타도가 대중 외교의 핵심 구호로 등장했다.

왜 그럴까? 2020년 11월의 미국 대선이 변수였다. 트럼프 대통령은 2020년 3월 말부터 코로나19로 큰 타격을 받았다. 게다가 그 영향으로 미국 경제가 급격하게 침체했다. 11월 대선의 최대 악재였다. 트럼프는 희생양이 필요했고 '코로나 원죄' 중국은 이상적 표적이 되고 만 것이다. 그뿐 아니라 외부의 위협과 그에 따른 위기는 현직 대통령에 항상 유리한 정치적 입지를 만들어준다. 미국적 가치와 이념을 강조하며 중국을 악마화하는 것은 트럼프의 정치적 셈법에 커다란 호재였다. 미국과 대등해지는 중국을 좋아할 미국인은 없다. 트럼프는 이러한 미국인의 인지 구조를 '중국 때리기'를 통해 대선 정국에서 최대한 활용하려 했다. 또한 트럼프의 오만hubris도 크게 작용했다.[3] 미국은 대국이고 중국에 군림할 만한 충분한 군사력과 도덕적 우위를 가지고 있을 뿐 아니라, 오늘날 중국을 있게 만든 것이 미국이기 때문에 중국에 일방적 압박을 가할 수 있다는 '오만' 말이다. 하버드대학교의 스티븐 월트 교수는 지금의 미중 신냉전 구도는 국내 정치 변수가 아니라 미중 간 세력 전이와 그에 따른 구조적 변수에 기인하는 것이라고 주장한다.[4] 그러나 여기에도 동의하기 어렵다. 중국의 국력과 위협은 과장되었고, 이는 국내 정치적 역동성과 도덕적 우월성, 그리고 미국 사회에 내재해 있는 오만과 밀접한 관계가 있었던 것이다.

아직 신냉전 구도가 굳어진 것은 아니다. 그렇다면 어떤 형국으로 신냉전 구도가 전개될 것인가? 단기 속도전과 장기전의 대립에 주목할 필요가 있다. 마이클 베클리Michael Beckley와 할 브랜즈는 장기적으로는 중국의 도전을 관리할 수 있다고 본다. 중국의 경제적 침체와 국제사회의 반발과 고립 때문에 단기적으로는 미국이 냉전에서 소련에 승리했듯이 중국에 대해서도 승리할 수 있을 것으로 내다보았다. 그러나 향후 5년에서 10년 사이에 미중 라이벌 관계의 심화로 전쟁이 발발할 가능성도 있다고 본다. 따라서 "중국과의 경쟁은 짧고 예리할 수 있다"라고 전망하며, 이에 대한 만반의 준비가 필요하다고 처방한다.[5]

그러나 헨리 키신저 박사의 진단은 다르다. 이미 10년 전에 그는 미국의 전략을 서양장기(체스)에, 중국의 전략을 바둑에 비유했다. 미국은 체스를 두듯이 상대방의 왕(중국 공산당 정권)만 무너뜨리면 승리할 수 있다는 단기 속도전을 펴고 있다는 것이다. 그러나 대조적으로 중국은 바둑처럼 장기적 포석에 따른 세 싸움을 하고 있다고 진단한다. 단기적 전투에서 지더라도 장기적인 전쟁에서 승리하는 것이 목표라는 것이다. 서양 장기에서는 제로섬 형태의 승패가 분명하지만, 바둑에서는 공존이 얼마든지 가능하다는 추론을 편다.[6] 시진핑의 최근 행보에서 이러한 전략적 포석이 두드러지게 나타나고 있다. 중국이 미국의 국력을 능가할 때까지 미국의 압박과 견제가 지속할 것이기 때문에 지구전持久戰을 준비해야 한다는 그의 주문이 이를 반영한다.[7] '두 개의 백 년(2021년과 2049년)' 담론에서 읽을 수 있듯이 시진핑의 중국은 또 다른 백 년을 준비하고 있을 것이다. 중국과의 대결을 시작하기는 쉽지만 멈추기는 결코 쉽지 않다. 키신저 박사가 강조했듯이, "신냉전은 피할 수 있고, 피해야만 한다." 그러나 과연 그럴 수 있을까? 신냉전의 맹아를 제거하고 새로운 미중 관계를 정립할 수 있을지는 2021년 1월 21일 출범한 바이든 행정부의 대중 정책에 달려 있다.

바이든 행정부의 외교정책 기조

트럼프 대통령의 마지막 순간은 추했다. 2021년 1월 6일 미 의회가 대선 선거인단 투표 결과를 최종 검토·승인하는 과정에서 트럼프는 열성 지지자들을 선동하여 의회에 난입하게 했고, 6명이 사망하는 불상사가 발생했다. 트럼프의 추악한 정치적 면모가 드러났고, 임기 내에 두 번째로 탄핵 소추된 미국 최초의 대통령이 되고 말았다. 트럼프 행정부는 폼페이오 국무장관의 주도 아래 정권 말까지도 중국에 대한 강공 드라이브를 멈추지 않았다. 중국의 3대 통신사와 3대 에너지 회사들을 뉴욕 증권시장에서 퇴출했고, 퇴임일을 10일 앞두고 유엔 주재 미국 대사 켈리 크래프트Kelly Craft의 대만 파견을 결정하기도 했다. 이 결정은 철회됐지만, 다분히 바이든 행정부 출범 이전에 불가역적인 반중 정책의 대못을 박겠다는 의도로밖에 해석할 수 없다. 과연 바이든 행정부가 이러한 대못을 빼고 미중 관계를 오바마 시대의 정상적 관계로 되돌릴 수 있을까?

1월 20일 취임 연설에서 바이든 대통령은 다음과 같이 말했다.

"우리는 동맹을 복원하고 다시 한번 세계와 협력하겠다. (…) 우리는 평화, 진전, 안전을 위해 강력하고 신뢰할 수 있는 파트너가 될 것이다. (…) 국제사회에서 힘으로 주도하는 것이 아닌, 모범으로 이끄는 국가가 되겠다."

바이든 행정부의 대외 정책 기조는 한마디로 'ABTAnything but Trump'라고 규정할 수 있다. 트럼프 대통령이 표방해왔던 '아메리카 퍼스트'에서 '세계와 더불어 가는 미국의 리더십'으로, 미국 중심의 일방주의에서 다자주의로, 동맹을 압박하는 거래주의에서 동맹 존중 정책으로, 그리고 '미국의 중산층을 위한 외교'로 전환을 예고하고 있다.[8] 이런 기본 원칙 아래 바이든 행정부는 코로나19 극복 노력, 경제 살리기, 기후변화, 중국, 이란 핵 문제 해결 등을 주요 역점 사항으로 설정하고 있다. 이는 바이든 행정부의 외교정책이 트럼프 행정부와는 아주 다르리라는 것을 보여준다.

바이든 행정부 대중 정책의 전략적 기조는 아직 공식화된 것이 없다. 그러나 바이든의 국가안보 보좌관으로 임명된 제이크 설리번의 과거 발표문들을 분석해 보면 그 윤곽을 대충 그려볼 수 있다. 2019년 8월 오바마 행정부에서 국무부 아·태 담당 차관보를 지냈던 커트 캠벨과 공저한 「포린어페어스」 기고문에서 설리번은 이런 주장을 한다. 과거 관여를 통해 중국의 정치·경제 시스템과 외교정책의 변화 가능성을 기대했지만, 이는 실패했다. 그렇다고 신봉쇄 전략을 통해 중국과 대립하는 길이나 중국의 세력권을 인정하며 양두 지도체제로 가는 대협상으로 중국 문제를 풀기도 어렵다. 따라서 "냉전 시대의 제로섬 게임이 아니라 미국의 이익과 가치에 유리한 조건으로 중국과 공존 상태를 유지하는 것이 바람직하다."[9] 2020년 또 다른 「포린어페어스」 기고문에서 설리번은 중국이 세계 지배로 가는 경로는 우선 아·태 지역에서 지역 패권을 구축한 후 세계 제패를 모색하는 쪽이 될 것이라고 진단한다. 그리고 이러한 경로는 20세기 초에 미국과 독일이 걸었던 길과 유사하므로 미국은 우선 아·태 지역에서 해군력을 강화함으로써 중국의 지역 패권 투사를 억제하고, 외교력과 지역 네트워크를 복원하여 미국의 역내 위상을 고양해야 한다고 주장했다.[10]

제이크 설리번을 통해 조명해보는 바이든의 대중 외교 구상은 트럼프와 크게 대조된다. 맹목적 봉쇄, 탈동조화, 기술민족주의, 중국 공산당 타도가 아니라 사안별로 선택적 접근을 하겠다는 것이다. 바이든의 대중 정책은 '3C_{cooperation, competition, confrontation}'로 요약될 수 있다.[11] 중국과 협력_{cooperation}, 경쟁_{competition}, 대결_{confrontation}을 동시에 유연성 있게 전개하겠다는 이야기다.

3C: 협력, 경쟁, 대결

1. 협력 영역

트럼프와 달리 바이든은 중국과 필요한 분야에서는 협력하겠다고 한다. 코로나19, 기후변화, 대량살상무기 확산 방지, 북한 핵 문제와 관련해서는 중국과 협력하겠다는 의사를 분명히 밝히고 있다. 애브릴 헤인스_{Avril Haines} 신임 국가정보국장도 상원 청문회에서 "기후변화와 정보기술 분야에서 중국은 미국의 파트너는 아니지만 협력을 구해야 할 대상"이라고 밝혔다.[12]

2. 경쟁 영역

바이든 대통령은 무역과 과학 기술 분야에서 중국과 치열하게 경쟁을 전개하겠다는 의지를 보인다. 중국과 맺은 1차 합의는 존중하지만, 트럼프식의 무모한 징벌적 관세전쟁은 피하겠다는 것이다. 그러나 경쟁력을 강화하여 중국에 맞서겠다는 의지를 불태우고 있다. 바이든 대통령은 초당적 합의에 기초한 미국식 산업 정책을 위해 R&D 투자, 교육 투자, 인프라 구축 등을 과감하게 실현하고자 한다. "메이드 인 유에스에이Made in USA", "인베스트 인 아메리카 퍼스트Invest in America First"라는 구호가 바이든 대통령의 의중을 잘 보여주고 있다.[13] 재닛 옐런Janet Yellen 신임 재무장관도 상원 청문회에서 중국의 불공정하고 불법적인 무역 관행에 대해서는 단호한 조치를 취할 것이라고 경고하면서도 미국이 인위적 환율 조작을 하거나 일방적 징벌주의로 나가지는 않을 것이라고 시사했다. 특히 대중국 경제정책을 이행해나가는 데 다양한 대안을 검토하고 동맹들과 긴밀하게 협의해나가겠다고 밝혔다. 이는 트럼프식의 일방주의와는 결이 다르다. 그리고 바이든 행정부는 트럼프 행정부가 2021년 1월 28일부터 시행하기로 했던 중국의 44개 블랙 리스트 기업에 대한 투자 금지 조치 이행을 5월 27일로 4개월 연기하기로 결정했다.[14] 이 역시 무역, 기술 분야에서 시장 변수를 무시하는 일방적 응징보다는 중국과의 공정한 경쟁을 고려한 전향적 조치라고 볼 수 있다.

3. 대결 영역

바이든 행정부는 중국의 군사적 팽창주의에 대해서는 대결과 억제로 맞설 것으로 보인다. 로이드 오스틴Lloyd Austin 국방장관은 국방위 청문회에서 "중국의 목표는 세계의 지배적 패권자가 되는 것"이며, "바이든 정부는 중국을 미국의 가장 심각한 경쟁자이자 각지에서 증대하는 군사적 위협으로 보고 있다"라고 했다. 그는 "중국의 인도·태평양 지역에서의 공격 행위가 증가하고, 미 본토에 대한 위협이 계속되고 있어 지속적으로 검토해야 한다"면서도 "중국 군사력이 미국을 능가하지는 못한다"고 했다. 바이든 행정부의 군사적 대중 포위를 암시하는 대목이다. 방첩과 사이버 안보 분야에서는 중국을 명시적인 적으로 간주할 것이다.

따라서 바이든 행정부는 오바마 행정부의 '재균형' 전략과 트럼프 시기의 인도·태평양 전략에 기초하여 중국에 대한 군사적 억제를 계속 유지할 것이다. 그러므로 쿼드와 쿼드 플러스 구조는 바이든 행정부에서도 계속 유효할 것이다. 백악관의 인도·태평양 조정관으로 임명된 커트 캠벨도 중국 견제를 위한 쿼드 확대를 제안하고 나섰다.[15] 대만 문제에서는 오바마 시대의 '전략적 모호성'을 그대로 답습하지는 않을 것이지만 트럼프보다는 신중한 정책을 택할 것으로 보인다. 그리고 남중국해에서 중국을 선제적으로 자극하는 군사 훈련 등은 가급적 자제할 것으로 판단된다.

바이든 행정부는 '중국 공산당 타도'와 같은 이념 대결은 피할 것이나 홍콩, 위구르 등 민주주의와 인권 관련 사안에서는 강경하게 나설 것이다. 토니 블링컨Tony Blinken 신임 미 국무장관은 상원 청문회에서 "신장 수용소 문제는 중국 공산당에 의한 '대학살'이라는 데 동의한다"면서 "소수민족 탄압에 이용될 만한 물품의 대중 수출을 금지하고 강제 노동으로 생산된 중국산 물품의 수입도 금지해야 한다"라고 밝힌 바 있다.[16] 그리고 블링컨은 이미 중국, 러시아 등 권위주의 국가들에 대항하기 위해 '민주주의 연맹League of Democracies' 구상을 제안한 바 있다.[17] 민주주의 정상회의도 이런 맥락에서 나왔다. 캠벨도 G7과 한국, 호주, 인도로 구성된 맞춤형 연합체 D10을 제안하고

있다.[18]

트럼프 시대와 비교하면 바이든 행정부는 더욱 원숙하고 세련된 대중 정책을 펼 것으로 보인다. 그러나 미국 기자 로버트 라이트Robert Wright가 경고했듯이 바이든 행정부가 전략적 오만, 인지적 공감대 결여, 상대방의 악마화, 그리고 국제법에 대한 존중 부재와 같은 진보이상주의progressive idealism의 유혹에 빠질 가능성을 배제하기 어렵다.[19] 다행히 블링컨 국무장관, 설리번 안보보좌관, 캠벨 아시아 총괄 담당, 로이드 오스틴 국방장관, 애브릴 헤인스 국가정보국장 등 바이든 외교안보팀은 현실주의 감각이 뛰어난 중도 성향의 인사로 구성되어 있다. 기대해볼 만하다.

"신냉전은 피할 수 있고, 피해야 한다"라는 키신저의 호소에도 불구하고 미중 관계는 '차가운 평화'와 '신냉전'의 경계상에서 불확실한 미래의 징후를 보인다. 워싱턴의 싱크탱크는 대부분 신냉전을 기정사실화하고 있다. 「포린어페어스」는 2020년 10월 13일 미국의 저명한 중국 전문가 75명에게 "중국과의 강대국 경쟁이 미국 외교정책의 주요 초점이 되어야 하는가"라는 질문을 던졌는데, 53%에 해당하는 40명이 동의한다고 답변했다. 동의하지 않는다는 답변은 28명으로, 37%에 지나지 않았다.[20] 신냉전의 전제 조건이 되는 중국과의 강대국 경쟁을 기정사실로 받아들이고 있다는 이야기다. 중국의 정서도 마찬가지다. 런민대학교 중미인문교류연구소가 중국 전문가 100명을 대상으로 한 여론조사에서 응답자의 63%가 미국의 미중 신냉전은 이미 시작되었다고 답했다. 그리고 중국이 미국의 신냉전 공세를 처리할 수 있다고 답한 응답자는 90%에 달했다. 응답자의 58%는 중국이 미중 간 투키디데스의 함정에서 벗어날 수 있을 거라며 낙관적으로 전망하기도 했다.[21] 그러나 신냉전은 미중 양국에만 파국적 결과를 가져오는 것이 아니라 주변의 모든 국가에도 엄청난 부수적 피해를 가져올 수 있다. 그러므로 "미중 간 협력의 여지가 없다면, 제1차 세계대전과 같은 파국이 올 것"이라는 키신저 박사의 불길한 예언을 결코 가볍게 받아들여서는 안 된다.[22]

미중 간 파국을 막기 위해서는 미국과 중국 모두 변화된 자세가 필요하다. 중국은 대국굴기가 수반하는 불신과 우려를 덜어주는 노력을 해야 한다. 패도와 강권의 행보가 아니라 왕도와 덕치로 세계인의 마음을 사야 한다. 친성혜용親誠惠容의 이웃 나라 정책을 행동으로 보여야 한다. 중국은 이미 미국과 겨루는 세계의 지도적 국가다. '중국 특색'이라는 명분으로 민주주의와 인권이라는 보편적 가치를 외면해서는 안 된다. 시진핑 주석이 인류 운명 공동체를 중국 외교 정책의 목표로 설정했기 때문에 더욱 그러하다. 중요한 점은 중국 정부가 화려한 수사에 그치지 않고 지금까지 내어놓은 정책들을 구체적 행동으로 이행해야 한다는 것이다. 대만 문제로 미국과 치킨 게임을 하지 말고 홍콩, 위구르 현안에 더욱 전향적인 해법을 내어놓아야 한다. 그리고 남중국해 문제는 외교적으로 해결하는 동시에 전랑 외교와 같이 자극적인 행보는 피하는 것이 바람직하다.

미국도 마찬가지다. 중국의 부상에 따른 위협을 지나치게 과장하지 말고 중국을 있는 그대로 직시해야 한다. 중국의 위상 변화를 수용하고, 그에 부응하는 정책 조정에 나서야 한다. 긴 연대기에서 조망하면, 중국의 부상은 역사의 순리라 할 수 있다. 따라서 미국이 지금 화웨이에 행하는 것처럼 뜨는 중국을 저지하거나 때려잡으려 하지 말고, 중국과 더불어 가는 공진화共進化의 길을 모색해야 한다.[23] 중국을 적대시하거나 악마화하지 말고 중국과 공존·공생의 토대를 마련해야 한다. 중국을 대등하게 대해야 하며, 보편가치라는 이름으로 불필요하게 간섭과 개입을 해서는 안 된다.[24] '우리 또는 그들us or them'이라는 배타적 이분법이 아니라 '우리와 그들us-and-them'의 '윈윈' 셈법을 공동의 숙의를 통해 만들어나가야 한다.[25]

결론
코로나19, 미중 신냉전, 한국의 선택

"이제 우리는 한반도뿐 아니라 동북아시아의 평화와 번영을 위한
균형자 역할을 해나갈 것이다."
_노무현

이 책의 마지막 장을 쓰고 있는 이 순간 전 세계 코로나19 확진자는
1억 명, 사망자는 200만 명을 넘어섰다. 오대양 육대주의 거의 모든
국가가 코로나19의 습격으로 고통받고 있다. 이 전대미문의 전염병
은 우리의 정치·경제·사회적 삶의 양상을 바꿔놓고 있다. '뉴 노멀',
새로운 일상이 우리의 냉혹한 현실이 되고 있다는 이야기다. 다행히
희망의 빛이 보인다. 아직 미흡하지만, 백신이 빠른 속도로 보급되고
있기 때문이다.

코로나19는 국제정치에도 커다란 영향을 미쳤다. 군사안보 중심

의 전통적 안보 개념에서 벗어나 생물학적 안보, 더 나아가 인간안보에 관한 관심이 높아지고 있다. 세계화를 보는 시각도 크게 달라졌다. 일부 전문가들이 주장한 세계화의 종언까지는 아니더라도 세계화 패러다임이 더는 지배적인 삶의 방식으로 자리잡기는 어려워 보인다. 바이든 행정부의 출범과 더불어 미국의 국제 리더십이 복원되면서 국제사회의 협력도 활성화될 것으로 기대된다. 코로나 사태가 비교적 단기간에 종식될 것으로 보여 1930년대 유럽에서처럼 장기 경제불황과 사회적 혼란이 전쟁 발발로 이어질 가능성도 크게 줄어들었다. 많은 상흔은 남았지만, 국제정치의 흐름이 크게 흔들릴 것으로는 보이지 않는다.

세계 질서의 미래에 주는 함의도 비교적 분명해졌다. 키신저 박사가 우려했던 성곽도시와 신중세의 도래는 현실과 멀어졌다. 미국의 승리를 전제로 한 팍스 아메리카나II나, 중국이 패권 국가로 우뚝 서는 팍스 시니카라는 세계 질서도 허구로 끝날 공산이 크다. 바이든 대통령이 희망하는 대로 미국이 주도하는 다자주의 질서가 자리잡는다면 팍스 유니버설리스가 하나의 가능태가 될 수 있다. 그러나 이는 미중 협력과 중견국들의 지지라는 필요조건을 충족해야 한다. 그러나 현재로서는 그럴 가능성이 적어 보이고, 유엔 중심의 세계 질서는 요원하다. 그러므로 조지프 나이 교수나 리처드 하스 박사가 예측한 대로 현상 유지 시나리오가 가장 설득력 있어 보인다.

이미 논의했지만, 현상 유지에는 미중이 서로 협력하여 새로운 양두 지도체제를 만드는 길, 지금과 같은 '차가운 평화'를 지속하는 길,

그리고 마지막으로 미중이 신냉전 구도 아래 치열하게 대결하는 길, 이 3가지 경로가 있다. 바이든 행정부가 출범하면서 미중 협력에 대한 기대감이 높아지고 있지만, 트럼프가 만들어놓은 신냉전의 대결 구도에서 벗어나기가 쉽지 않아 보인다. 중국 정부의 화해와 협력의 제스처에 워싱턴의 반응은 아직 미지수다. 아마 협력, 경쟁, 대결이라는 전략적 선택지가 혼재하면서 미중 관계의 불확실성은 더욱 심해질 것으로 보인다. 미중 대결 구도에서 과연 우리는 어떤 전략적 선택을 해야 하는가? 북한 핵을 포함한 남북관계, 기후변화, 전염병, 대량 살상무기 확산 등 우리의 안보에 영향을 미치는 사안이 여럿 있지만 현시점에서 미중 관계의 향방만큼 우리의 생존과 번영, 국격에 영향을 주는 변수는 드물다. 바로 그런 이유로 우리의 선택은 실존적 선택이 될 수밖에 없다.

중국의 부상을 둘러싼 전략적 선택 논쟁은 2010년 전후로 한국과 미국 학계에서 크게 대두한 바 있다.[1] 리먼 브러더스 사태 이후 미국 경제가 어려워지고 중국의 부상이 가시화하면서 미중 경쟁과 한국의 선택 담론이 전면에 나왔다. 보스턴 칼리지의 로버트 J. 로스Robert J. Ross 교수나 듀크대학교의 조지프 M. 그리코Joseph M. Grieco 교수는 한국이 미국과 더불어 중국의 부상에 균형을 가하는 것이 바른 선택이라고 하는가 하면[2], 서던캘리포니아대학교의 데이비드 강 교수는 한국이 친미 균형 전략도, 중국 편승 전략bandwagoning도 아닌 현상 유지를 선호할 것으로 예측한 바 있다.[3] 연세대학교 한석희 교수는 한국으로서는 미국과 중국 중 어느 한 국가를 선택하는 것보다 미국과 중국 모두에 '이중적 위험 분산double hedging'을 하는 것이 바람직하다고 결론 내린다.[4] 서울대학교 정재호 교수는 『중국의 부상과 한반도의 미래』에서 이 사안을 집중적으로 다루었다.[5] 정 교수는 중국과의 교류와 관여는 성공적이었지만 이는 중국의 부상을 초래했고, 역설적으로 한국에 새로운 전략적 딜레마를 가져왔다며 중국의 부상을 다루는 9가지 방법을 제시했다. 이 중에서 정 교수가 제시하는 대안은 "전략적 선택의 범위를 넓히고 최대한 전략적 모호성을 유지하는 것"이다.

2021년 현시점에 우리는 어떤 선택을 해야 하는가? 기존의 논의와 나의 개인적 견해를 종합해보면 표 10-1에서 예시하듯 크게 5개의 전략적 선택으로 정리할 수 있다. 첫째는 '미국과 같이 가야 한다'는, 대중 균형을 위한 한미동맹 강화론이다. 둘째는 중국으로 선회해야 한다는 '중국 편승론'이다. 셋째는 독자적 핵 보유 또는 중립화 선언을 통해 '홀로서기'를 해야 한다는 시각이다. 넷째는 미국과 중국 사이에 양자택일할 것이 아니라 두 나라와 좋은 관계를 유지하자는 '현상 유지론'이다. 다섯째는 초월적 외교를 통해 '새로운 질서'를 만들어 진영 외교의 굴레에서 벗어나자는 주장이다. 이 5가지 전략적 선택의 성격, 득실 구조, 기회와 제약을 각각 살펴보자.

표 10-1. 미중 신냉전과 한국의 전략적 선택

	한미동맹 강화	중국 편승	홀로서기	헌상 유지	초월적 외교
지정학	• 인·태 전략 지지 • 쿼드 플러스 역내 MD • 기업 및 사드 추가 배치 및 대중 억지력 틴도미 • 사일 배치 하용 • 한·미·일 공조	• 동맹 이탈 • 전략 동반자 강화 • 다자 안보 협력	• 독자 외교 노선 • 핵 보유 중건국 동반자 • 영세중립국 선언	• 미국과 동맹 • 중국과 전략적 협력 • 동맹 유지하에 중국과의 관계 모색	• 단기적 한미동맹 유지 • 다자 안보 협력 • 새로운 동북아 안보 거버넌스 구축 • 남북관계 개선
지경학	• 한중 FTA 심화 및 • 대중 경제 의존도 축소 및 다변화 • EPN 동참	• 한중 FTA 심화 및 무역 투자 확대 • 일대일로 전략적 협력 • RCEP 확대	• 기존 경제 노선 추진 • 한미·한중 FTA 유지 • WTO	• 기존 경제 노선 • RCEP 활성화 • 일대일로 기입 • 시장 원리 견지	• 동북아 경제 공동체 구축 • 디지주의 경제 질서 모색 • 일대일로 활참 • G20 활용
기술 민족주의	• 미국 주도 반중 기술 동맹 참여 • 중국과의 과학 기술 협력 중단 • 기술 공유 이전 차단	• 미국 주도 기술 동맹 이탈 • 한중 과학 기술 협력 강화	• 독자 노선 견지하며 미 중과 동시 협력	• 미국과 중국과의 협력 노선 유지 • 기술민족주의 입장 표명	• 디지주의 기술 질서 모색 • 기술민족주의 배제
가치동맹	• 민주주의, 인권의 대중 가치동맹 참여 • 홍콩·대만·위구르 문제의 국제화	• 가치 중립 • 홍콩·위구르 내정 문제 불 불개입	• 가치 중립 • 비동맹 정책 견지	• 가치 중립 • 선택적 대중 견제 • 보편가치의 선언적 유지	• 가치 중립 • 구동존이 • 화이부동 • 실사구시
제약과 도전	• 신냉전 구도의 심화 • 중국의 군사·경제적 보복 • 미국, 일본과의 결탁	• 핀란드화의 우려 • 중국 예속화 • 미국, 일본과의 결별	• 미중으로부터의 양자택 일 강요와 구조적 제약 • 미중 인국으로부터의 경제 • 영세중립국 실현 가능성 어려움	• 외교 역량의 한계 • 국내 합의 구조 구축성 제약 • 강대국 저항	

대중 균형을 위한 한미동맹 강화론

미중 대결 구도에서 우리에게 가장 익숙한 전략적 선택은 한미동맹 강화론이다. 보수학자와 언론, 그리고 중도 성향의 일반 시민들까지 한미동맹을 강화하여 중국의 부상에 맞서야 한다는 태도를 보인다.[6] 이러한 대미·대중 인식에는 과거 역사가 크게 작용하고 있다. 1950~ 1953년 한국전 당시 중국군이 참전했고, 우리와 전투를 벌였다. 그뿐 아니라 우리 국민의 뇌리에는 한반도의 오랜 역사 속에서 잦은 중국의 침공과 조공 관계를 통한 굴종적 평화에 대한 집단기억이 아직도 남아 있다. 복거일 작가도 지적했듯이, 중국의 부상은 한반도에 어두운 그림자를 드리울 수밖에 없다.[7] 게다가 원교근공遠交近攻이라는 전략적 고려도 작용했을 수 있다. 멀리 있는 미국과 유대를 강화하며 인근의 강대국 중국을 견제한다는 것이 동양의 전략적 사고에 더 부합하는 것인지도 모른다.

사실 중국의 부상을 미국과의 동맹을 통해 견제와 균형으로 대응해야 한다는 것은 현실주의자들의 오래된 처방이다. 케네스 월츠 Kenneth Waltz 교수의 주장에 따르면, 강대국 간의 세력 전이는 주변 약소국의 전략적 불확실성을 심화하기 때문에 이러한 불확실성에 대처하기 위해서는 자국의 군사력을 강화하는 내적 균형과 기존 동맹과 결속하는 외적 균형을 강화해야 한다.[8] 시카고대학교의 존 미어샤이 머John Mearsheimer 교수도 중국의 부상을 관리하기 위해서는 미국과의 동맹 강화 이외에 다른 대안이 없다는 처방을 내린다. 국제정치의 속성상 부강한 중국은 공격적일 수밖에 없고 주변의 약소국들은 그에 희생될 운명이기 때문에, 미국과 동맹을 공고히 하여 견제와 균형 전략을 택해야 한다는 것이다.[9] 단순히 세력균형 논리 때문만은 아니다. 한미 간 위협 인식의 공유가 있을 뿐 아니라 시장경제와 민주주의, 인권이라는 공동의 가치 지향성 때문에라도 한국은 미국과 더불어 가야 한다고 주장한다.

표 10-1에서 볼 수 있듯이, 한국은 여러 가지 조치를 취할 수 있다. 우선 한미동맹이 전략 동맹이자 가치 동맹임을 분명히 하고, 군사·경제·과학 기술·가치 전 분야에 걸쳐 포괄적으로 협력해나가는 것을 전제로 한다. 지정학적 측면에서는 한국 정부가 미국이 주도하는 인도·태평양 전략을 공식적으로 지지하고, 쿼드 플러스에 참여한다. 그리고 동중국해, 남중국해, 필요하다면 대만해협에서 진행하는 미국 주도의 군사 훈련에 참가하고, 이 지역에서 분쟁이 발생하면 참전하는 상황까지도 고려한다. 그뿐 아니라 미중 군사 대결이 심화하면, 한국에 사드를 추가 배치하는 것은 물론이고 중국을 견제하기 위한 중거리 탄도미사일 배치까지 허용한다. 그리고 더 나아가 한·미·일 군사 공조를 강화하는 동시에 지금까지 꺼려왔던 동북아 미사일 방어 체제MD에도 전향적으로 참여한다.

지경학적으로는 미국이 주도하는 '경제 번영 네트워크'에 참여하여, 무역과 투자 부문에서 중국과 갈라서기에 적극적으로 나선다. 이를 위해 중국에 진출한 한국 기업들의 본국 귀환이나 제3국으로의 다변화를 촉진한다. 그리고 중국이 주도하는 아시아인프라투자은행

274 | 275

에서 철수하거나 참여를 최소화하고 중국의 일대일로 구상에 동참하는 것도 재고한다. 문재인 정부가 추진하고 있는 신남방 정책과 일대일로 구상 간의 협력도 현실적으로 어려워진다. 한중 FTA도 무력화되고, RCEP에서의 협력도 차질이 불가피해질 것이다. 반면에 바이든 행정부가 환태평양경제동반자협정에 복귀하면 한국도 여기에 적극적으로 동참한다. 이 지점에 와서 한국은 과거 냉전 시대에 그러했듯이 대륙을 포기하고 해양 경제권에 만족해야 한다. 기술 분야에서도 미국이 주도하는 '클린 네트워크'에 적극적으로 동참하고 중국과의 기술 협력을 차단하며, 반중 기술 동맹의 핵심 구성원이 된다. 자연히 중국과의 과학 기술 협력은 불가능해진다.

중국을 겨냥해 한미동맹을 강화하면, 전략적 이익을 넘어서 가치 동맹의 성격도 강하게 나타날 것이다. 트럼프 행정부처럼 중국 공산당 타도라는 이념 공세에 동참하기는 어렵겠지만, 현재 쟁점이 되는 홍콩의 민주주의와 신장 위구르 인권 탄압 문제에 대해서는 비판적 태도를 견지하게 될 것이다. 특히 바이든 행정부가 구상하고 있는 민주주의 정상회의 또는 D10(민주주의 10개국) 연합에도 적극적으로 참여한다.

한미동맹을 강화하여 중국의 부상에 균형 전략을 편다면 우리에게 어떤 이해득실이 있을까? 득부터 살펴보자. 북한에 대한 군사적 억지에 크게 도움이 될 것이다. 한미동맹을 강화하면 재래식 전력은 물론이고 확장 억지 전략에 기초한 핵우산 공여를 전제하기 때문에 북한의 재래식 위협과 핵위협에 대한 효과적 억지력 구축이 가능해질 것이다. 중국의 위협, 특히 한반도가 중국에 예속되는 핀란드화 Finlandization 현상을 막는다는 장점도 있다.[10] 미국과 동맹을 공고히 하면 우리 국민의 심리적 안도감이 크게 고양된다는 이점도 있다. 냉전 시기처럼 미국이 자애로운 패권국으로서 경제적 공공재를 제공할 수 있다면, 중국 시장 철수에 따르는 경제적 손실도 최소화할 수 있다. 그리고 보편적 가치의 지구적 확산에 일익을 담당했다는 자부심도 가질 수 있다.[11]

그러나 비용과 제약 또한 만만치 않다. 무엇보다 한미동맹 강화론의 명분이 취약하다. 북한의 군사적 위협에 대한 한미동맹 강화에 이의를 제기할 사람은 그리 많지 않을 것이나 중국을 대상으로 한 동맹 강화에는 부정적 시각이 크다. 위협 인식의 상이성 때문이다. 다수의 한국인은 중국에 대한 과거의 부정적 기억에도 불구하고 중국의 군사 위협을 현존하는 즉각적 위협으로 보지 않는다. 2011년 10월에 실시된 여론조사에 따르면, 남중국해나 대만 해협에서 미중 간 군사적 분쟁이 발발하면 한국은 중립적 자세를 취해야 한다는 의견이 전체 응답자의 62.1%에 달했다. 그리고 중국 편을 들어야 한다는 의견은 1.7%, 미국 편을 들어야 한다는 의견은 35.5%였다. 한국인들이 중국보다 미국을 많이 선호하기는 하지만, 대부분은 중립적 입장을 취해야 한다고 생각한다.[12] 2017년 10월 퓨리서치센터의 여론조사에 따르면, 한국인 응답자의 93%가 중국의 군사적 부상에 대해서는 부정적이지만,[13] 실제로 남중국해에서 미중 간 분쟁이 발발하면 대부분 중립적 태도를 선호할 것으로 보인다. 이는 중국의 군사·경제적 보복 가능성 때문이라고 유추할 수 있다. 중국 본토에서 중거리 탄도미사일이 한국을 겨냥하고 서해에서 중국의 북해함대가 기승을 부린다고 상상해보자. 한반도는 미중 패권 경쟁의 각축장이 되고 만다.

가장 민감한 부분은 신냉전 구도의 고착화다. 과거 냉전 체제는 한반도에 분단과 전쟁, 고질적 군사 대결을 가져왔다. 중국을 대상으로 한 한미동맹과 한·미·일 3국 군사 공조 강화는 중국을 중심으로 한중·러·북 북방 3각 동맹 구도의 출현을 촉발할 것이다. 1958년 중국이 북한에서 철수한 후 조중우호친선조약에도 불구하고 중국의 대북 군사원조는 사실상 전무했다. 그러나 한국과 적대적 관계가 되면 북한에 대한 중국의 군사 지원은 자연스럽게 이루어질 것이다. 중국이 대북 무기 및 병참 지원을 하고 북한 핵 보유를 용인하는 상황이 오면 우리로서는 최악의 안보 환경에 직면하게 될 것이 불을 보듯 뻔하다. 미국은 우리를 지켜줄 수 있다고 장담하지만, 그것이 가능할 것이라고 보는 전문가는 드물다. 한국 방어를 위해 미국이 본토를 위험에 빠뜨릴 수는 없기 때문이다.

경제 분야의 손실도 적지 않아 보인다. 우선 경제 보복의 우려가 있다. 2017년 사드 배치에 따른 중국의 경제 보복 조치로 8조 원 이상의 경제적 손실이 발생했고, 아직도 그 후유증이 남아 있다. 사드 추가 배치, 중거리 탄도미사일 배치, MD 가입 등의 조치가 취해지면 중국의 보복 강도는 더 거세질 것이다. 총무역액의 25% 정도를 중국에 의존하고 있는 한국으로서는 여간 난감한 대목이 아닐 수 없다. 무역과 투자 부문의 탈동조화도 현실적인 대안이 아니다. 미국 측에서는 탈동조화에 따른 경제적 손실을 보전하는 기금을 만들자고 제안하고 있지만, 한국의 대중 무역·투자 규모로 보아 이는 가능한 대안이 되기 어렵다. 그리고 일대일로와 아시아인프라투자은행 철회에 따른 경제적 기회비용도 매우 클 것이다. 중국과 경제적으로 단절되면 가장 큰 피해를 받게 될 이들은 중소기업과 영세 상인이다. 국내 정치적으로 이들의 경제적 손실을 간과하기는 어려울 것이다.

기술이나 가치 부문에서도 마찬가지여서, 중국의 즉각적 보복을 피해 가기는 힘들 것이다. 최근 호주의 사례가 이를 명백히 보여주고 있다. 우리는 다행히 화웨이의 5G 기술을 포함해 대중국 기술 의존도가 그리 높지 않다. 그러나 한국이 미국이 주도하는 반중 기술 동맹에 적극적으로 가담할 때는 중국의 반발이 클 것이다. 홍콩과 위구르 문제도 마찬가지다. 더욱 본질적인 문제는 미래와 관련되어 있다. 중국을 배제한 신냉전 질서 아래에서 한국의 평화와 번영이 담보될 수 있느냐는 점이 문제다. 2030년 중국 경제가 미국 경제를 넘어서고 중국 중심의 지역 경제권이 활성화했을 때 한국에 다가올 부정적 부메랑 효과는 매우 클 것으로 추정된다. 따라서 현재보다 미래의 시점에서 보면 중국과 관계를 단절하고 미국과 동맹을 강화하여 대중 견제·균형·봉쇄 전략을 택하는 것은 현실적 대안이 되기는 어려워 보인다.

중국 편승론의 허와 실

1637년 2월 24일, 조선 인조는 남한산성 삼전도에서 청 태종 황태극에게 '삼궤구고두의 예三跪九叩頭禮'를 표한다. 조선의 왕이 후금의 황태극에게 세 번 무릎을 꿇고 아홉 번 머리를 조아리는 굴욕적 사건이었다. 1910년 경술국치 이전 조선 최대의 역사적 수모다. 병자호란에서 패배한 조선 왕조가 감당해야 했던 냉엄한 현실이었다.[14] 당시 조선에서는 뜨는 후금과 지는 명을 두고 치열한 내부 논쟁이 있었다. 명과의 의리를 강조하는 숭명파는 명과 결속할 것을 주장했고, 새로이 뜨는 후금과의 관계를 옹호하던 실용주의파는 명을 버리고 후금에 편승할 것을 권했다. 인조는 숭명파에 동조했고, 그 결과 병자호란이라는 화를 맞았다. 김훈 작가는 『남한산성』에서 척화파 김상헌과 주화파 최명길 사이 논쟁을 극적으로 묘사했다.[15] 후대의 역사가들은 명·청 간 세력 전이 기간 중 조선 왕조의 잘못된 선택으로 엄청난 비극을 자초했다고 비판한다.[16] 마찬가지 논리에서 현재의 미중 패권 경쟁 구도에서도 한국은 바른 선택을 해야 한다고 주장한다. 이들은 지는 미국에 집착하지 말고 뜨는 중국에 편승하는 것이 역사의 바른 선택이라고 본다. 일부 역사가와 중국 전문가들 사이에 이런 주장을 하는 이들이 다소 있는데, 이들의 공통적 인식은 머지않아 중국이 미국의 국력을 능가하고 동아시아의 패권 국가로 등장할 것이라는 기대감에 기초해 있다.[17]

중국 편승은 국제정치 이론에서 새로운 것이 아니다. 두 강대국 간의 세력 전이 과정에서 주변국들이 꼭 기존 패권국과 연합하여 도전국에 견제와 균형을 가하는 것이 아니라 오히려 반대로 도전국에 편승하여 세력 전이를 가속할 수도 있다고 본다.[18] 2가지 조건 아래에서 이러한 편승 현상이 발생할 수 있다. 하나는 도전국 또는 수정주의 세력과 손을 잡는 것이 자국의 생존과 안전에 도움이 될 수 있다는 판단이 섰을 때다. 이 경우에는 패권국의 국력 신장이 눈에 띄게 정체되는 반면, 도전국의 국력 신장 속도가 빨라지는 것을 전제한다. 다른 하나는 도전국과 협력함으로써 더 많은 경제적 이득을 얻을 수 있다는 확신이 섰을 때다.[19] 중국 편승 전략 아래에서 한국 정부는 어떤 정책을 택할 수 있을까?

표 10-1에서 볼 수 있듯이, 원론적으로 중국 편승 전략은 한국이 미국과의 동맹에서 지정학적으로 이탈하는 것을 의미한다. 예컨대, 칭화대학교의 옌쉐퉁 교수는 2023년 중국의 국력이 미국을 능가하게 되면 한중 군사동맹도 가능하다고 본다.[20] 중국은 현재 반패권 노선을 견지하고 있어 한국과의 동맹 관계 수립을 바라지 않을 것이다. 만일 한국 정부가 중국 편승을 희망하면 중국은 이미 배치된 사드와 심지어 주한미군까지 감축·철수할 것을 요구할 수 있다. 한·미·일 3국 군사 공조나 역내 미사일 방어 시스템 참가와 미국이 추진해온 인도·태평양 전략에 동참하기도 어려워진다. 쿼드 플러스 참여나 남중국해에서 군사적으로 연루되는 것도 회피하게 될 것이다. 궁극적으로, 미국 중심의 동맹 체제에서 중국 중심의 역내 다자안보 협력 체제로 전환을 모색할 수 있다.

경제적으로는 한중 FTA를 더욱 심화하고 한·중·일 3국 FTA를 추진하는 동시에 RCEP에서 지역 경제 협력을 촉진해나갈 수 있다. 이와 더불어 한중 간 무역·투자 협력을 확대해나가는 동시에 일대일로 구상과 한국 정부의 신남방 정책, 신북방 정책의 접점을 찾아 중앙아시아와 동남아시아의 각종 사업에 공동 진출도 모색하게 될 것이다. 미중 기술민족주의 충돌과 관련해서는 '클린 네트워크' 등 미국의 대중 기술 견제에는 불참하고 중국과 과학 기술 협력을 강화해나가는 것이 편승 전략의 하나가 된다. 한국 정부는 홍콩, 위구르 문제에 대해서는 국익 우선주의 관점에서 침묵할 가능성이 크다.

현 구도에서 또는 가까운 장래에 한국 정부가 중국 편승 전략을 택할 가능성은 희박하다. 그러나 미국이 과거 트럼프 행정부가 그러했듯이 방위비 분담을 이유로 주한미군 감축·철수 카드를 쓰거나 국내 정치적 이유로 한반도로부터 이탈할 조짐이 나타나면, 한국 정부는 예방 외교 차원에서 중국 편승론을 고려할 수도 있다. 특히 미국이 북한 핵 문제나 한반도 평화 체제 문제를 해소하지 않은 가운데 한반도에서 이탈한다면 한국 정부로서는 중국과 관계 개선을 적극적으로 모색하지 않을 수 없다. 미국이 철수한 이후 동북아시아의 힘의 공백은 중국이 메꿀 수밖에 없는 것이 현실이기 때문이다. 이때 중국의 동북아시아 지역 패권은 기정사실화된다.

따라서 중국 편승론은 한국의 선제적 전략 포석의 결과라기보다는 한반도와 동북아시아로부터 미국이 철수했을 때를 가정한 예방 외교의 하나라고 할 수 있다. 중국 편승에서 오는 이점도 여러 가지 있을 수 있다. 중국의 적극적 개입으로 남북관계 개선의 돌파구를 찾을 수 있을 뿐 아니라, 미국이 부재하는 상황에서 중국이 한반도와 동북아시아의 패권적 안정자 역할을 할 수 있을 것이다. 협력 안보, 포괄 안보, 공동 안보, 지속 가능한 안보를 기조로 한 시진핑 주석의 '아시아 안보 구상'이 실현된다면, 동북아시아에 다자안보 협력 체제가 제도화되어 한반도와 동북아시아 안보 구도에 긍정적 기제로 작동할 수 있다. 경제적 이익은 복합적이다. 중국과의 경제 통합이 열린 지역주의와 동시에 추진된다면 한국으로서는 이득이 될 수 있지만, 미국·일본과의 경제 관계를 차단하고 중국에 올인한다면 득보다 실이 클 것이다.

복거일 작가 등이 지적한 '핀란드화'의 우려도 간과해서는 안 된다. 과거의 조공과 책봉의 악령이 되살아날 수 있기 때문이다. 그럴 경우, 한국의 독립과 자율성이 크게 침해되고 중국에 대한 예속이 깊어질 수 있다. 예컨대, 북한이 중국 동북 4성의 하나로 편입될 수 있다는 우려가 있듯이, 한국도 동북 5성의 하나가 될 수 있다는 자조 섞인 우려가 나온다. 또한 중국과 지나치게 밀착되면, 미국과 일본은 자연스럽게 한국을 적대시하고 다양한 압박을 가해올 수 있다. 반도 국가인 한국이 북방 3각의 대륙세력에 편승하는 것으로 보이기 때문이다. 일본과 미국 등 해양세력은 견제와 봉쇄로 나설 것이고, 한국 경제의 고립은 피하기 어렵다. 이에 더해 한국이 중국의 민주주의와 인권 문제에 침묵하고 D10 민주주의 연합에 미온적이거나 참여하지 않는다면, 국제사회에서 한국의 국격은 심하게 손상되고 고립을 면하기 어려울 것이다. 한국이 중국이 주도하는 '반자유주의 세력권'의 일원으로 변신하는 것과 다름이 없기 때문이다.

중국 편승론은 다분히 미국의 전략적 변화에 좌우되는 조건부적 선택이다. 따라서 현 상황에서 한국이 중국 편승으로 획기적인 궤도 전환에 나서기는 어렵다. 미국이 한반도와 동북아시아에서 이탈할 징후가 없을 뿐 아니라 오히려 대중 견제 의지가 강화되고 있기 때문이다. 그리고 중국과의 역사적 경험에서 굳어진 집단기억, 아직도 우리 사회 깊숙이 자리한 반공주의의 유산, 한미동맹을 신성시하는 보수 집단의 정치적 위력을 고려하면 중국 편승을 거론하는 것조차 부담스러운 것이 현실이다. 더군다나 중국이 한국의 적극적 편승을 꺼리는 경향도 있다. 사실, 1992년 한중 수교 이후 진보, 보수 정부 가릴 것 없이 미국과 중국 사이에서 균형 외교, 또는 아주 경미한 대중 편승 외교를 시도한 적이 있었지만 성공한 사례는 없었다. 정권마다 초기에는 친미 편향에서 벗어나 균형 외교를 외쳤으나 종국에는 미국 일변도의 외교를 전개하곤 했다. 중국 편승론의 현실적·구조적 한계를 보여주는 대목이다.[21]

홀로서기의 유혹

미중 대결 구도에서 우리가 고뇌해야 하는 것은 바로 한반도의 지정학적 위치 때문이다. 대륙세력과 해양세력이 끊임없이 경쟁하는 한반도에서 세력균형 결정론은 하나의 숙명으로 받아들여졌다. 국제정치의 대가이자 현실주의 이론의 창시자인 한스 모겐소Hans Morgenthau 교수는 "2000년 이상 한반도의 운명은 한반도를 통제하는 패권국의 지배력이나 그 통제를 위해 경쟁하는 강대국들 간의 세력균형에 의해 결정됐다"고 단정적으로 말한다.[22] 사실이 그러하다. 한반도는 오랫동안 중국 패권 아래 있다가 19세기 말~20세기 초 열강들의 각축장이 되었고, 1905년 러일전쟁 이후 일본 패권 아래에서, 그리고 제2차 세계대전 이후 미소 경쟁 속에서 분단의 비극을 맞았다. 그리고 미소 냉전 구도에서 한국은 패권국 미국의 세력권에 속했다. 강대국 결정론과 진영 외교의 불가피성은 이런 역사적 맥락에서 나왔다.

그러나 이런 강대국 숙명론에 대한 국민적 저항은 크다. 한국은 진보와 보수를 가릴 것 없이 강대국의 영향력에서 벗어난 좀 더 독립적이고 자율적인 외교 공간을 희구해왔다. 최근 미중 경쟁과 관련하여 진영 외교의 함정에서 벗어나 '홀로 서야 한다'는 목소리가 커지고 있다. '홀로서기'의 방식에 대해서는 보수와 진보 진영이 제시하는 해법이 판이하다. 보수는 내적 균형, 특히 핵무장을 통해 강한 군사력을 가진 중간 세력 국가로 거듭남으로써 강대국 정치의 수렁에서 벗어나고 신뢰할 수 있는 대북 억지력을 구축하자는 주장을 편다. 반대로 진보 진영의 일부에서는 중립국 지위를 선언함으로써 강대국 진영 논리의 틈바구니에서 벗어나자는 제안을 한다. 이 2가지 접근법을 간략히 검토해보자.

핵무장을 통한 자주국방을 주장하는 이들은 기본적으로 한미동맹을 선호한다.[23] 그러나 북한의 핵무장과 관련하여 본질적 문제를 제기한다. 북한 핵은 더는 허구가 아닌 현실이다. 이들은 미국의 확장 억지 전략에 따른 핵우산 공여에 대해 의구심을 제기한다. 정몽준 전 의원은 미국의 핵우산이 "찢어진 우산"일 수도 있으니, 북한에 대한 핵 억지력을 확실히 담보해달라고 요구한다.[24] 그리고 이에 대한 분명한 징표로서 1991년 9월 한국에서 철수한 미군의 전술핵을 재배치해달라고 요구한다. 그러나 미국 정부와 의회가 전술핵 한반도 재배치에 거부 의사를 밝히자 일부 보수 경향의 의원들은 NATO식 핵무기 공유를 제안하고 나섰다.[25] 그들은 만약 미국이 이러한 요구를 수용하지 않는다면 한국이 자체 핵무기 보유를 적극적으로 고려해야 한다고 강변한다. 북의 핵에는 핵으로 맞설 수밖에 없다는 것이 이들의 논리다.[26] 이들은 '이스라엘도 핵무기를 보유하고 있는데 우리가 못할 이유가 있는가'라고 반문하며, 적극적 로비를 통해 핵무기 보유를 추진해나가야 한다고 주장한다.[27] 트럼프 행정부에서 미 국방성 동아태 담당 차관보를 지냈던 엘브리지 콜비Elbridge Colby가 중국을 견제하기 위해서 한국과 일본이 핵무장을 하도록 허용해주어야 한다는 논지를 펴면서, 이들의 주장은 더 탄력을 받고 있다.[28]

핵무장론이 공세적인 홀로서기 전략이라면, 중립국 전략은 소극적 대응 전략이다. 중립화란 일반적으로 강대국의 틈새에 낀 약소국이 정치적 독립과 영토의 보존을 위해 다른 나라와 군사동맹을 맺지 않고 외국군의 주둔도 허용하지 않는 외교 행태를 의미한다. 중립화에는 여러 형태가 있다. 전쟁에 개입하지 않고 중립을 유지하겠다는 한시적인 전쟁 중립war neutralization이 있는가 하면, 국제조약을 통해 한 국가의 중립을 영구적으로 보장하는 형태도 있다. 나폴레옹전쟁이 끝나고 1815년 파리조약에서 스위스의 영세중립을 허용한 사례가 그것이다. 오스트리아처럼 헌법에 중립국임을 명문화하고 이를 주요 강대국이 인정해주는 중립화 방안도 있다. 그러나 국제적 협약이나 조약, 또는 헌법상의 조치와 무관하게 한 국가가 외교정책의 일환으로 중립주의를 표방할 수도 있다. 스웨덴, 핀란드, 코스타리카가 대표적 사례다. 1955년 반둥회의 이후 결성된 아시아·아프리카 중심의 비동맹운동 참여국도 이런 부류에 속한다.[29]

한반도 중립화 논의는 그 역사가 길다. 미국에서 유학하고 유럽을 거쳐 귀국한 유길준 선생은 이미 19세기 말 러시아의 남하에 대비하기 위해 중국이 후견국이 되는 한반도 중립화 방안을 제시한 바 있다. 벨기에와 불가리아가 모델이었다.[30] 그 이후에도 미국의 마이클 맨스필드 상원의원이 1960년 미 의회에서 한반도의 오스트리아식 중립화 통일 방안을 제시한 적이 있고, 국내에서는 김삼규·강종일·이재봉·윤태룡 등이 중립화 통일 방안을 주장해왔다.

그 중에서도 강종일 박사의 중립화 통일 방안이 가장 포괄적이며 구체적이다. 강 박사는 5단계 중립화 통일 방안을 제시했다. 1단계 교류 협력·불가침 선언·평화 선언 등을 통한 남북 민족 신뢰 회복 단계, 2단계 남북한 제도 정비와 보완 단계, 3단계 남북한 연합제 단계, 4단계 영세중립 연합제 규정을 명문화한 남북 개정 헌법을 채택하고 영세중립 연합제를 구축하는 단계, 마지막으로 5단계 1민족·1국가·1정부의 남북한 영세중립 통일국가 설립으로 구성되어 있다.[31] 윤태룡 교수는 더 파격적인 제안을 한다. 그는 현실적으로 단계적 중립화 통일이 어려우므로 한국이 먼저 중립화를 선언하고, 그다음에 북한과의 중립화 통일을 모색하자고 주장한다.[32]

핵무장과 중립국을 통한 홀로서기 전략은 모두 심오한 지정학적 변화를 전제로 한다. 중립국 방안은 한미동맹의 폐기를 전제로 독자적 외교 노선을 표방한다. 핵무장론은 한미동맹의 지속을 가정하나, 이는 현실적으로 불가능해 보인다. 미국이 핵무장한 한국과 동맹을 지속하기도 어려울 뿐 아니라 핵을 가진 한국이 미국에 쉽게 순종할 리 만무하기 때문이다. 경제·기술 분야에서는 기존 노선을 유지하며 미국·중국과 협력 관계를 유지하고자 할 것이며, 국익 우선 원칙에 따라 가치중립 노선을 견지할 가능성이 크다. 기본적으로 중립화 노선은 비동맹을 표방하며 타국에 대한 내정 간섭을 피한다.

이 두 접근법 모두 민족주의 정서를 만족시킨다는 점에서는 의의가 있다. 2000년 넘게 외세에 의해 한반도의 운명이 좌우되었다는 역사적 사실을 참작하면, 핵무장을 한 강한 한국이나 평화주의 노선을 따라 중립화된 통일 한반도는 모두 매력적이다. 그러나 문제는 이 두 접근법이 모두 실현 가능성이 매우 희박하다는 것이다. 현재 한국의 기술과 자본 수준으로 보아 핵무기를 개발하고 보유할 능력은 분명히 있다.[33] 그러나 현실적 제약이 크다.[34] 무엇보다 핵무기 개발 의도가 노출되면 우리는 북한이나 이란의 운명을 피할 수 없다. 유엔

안전보장이사회가 제재 결의안을 채택하면 무역, 금융, 투자 분야에 대한 다각적 국제 제재로 우리 수출 경제는 모두 멈추게 된다. 그리고 미국의 압박도 거세진다. 미국은 즉각적으로 한미원자력협정을 파기하고 우리 측에 공여한 기자재와 물질의 반환을 요구할 것이며, 워싱턴의 핵확산 반대론자들의 목소리가 커지면서 한미동맹 파기 카드까지 들고나올 수 있다. 그리고 국제원자력기구International Atomic Energy Agency, IAEA는 핵확산방지조약NPT 위반을 이유로 '원자력공급국그룹nuclear suppliers group'에 한국에 원자력 연료 공급을 중단하라고 요청할 것이다. 원자력 산업의 위기는 자명하다. 일부 인사들은 이스라엘처럼 적극적인 대미 로비로 핵무기 보유를 시도하거나 아니면 제재의 고통을 감수해서라도 파키스탄처럼 핵무장을 해야 한다고 주장하지만, 이는 현실과 동떨어진 인식이다. 더 심각한 문제는 한국이 핵무장으로 나아가면 기존 핵 보유국들의 한국에 대한 핵무기 공격 가능성이 높아지고 북한과 불안정하고 영구적인 핵 대치 구도가 조성되어 '가능한 공멸mutual probable destruction'을 한반도 안보 현실로 고착할 수 있다는 점이다. 게다가 일본의 핵무장을 정당화하는 빌미를 주어, 동북아시아의 핵 도미노 현상을 촉발할 수 있다. 그러므로 '핵무장의 길'은 대안이 되기 어렵다.

중립화 방안도 실현 가능성이 희박하기는 마찬가지다. 중립화의 핵심 선결 조건은 국내적 합의다. 한미동맹에 익숙해진 한국인에게 미국과의 결별과 주한 미군 철수를 전제로 한 중립화 방안을 수용하기는 쉽지 않다. 특히 1993년 6월 김일성이 조국 통일을 위한 전 민족 대단결 10대 강령 중 하나로 "전 민족 대단결로 자주적이며 평화적이면서 중립적인 통일국가" 건설을 제시한 바 있어서, 한국에서는 중립화 통일 방안을 북의 제안과 동일시하는 경향이 있다. 우리 국민 다수가 북의 중립화 통일 방안을 주한 미군 철수를 통해 "남조선을 적화 통일하려는 북의 획책"으로 받아들이는 한 국내에서 이 방안이 지지를 얻기는 어려울 것으로 보인다. 국제적 보장도 만만치 않다. 중국은 중립화 통일 방안에 적극적 지지를 보일 것이나, 미국이 이 구상에 동의할 가능성은 거의 없다. 현상 타파보다는 현상 유지를 선호하기 때문이다. 남과 북 사이에 중립화에 대한 합의를 모색하는 일도 어려운 과제가 될 것이다. 특히 북한이 핵을 보유한 상태에서 중립화는 현실성이 없다. 비핵화가 이루어지고 한반도 평화 체제가 구축된다면 사정이 달라질 수도 있다. 마지막으로, 통일 한반도는 1억 인구의 강대국으로 부상할 것으로 보이는데 이런 강대국이 중립화의 길로 간다는 구상에 대해 주변국들이 신뢰를 보낼 가능성도 적어 보인다. 따라서 한반도의 완충지대화, 진영에 따른 편가름 외교로부터의 해방, 영구적인 안보 딜레마에서의 탈피, 그리고 전쟁 연루 가능성 차단 등 중립화 방안의 여러 이점에도 불구하고 현실적 대안으로는 한계가 있다.

현상 유지론: 위험 분산, 논두렁론, 전략적 유연성

현상 유지는 지금처럼 한국이 미국, 중국과 원만한 관계를 지속하는 것을 말한다. 다시 말해 미국과는 동맹 관계를, 중국과는 전략적 협력 동반자 관계를 계속 유지해나가는 것이다. 미국과 중국 중 어느 국가를 선택하고 버린다는 것이 현실적으로 가능하지도 않고, 그에 따른 비용도 크기 때문에 그렇다. 일반 국민이나 중국 전문가 대부분은 안미경중安美經中, 즉 '안보는 미국과, 경제는 중국과'라는 기조로 나가야 우리의 국익이 극대화될 수 있다고 본다. 이미 앞에서 언급했지만 한석희 교수의 '이중 위험 분산', 노무현·박근혜 정부의 균형 외교, 줄타기 외교, 정재호 교수의 전략적 모호성, 그리고 배기찬의 돌고래 생존 전략에 이르기까지 다양한 제안이 여기에 속한다.[35] 김대중 대통령은 이 전략을 논두렁론으로 명쾌하게 설명한 바 있다.

> "안보 면에서는 미국이 중요하고, 경제는 양쪽 다 중요합니다. 우리는 지정학적으로 도랑에 든 송아지와 마찬가지입니다. 양쪽 언덕의 풀을 뜯어 먹거든요. 주변에 있는 미국, 일본, 중국, 러시아를 경제적으로 다 활용해야 해요. 그러니 어디가 더 중요하고 덜 중요하고 생각할 필요가 없어요. 왜 이분법적 사고 합니까."[36]

이렇게 보면 현상 유지론은 기회주의적 행보로 비칠 수도 있다.

특히 한국의 보수 진영이나 워싱턴 주류 인사들은 그렇게 인식하고 있다. 따라서 효과적인 현상 유지 전략을 위해서는 한국 정부의 일관성과 투명성이 요구된다. 자칫 잘못하면 양측의 오해를 불러일으키면서 감당하지 못할 뒤탈을 초래할 수도 있기 때문이다. 나의 경험으로 비추어 보면, 대부분의 평범한 한국인은 현상 유지를 강력히 선호한다. 그러나 현실은 녹록지 않다는 것을 인식해야 한다.

현상 유지 전략에서는 한미동맹의 지속을 강조한다. 그러나 동맹의 목적은 북한의 군사적 위협 억제에 국한되어야지 중국을 대상으로 삼는 것은 바람직하지 않다고 본다. 그와 동시에 중국과의 전략적 협력 동반자 관계가 계속되어 한중 전략 대화 등이 정기적으로 이루어져야 한다고 주장한다. 또한 북한 핵 문제 해결을 위해 중국과의 공조를 중요시하고 한반도 평화 체제 구축을 위해 남·북·미·중 4자 협의를 강력히 선호한다. 경제 분야에서도 마찬가지다. 한미·한중 FTA를 계속하고 RCEP은 물론, 미국이 CPTPP에 복귀한다면 한국도 이에 적극적으로 참여한다. 미국의 압박에도 불구하고 중국과의 무역 및 투자 부문 탈동조화에는 소극적으로 대응해나가고, 되도록 미중 양자 택일 구도를 피해나가도록 노력한다. 기술민족주의 충돌 영역에서도 한국은 국제 규범과 국익에 기초하여 기술별로 대응 전략을 마련하고, 미중 양국과의 마찰을 최소화해나간다. 가치 분야에서도 보편가치의 함양을 선언적으로 표명하지만, 홍콩·위구르·중국 내의 인권 문제에 대해서는 상황 전개에 따라 유연하게 대응해나간다. 그러나 '하나의 중국' 원칙을 존중하고 중국의 내정에 간섭한다는 인상을 주지 않도록 한다.

우리로서는 현상 유지 전략이 미중 신냉전 구도 아래에서 최선의 방안이다. 미국과는 동맹을, 중국과는 전략적 협력 동반자 관계를 유지함으로써 한중 간의 군사적 마찰 가능성을 구조적으로 막을 수 있다. 지경학적으로는 미중을 포함하여 모든 역내 국가와 양자 FTA 또는 열린 지역주의로 경제적 교류·협력을 확대해나간다는 이점이 있다. 과학 기술 면에서도 미중 간 기술민족주의 충돌에 연루되는 것을 피하는 것이 한국으로서는 가장 바람직하다. 가치 측면에서도 보편가치를 표방하면서도 중국의 내정 간섭은 피하는 것이어서 명분과 실리를 동시에 살린다는 장점이 있다.

엄격히 말해, 현상 유지는 변화하는 외적 환경에 대한 소극적·점진적 적응 전략이다. 그러나 이는 미중 관계가 좋았을 때 가능한 전략이다. 김대중 대통령의 논두렁론이 주효했던 것도 당시 클린턴 대통령과 장쩌민 주석 간의 관계가 좋았고, 김 대통령 자신도 이 두 지도자와 원만한 관계를 유지하고 있었기 때문이다. 물론 중국은 한국의 현상 유지 전략을 환영할 것이다. 문제는 미국에 있다. 바이든 대통령은 트럼프와는 결이 다른 대중 전략을 펴겠지만, 중국의 부상을 적극적으로 견제한다는 정책 기조에서는 같다. 2013년 12월 3일 서울을 방문 중이던 바이든 부통령은 연세대학교에서의 공개 강연에서 다음과 같이 말했다. "미국은 계속 한국에 베팅할 것이다. 미국 반대편에 베팅하는 것은 좋은 베팅이 아니다." 뒤이어 박근혜 대통령과 가진 면담에서도 같은 발언을 했다.[37] 이러한 발언은 당시 박근혜 정부의 '균형 외교' 정책과 오바마 행정부의 '아시아 회귀' 전략 사이의 미묘한 긴장에서 나왔다.

2021년 1월 20일, 미국 대통령으로 취임한 조 바이든 대통령은 한국 정부에 계속 선택을 요구할 것이다. 미중 관계가 신냉전 구도로 빠져들수록 미국의 선택 압력은 강해질 것이다. 미중 관계가 악화하면 현상 유지 전략도 어렵다는 이야기다. 미국의 압력 때문에 중국을 버리고 미국에 전적으로 '베팅'할 수 있을까? 이미 지적했지만, 한국과 미국 사이에 중국의 위협에 대한 인식의 간극이 클 뿐 아니라, 미국에 전적으로 올인했을 때 그에 따르는 각종 위험과 비용을 미국이 담보해준다는 보장이 없기 때문에 미국과 더불어 중국에 적대적으로 나가기는 힘들 것이다. 줄타기 외교가 갖는 실존적 딜레마다.

초월적 전략: 협력과 통합의 질서 만들기

지금까지 4가지 전략적 선택을 살펴보았다. 과거의 역사로 보아 한미동맹을 강화하면 모든 문제가 풀릴 것 같지만, 현실은 그렇지 않아 보인다. 중국의 비중이 그만큼 커졌기 때문에 미국과 함께 중국을 견제·봉쇄하는 데는 숱한 위험과 비용이 뒤따를 것이다. 어떤 위험과 비용은 아예 우리가 감당하지 못할 수도 있다. 그렇다고 중국 편승이 대안이 되기도 어렵다. 무엇보다 중국이 한국과의 명시적 동맹을 원치 않는다. 중국의 전략은 미국이 만든 국제 질서 아래에서 미국과 경쟁하는 것이기 때문에 최소한 단기적으로는 한국이 중국에 편승하는 것이 부담스러울 것이다. 그렇다고 홀로서기 전략이 대안이 될 수 있는 것도 아니다. 독자 핵무장은 그 실효성도 의문시될 뿐 아니라 국제적 제약 때문에 가능해 보이지 않는다. 그리고 중립화 통일 방안도 현실적 대안이 되기 어렵다. 이렇게 보면, 현상 유지 전략이 가장 바람직하다고 평가된다. 가능한 미국, 중국과 좋은 관계를 유지해 우리의 생존과 번영, 한반도의 평화를 확보하는 것이 우리로서는 최선이다. 미국, 중국과 동시에 좋은 관계를 유지하려면 미중 관계가 좋아야 한다. 그러나 현재 미중 관계는 최악으로 치닫고 있다. 이런 추세라면 과거 김대중 대통령의 현상 유지 전략을 그대로 추진하기는 사실상 불가능하다. 여기서 초월적 전략을 하나의 대안으로 고려할 수 있다. 초월적 전략transcending strategy은 미중 진영 외교의 틀에서 벗어나 다자 협력과 지역 통합의 새로운 질서를 만들고, 그 질서 속에서 미국과 중국이 신냉전 충돌로 가는 것을 막고 새로운 외교 공간을 만드는 적극적이고 미래 지향적인 전략이다.

저명한 외교사학자 폴 슈뢰더Paul Schroeder 교수는 유럽 사례의 연구를 통해 무정부적 국제 질서가 약소국의 운명을 일방적으로 결정하는 것은 아니며, 신현실주의자들이 제시하는 '균형'과 '편승' 이외에 다른 선택지도 가능하다고 주장한다.[38] 약소국들도 국제 협력을 통해 새로운 규범, 규칙, 절차를 만들어 현안을 해결하고 위협을 종식하는 동시에 분쟁 상황의 재발을 사전에 막을 수 있다는 것이다. 강대국의 전횡을 막고 편가름의 진영 외교에서 탈피하여 더 큰 자율 공간을 만들기 위해 약소국들이 지구적 차원에서는 다자주의, 지역 수준에서는 협력과 통합의 질서를 추동해나갈 수 있다고 보는 것이다. 예컨대, 안보 분야에서는 공동의 적과 위협을 전제로 하는 NATO와 같은 집단방위 체제보다는 어떤 국가도 배제하지 않는 안보 공동체(비배타성), 무력 불사용과 분쟁의 평화적 해결, 침략 행위를 한 국가에 대한 회원국 전체의 집단 응징을 특징으로 하는 집단안보 체제를 만들어나갈 수 있다.[39] 기후변화, 전염병, 대량살상무기, 무역과 통화 등 지구적 현안에 대해서는 다자주의 질서를 통해 해결책을 모색하는 데 주도적 역할을 하는 동시에 배타적 양자 또는 지역주의 협력에서 벗어나 열린 지역주의가 제도화할 수 있도록 외교적 노력을 할 수 있다. 다분히 자유주의적인 처방이 초월적 전략의 철학적 기반이 된다.

표 10-1에서 볼 수 있듯이, 초월적 접근에서 지정학적 포석은 단기적으로 북의 위협을 관리하기 위해 한미동맹을 유지하지만 중·장기적으로는 집단안전보장 체제를 지향하는 다자안보 협력으로 나가자는 것이다. 이를 위해 동북아 6자 안보정상회담의 제도화를 고려할 수도 있다. 이는 남북을 포함하여 미·중·일·러의 정상이 정기적으로 만나 북핵 문제를 해결하고 미중 분쟁을 완화하는 동시에 다자안보 협력 질서에 기초한 새로운 동북아 안보 거버넌스를 만들어가는 방안이다. 유럽에서 NATO라는 동맹 체제와 유럽안보협력기구Organization for Security and Co-operation in Europe, OSCE라는 다자안보 협력체가 공존하는 것처럼 동북아시아에서도 최소한 단기적으로는 미

국 중심의 동맹 시스템과 6개국 모두가 참여하는 동북아안보협력기구를 동시에 추진해나갈 수 있다. 이는 지역 안보 패러다임의 근본적 전환을 전제로 한다.

지경학적 측면에서 초월적 접근은 협력과 통합의 질서를 지향한다. 우선 WTO 중심의 다자주의를 복원하는 데 앞장서고, WTO의 규범·원칙·규칙·절차에 부합하는 열린 지역주의를 지향해나간다. APEC, RCEP, 더 나아가 CPTPP까지 참여하여 자유무역 질서의 확산을 주도한다. 또한 노무현 대통령이 구상했던 한·중·일 3국 자유무역지대FTA는 물론 관세동맹, 공동시장, 더 나아가 동북아 경제공동체 구축을 지향해나간다. 자연히 특정 국가를 대상으로 한 무역 및 투자의 탈동조화를 수용하기는 어려울 것이다. 이와 더불어 미중 간 기술민족주의의 충돌도 새로운 다자주의 기술 질서 수립을 통해 해소하도록 노력할 수 있다. 이를 위해 도하 라운드 이후 거의 마비되어 있는 WTO를 활성화하여 새로운 기술 라운드를 제안할 수도 있다. 또한 문재인 정부가 제안한 바 있는 동북아시아 방역 협력 체제나 환경 협력을 위한 새로운 거버넌스를 제도화하는 데 앞장설 수도 있다.

협력과 통합의 새로운 질서를 만드는 기본 원칙 중 하나는 지정학, 지경학, 그리고 가치 면에서도 특정 국가를 견제하거나 배제하는 연합 노력에는 참여하지 않는 것이다. 따라서 중국을 겨냥한 민주주의 정상회담이나 D10(민주주의 10개국 연합체)에 참여하는 데는 신중해야 한다. 그러한 배타적 연합체는 협력과 통합의 정신을 저해할 수 있기 때문이다. 오히려 중국, 러시아 등이 참여하는 G20 틀 안에서 민주주의, 인권 등의 문제를 제기하고 토의할 수 있다. 성숙한 민주 국가로서 대한민국이 민주주의와 인권이라는 보편적 가치의 심각한 침해를 외면할 수는 없는 일이다. 그러나 보편적 가치라는 명분 아래 개별 국가의 주권을 침해하고 내정 간섭에 나설 수도 없는 일이다. 한국 스스로 타의 모범이 되는 행동을 보이고 이에 대한 지지를 얻어내 국제적으로 확산시키는 것이 훨씬 현명한 처사다. 이미 한국은 개발도상국에서 '졸업'한 성공적 발전 모델, 민주주의 이행과 공고화 과정에서의 모범 사례, 평화와 인간안보 지향의 국가 가치, K-방역 모델과 공동체주의 등 인류 사회와 공유할 수 있는 많은 자산을 가지고 있다. 특히 초월적 외교는 인지적 공감대, '역지사지易地思之'에 기초하여 다르나 조화를 이루어나가는 '화이부동和而不同'과 다름을 인정하며 같음을 추구하는 '구동존이求同存異'의 자세를 강조한다. 바꿔 말하면 나라마다 역사·문화적 다름, 즉 가치의 다양성을 인정하지만 이 다름을 좁혀나가는 공론의 장을 마련하고 문명의 공존을 새로운 지구촌 행동양식으로 설정하는 데 선제적으로 노력해야 한다는 것을 의미한다.

진영 논리를 넘어서 협력과 통합의 새로운 질서를 만든다는 초월적 접근은 쉬운 작업이 아니다. 3장에서 논의했던 이상주의적 팍스 유니버설리스 세계 질서와 맥을 같이하기 때문이다. 그러나 한국과 같은 상대적 약소국에게는 다자주의와 열린 지역주의가 생존과 번영을 담보하는 최선의 길이다. 동맹은 단기적 해법은 될 수 있으나, 영구적인 안보 딜레마를 수반한다. 특정 국가를 배제하는 폐쇄적 경제권이나 닫힌 경제지역주의 역시 단기적인 후생 증진을 가져올 수 있을지 모르나 궁극적으로는 시장 기능을 왜곡하고 부정적 부메랑으로 되돌아올 수 있다. 그런 점에서 다자주의와 열린 지역주의는 한국에게는 축복이자 긴요한 외교적 수단이 될 수 있다. 물론 강대국 정치가 무거운 중압으로 자리잡은 오늘날의 현실에서 한국이 혼자서 새로운 질서를 만드는 데는 한계가 있다. 그러나 슬기로운 중견국 외교로 돌파구를 마련할 수 있다고 본다.[40]

지금은 다소 정체되었지만, 한국 정부는 믹타MIKTA 라는 중견국 외교 협의체를 구체화한 바 있다.[41] 멕시코, 인도네시아, 터키, 호주와 같은 주요 중견국들과 협력하여 유엔 등 국제 무대에서 일부 의제 설정을 주도하겠다는 목적에서였다. 아주 좋은 시도라고 본다. 미국과 중국의 관계가 신냉전 구도로 전환하는 현시점에 이 두 강대국 간의 충돌을 예방하기 위해 한국이 주도하여 믹타와는 다른 중견국 간의 협력과 공동 행동을 모색할 수 있다. 그 밖에도 한국 정부가 호주, 덴마크 등과 협력하여 글로벌녹색성장기구Global Green Growth Institute, GGGI를 만들고 본부를 한국에 유치한 것도 좋은 사례다. 그런데 우리와 협력 가능한 중견국, 예를 들어 일본, 호주, 뉴질랜드, 캐나다, 영국, 독일, 프랑스 등은 모두 미국의 동맹국이다. 따라서 중견국으로서 주도적 역할을 하기 위해서는 한미동맹을 군건히 해야 한다는 역설에 이른다.

협력과 통합의 지역 질서를 위해서는 한국이 화합적 균형자 역할을 할 필요가 있다. 화합적 균형자란 특정 강대국 편승에 따른 힘의

쏠림 현상을 방지하고 중용의 시각에서 평화 공존과 협력 체계를 구축하려는 외교정책으로 정의내릴 수 있다. 이러한 균형자를 '연성 균형자soft balancer'라고 부르기도 한다. 아세안에서 싱가포르의 역할, 유럽공동체 구축에서 벨기에와 룩셈부르크의 역할이 대표적이다. 개러스 에반스Gareth Evans가 외무장관으로 재직했던 1988~1996년의 호주도 국제 무대와 아·태 지역에서 그런 역할을 했다.

2005년 3월 22일, 육군3사관학교 졸업식 연설에서 노무현 대통령은 다음과 같이 밝힌 바 있다. "이제 우리는 한반도뿐 아니라 동북아시아의 평화와 번영을 위한 균형자 역할을 해나갈 것입니다." 노대통령의 균형자론에 대해 일부 언론과 보수층 인사들은 현실에 맞지 않는 과대망상적 구상이라고 비판을 제기했다. 그러나 이는 왜곡된 비판이었다. 당시 노 대통령이 언급한 균형자는 19세기 초 영국이 보였던 패권적 경성 균형자hard balancer가 아니라 '균형적 실용 외교'에 기초를 둔 연성 균형자를 의미했다. 즉 동북아 지역 국가 간에 힘의 균형을 추구하는 데 우리가 주도권을 갖겠다는 것이 아니라 새로운 규범·원칙·규칙의 지역 질서 창출을 통해 역내 국가 간 대립과 갈등을 화해와 협력으로, 분열을 통합으로 변화시키고, 분쟁을 예방하며, 평화와 번영을 촉진하는 '평화의 균형자' 임무를 수행하는 것을 의미했다.[42] 21세기의 첨예한 미중 신냉전 대결 구도에서 한국이 강대국의 처분만 기다리는 수동적 국가로 남을 수는 없는 일이다. 적극적 연성 균형자로서 새로운 질서를 만들 때 한반도와 동북아시아의 평화와 번영이 보장될 수 있다.

이렇게 볼 때 한국으로서 가장 바람직한 것은 미국, 중국, 일본, 러시아 등 모든 국가와 선린·우호 관계를 유지하면서 협력과 통합의 새 지역 질서를 만들어나가는 구상이다. 그러기 위해서는 키신저 박사가 주장하고 있듯이, 미국과 중국이 공진화를 통해 협력적 관계를 유지하도록 해야 한다. 미국과 중국이 대립각을 세울 때 한국의 선택지는 극히 제한적이다. 미중 관계의 악화는 남북, 한중, 중일 관계 전반에 악영향을 미치면서 한반도와 동북아의 평화 번영에 치명적 타격을 가할 수 있기 때문이다. 특히 미중 대립 구도의 첨예화는 '한국 친미, 북한 친중'이라는 냉전 시대의 진영 논리를 부활시켜 한반도를 강대국 정치의 볼모로 전락시킬 가능성이 크다. 그러나 한국 혼자서 미중 대결 구도를 피하거나 막을 수는 없다. 다른 중견국들과의 협력이 필수적인 이유가 여기에 있다.

마지막으로, 미중 관계를 협력적 국면으로 유도하면서 동북아시아에 평화와 안정을 도모하는 데 핵심 변수는 남북관계다. 남북관계가 획기적으로 개선되면 한미동맹에 대한 의존도가 낮아지면서 한미·한중 간에 균형 외교를 전개할 수 있는 공간이 확대되고, 지역·세계 수준에서 외교 행보도 훨씬 수월해진다. 그리고 남북, 한미, 한중, 더 나아가서는 미중 간 협력 관계의 선순환 구도가 조성될 수 있다. 그런 점에서 남북관계 개선은 초월적 외교 전략의 필요조건이라 할 수 있다.

코로나19, 미중 신냉전, 새로운 외교 역량:
스마트, 결기, 국민 합의, 공공 외교를 위하여

2021년 초엽. 3중의 도전이 우리를 위협하고 있다. 북한 핵이라는 군사 위협, 코로나 사태라는 생물학적 위협, 그리고 미중 신냉전이라는 구조적 위협의 삼각파도가 바로 그것이다. 이 중에서도 미중 신냉전은 한반도는 물론 동북아시아 전체에 어두운 그림자를 짙게 드리우고 있다. 이 파도를 헤쳐 나가면서 북한 문제와 코로나 사태를 효과적으로 관리할 수 있는 최선의 길은 우리가 주도하는 국제 협력을 통해 새로운 다자주의와 열린 지역주의 질서를 만들어나가는 데 있다. 그러나 이는 녹록지 않은 과제다. 그러한 역할을 제대로 하기 위해서는 한국이 전례 없는 외교적 역량을 갖추어야 한다. 4가지가 필요하다. 첫째는 명민한 스마트 외교, 둘째는 원칙에 기초한 결기 외교, 셋째는 국민적 합의 외교, 마지막으로 공공 외교다.

스마트 외교는 불확실한 안보 환경에서 슬기롭게 국익을 극대화할 수 있는 외교 능력을 말한다. 스마트 외교를 일상화하기 위해서는 최소한 5가지 조건을 충족해야 한다. 첫째, 국가이익의 우선순위를 분명히 하는 작업이다. 일반적으로 국익은 생존, 번영, 복지, 국격과 존엄으로 규정할 수 있다. 이들 간의 우선순위를 명료히 해야 예측 가능한 외교정책을 펼 수 있다. 물론 국익의 우선순위는 내외 환경 변화에 따라 바뀐다. 그러나 수시 변경은 정책에 혼선을 가져온다. 여기서 국익과 가치의 조율도 핵심적 과제로 등장한다.[43] 가치가 국익을 우선할 때 정책에 혼선을 가져오고 역효과를 가져올 수 있다. 심지어 미국 같은 대국도 국익과 가치를 동시에 만족시키기는 어렵다. 하물며 한국이라면 이 둘을 만족시키는 정책을 펴기가 쉽지 않다.

둘째, 외교정책 목표의 우선순위도 중요하지만 그러한 목표가 정책 수단이나 가용 자원과 잘 연계되어야 한다. 그러지 않으면 정책 목표는 현실과 거리가 먼 탁상공론에 그친다. 국력이나 정책 수단에는 한계가 있기 마련이고, 대한민국이 우주의 중심이 아니기 때문이다. 자신의 한계를 잘 터득하고 그에 적합한 정책을 전개해나갈 필요가 있다.

셋째, 안보 환경에서 무엇이 위협인지 정확하게 인식·평가하고 부처 간 관료 정치를 최소화하는 동시에 외교정책 결정 과정이 정치화하는 것을 될 수 있는 대로 막아야 한다. 그래야 능률적일 뿐 아니라 지속적이고 일관성 있는 외교정책이 가능하기 때문이다. 효과적인 정책의 집행도 중요하다. 이는 정책 역량policy capacity이 중요하다는 이야기다.[44] 예를 들어 새로운 정부가 들어설 때마다 거창한 외교 구상이 나오지만 실상 임기 내에 실현되는 일은 드물다. 노무현 정부의 동북아 시대 구상, 이명박 정부의 신아시아 구상, 박근혜 정부의 균형 외교와 통일 준비 구상이 대표적인 사례다. 효과적 집행은 대통령의 리더십에 달려 있다. 대통령이 분명한 비전을 제시하고, 외교 안보 부서들을 잘 모니터링하고, 일사불란하게 조율해나갈 때 이러한 정책 관리와 스마트 외교가 가능해진다. 그 역도 성립한다.

넷째, 스마트 외교의 또 다른 필수 여건은 정보, 그것도 맥락에 맞는 적실성 있는 정보의 확보다.[45] 외교 안보 정책을 둘러싼 국제 환경은 정태적이거나 진공상태가 아니라 동태적이고 복잡하다. 그러한 동태적이고 복잡한 맥락을 적절히 파악하고 추세를 예측해내는 능력이 맥락적 정보다. 맥락적 정보를 수집하거나 분석하는 데 실패하면, 정책 결정자의 판단이 흐려지고 정책은 오류로 귀결된다. 북한, 주변 강대국, 국제 정세의 전반적 흐름에 대해 적실성 있고 객관적이며 안보환경의 전반적 맥락에 맞는 정보의 공급은 스마트 외교 정책의 수립과 집행에 핵심적 요소다. 그러나 한국의 정보기관이 그런 역할을 제대로 하고 있는지 불분명하다. 게다가 외교 안보 관련 주요 정보의 생산과 배포가 국가정보원에 집중된 것이 현실이다. 맥락적 정보를 신속히 확보하고 이를 관련 부서와 시의적절하게 공유하는 것이 스마트 외교의 또 다른 필요조건이다.

마지막으로, 역사적 관성을 깨는 상상력이 스마트 외교의 본질이다. 다자주의 및 열린 지역주의와 관련된 새로운 아이디어를 제시하고 의제화하며 다른 국가들을 리드할 때 초월적 외교가 가능해진다. 틀에 박힌 사고가 아니라 풍부한 상상력과 지식, 그리고 파격적 아이디어로 지역과 세계를 설득할 수 있어야 한다는 이야기다. 그러나 불행히도 한국의 학자나 관료, 언론인 모두 강대국 결정론에 익숙해 있다. 이들에게는 한미동맹 없이 한국의 외교는 없다는 인식이 강하게 각인되어 있다. 자연히 미국과 충돌하는 외교정책은 금기시되어 왔다. 이러한 타성을 걷어내고 열린 소통의 장이 마련되어야 협력과 통합의 질서를 만드는 초월적 전략을 추진할 수 있다. 역사적 타성에서 벗어나려면 지도자나 관료가 모두 상상력을 가져야 한다. 틀을 깨고 나오는 상상력이야말로 스마트 외교의 가장 중요한 전제 조건이다.

외교정책에서 원칙은 국가이익이나 그 국가사회가 지향하는 가치와 규범에 따라 결정된다. 따라서 국익에 충실하거나 자신이 지향하는 가치를 일관성 있게 추구할 때 원칙 있는 지도자라 할 수 있다. 원칙이 쉽게 변해서는 안 된다. 그것은 축구 경기장의 골포스트를 수시로 옮기는 것과 같다. 상황 변화에 따라 유연성 있게 대처하는 것은 권장할 만하나 원칙을 저버리게 되면 기회주의로 국제사회의 비난을 받고 스마트 외교에 핵심 자산이 되는 존경과 정통성을 해치게 된다. 반면에 원칙에 대한 지나친 집착은 극단주의로 변질될 수 있다. 이때는 국익과 가치를 동시에 해칠 수 있다. 따라서 이 둘을 신중하게 조정해나갈 필요가 있다.

원칙이 서면 결기 있는 외교가 가능해진다. 여기서 결기란 원칙에 충실한 용기로 정의 내릴 수 있다. 주변 강대국과의 긴밀한 협력 관계는 필수적이지만, 국익과 가치의 원칙에 위배될 때는 분명히 'No'라고 말할 수 있어야 한다. 그런 결기가 없을 때 국제사회의 신뢰를 잃게 되고, 강대국 정치의 격랑에 휩싸이게 된다. 사드 배치 사례를 보자. 박근혜 정부는 중국 측에 사드를 배치하는 일은 없을 것이라는 메시지를 보냈다. 그러나 얼마 지나지 않아 북한이 3차 핵실험을 하자 그 결정을 뒤집었다. 중국 지도부가 느꼈던 배신감만큼 보복의 강도도 거셌다. 만일 미국의 요청에 의거하여 쿼드 플러스에 참여는 했는데, 중국의 보복을 우려하여 대중 견제를 위한 사드 추가 배치나 중거리 탄도미사일의 한국 전진 배치를 거부한다고 가정해보자. 미국의 배신감은 참여하지 않았을 때보다 더 클 수 있다. 이 두 사례는 임시변통의 외교보다는 원칙의 외교가 국익에 더 도움이 된다는 것을 보여주고 있다.

한국 정부가 미중 간 신냉전이 고착되는 것에 반대하여 한국과 비슷한 처지에 있는 국가들과 협력하고 미국과 중국에 반기를 든다고 가정해보자. 한국에 대한 이 두 강대국의 압력은 거세질 것이다. 특히 미국의 압박은 매우 강할 것이다. 이러한 외압에 맞서 독자적인 또는 집단적인 외교 행보를 보이는 것이 바로 원칙에 기초한 결기 외교다. 이러한 결기 외교는 최고지도자의 원칙에 대한 분명한 입장 표명과 그에 따르는 실행 의지와 용기가 없이는 불가능하다.

외교는 내치의 연장이다. 국내 정치적 지지 기반이 없는 외교정책은 사상누각과 같다. 그렇다면 어떤 외교정책이 국내에서 정치적 지지를 받을 수 있는가? 정파를 넘어서는 대승적 외교정책을 펼 때 비로소 지지를 받을 수 있다. 물론 대통령 중심제의 민주정치는 승자독식 원칙에 기초한다. 그러나 지지 세력의 요구만을 수용하는 외교정책은 성과를 내거나 지속성을 담보하기가 어렵다. 지지의 외연을 넓혀야 한다. 특히 한국 정치의 양극화는 극심하다. 남북한 관계, 북핵 문제, 한미동맹, 대중 정책, 한일 관계에 이르기까지 보수와 진보 간에 합의를 이룰 수 있는 사안은 거의 없다.

미중 신냉전 시대의 대전략 구상만 하더라도 보수 진영은 한미동맹 강화론을 선호하는가 하면, 진보 진영은 협력과 통합의 새로운 질서를 만드는 초월적 전략을 지지한다. 한편, 일반 대중은 대체로 '이중적 위험 분산'의 현상 유지 정책을 바란다. 북한 핵 문제만 하더라도 보수 진영은 '선해체, 후보상'이라는 강경 노선을 지지하는 반면, 진보 진영은 점진적 동시 교환 접근법이 합리적이라고 본다. 한국의 국내 정치적 정쟁 구도로 보아 이 두 정치 세력 사이의 간격을 좁히고 일반 대중의 지지를 얻는 외교정책을 전개하는 것은 지극히 어려운 과제다. 그러나 그러한 노력 없이 21세기의 창의적 초월 외교를 기대하기는 어렵다.

이처럼 양극화된 정쟁 구도를 어떻게 극복할 수 있을까? 무엇보다 외교 안보 정책의 과도한 정쟁화를 차단해야 한다. 여야, 보수, 진보 할 것 없이 국내 정치적 목적으로 외교 안보 정책을 오용하거나 남용하는 일은 없어야 한다. 그러기 위해서는 시민사회가 깨어 있어야 한다. 시민사회의 감시와 견제가 그런 정치화를 막을 수 있다. 또한 정부가 반대 세력은 물론 시민사회와도 적극적으로 소통하고 필요한 정보를 투명하게 공유해야 한다. 밀실 외교로는 국민적 지지와 합의를 구할 수 없다. 정부는 정교한 설득의 논리를 개발해야 한다. 현대 사회에서 설득이 담보되지 않는 '나를 따르라' 식의 일방주의로는 반대파는 물론 시민사회도 설득할 수 없다. 정부가 추진하는 정책이 대승적 공감대를 불러일으킬 수 있고, 이념과 정파와 관계없이 모두가 '윈윈'하는 결과를 가져올 수 있다는 확신을 주어야 한다.

많은 이들은 한국 같은 분단국이 협력과 통합의 새로운 질서를 만드는 선도적 외교를 할 것으로 보지 않는다. 지금까지 한국 외교는 다분히 미국의 그늘에서 틈새를 찾아왔기 때문에 그렇다. 21세기 한국이 지향하는 새로운 외교는 다자주의 노력과 열린 지역 질서를 통해 미중 신냉전이 고착되는 것을 막고 평화와 번영의 한반도와 동북아를 만들어나가는 외교여야 한다. 새로운 창의적 의제를 부단히 창출해야 그런 외교가 가능해진다. 이미 거론했지만, 동북아 6자 안보 정상회담, 동북아 경제공동체 구상, 동북아 방역 협력 구상, 기존의 믹타와 G20의 다기능적 활용 등을 통해 국제 무대에서 새로운 의제 설정에 선도적 역할을 해야 한다. 그뿐 아니라 K-방역, K-개발 모델, K-평화유지군 모델 등 한국형 모델을 정교화하여 국제사회의 공공재로 공유하는 노력도 필요하다.

이러한 외교 노력은 정부나 외교관의 전유물이 될 수 없다. 전 국민과 시민사회가 전면에 나서 안과 밖에서 널리 알리고 공유해야 한다. 바로 공공 외교를 강화해야 한다는 말이다. 공공 외교는 정부가 시민사회를 대상으로 알리는 데 국한되지 않는다. 비정부단체, 시민 모두가 자발적으로 참여하여 정부 정책에 동참하고, 이를 전 세계에 전파할 때 탄력을 받게 된다. 이를 위해 국제적 네트워크와 연대가 필요하다. 공식 외교는 한국 정부의 몫이지만 그것만으로는 소기의 목적을 달성하기 어렵다. 다양한 비정부단체 및 시민단체와 수평적 네트워크를 구축하고, 이들과 교감과 연대를 형성할 때 공공 외교는 빛을 발할 수 있다. 이러한 네트워크의 외연이 확장될수록 한국이 설정한 의제에 대한 국제적 지지가 높아지고 그에 따른 정통성도 고양될 수 있다.

식민 통치, 분단, 전쟁, 그리고 빈곤과 저개발. 우리가 걸어왔던 역사의 궤적이다. 그러나 우리는 이를 극복하고 세계의 모범 국가로 자리잡았다. '기적'이라는 찬사를 들을 만하다. 코로나19, 북한 핵과 남북 대치, 미중 대결의 신냉전이라는 새로운 도전은 엄중하다. 그러나 명민한 스마트 외교, 원칙에 기초한 결기 외교, 국민 합의 외교, 적극적 공공 외교로 이를 슬기롭게 극복해나갈 것으로 믿는다.

솔직히 말해 이 책은 우연히 만들게 된 작품이다. 코로나19가 한창 기승을 부리던 2020년 4월 초 JTBC 신예리 국장이 〈차이나는 클라스〉라는 프로그램에서 '코로나 사태와 국제정치'에 대해 강연을 해달라고 제안해왔다. 다소 부담이 있었지만 나는 모험하는 셈 치고 수락했고 이 강연을 보완하여 이 책의 1부에 담았다. 그로부터 얼마 지나지 않아 6월 중순 경 KBS의 공용철 PD가 〈코로나19 이후, 대한민국 길을 묻다〉라는 특집 프로그램에 출연하여 '코로나 시대의 미중 관계와 한국의 선택'이라는 주제로 강연을 요청해왔다. 이 책의 2부는 KBS 강연을 토대로 큰 얼개를 짰다. 그 이후로도 나는 메디치 포럼 등 여러 곳에서 유사한 주제로 강연을 이어가고 있었다. 9월 중순쯤에는 청림출판으로부터 지금까지의 강연을 엮어 책 한 권으로 써달라는 제안을 받았다. 이미 자료도 많이 수집했고 강연 경험도 있으니 쉽게 쓸 수 있을 것으로 생각하고 흔쾌히 수락했다. 그러나 TV 강연과 집필은 전혀 다르다는 사실을 깨달았다. 게다가 미중 관계는 하루가 다르게 변하고 있었다. 분석의 틀을 짜고 관련 분야의 문헌을 섭렵하는 동시에 경험적 자료를 수집·분석하기가 쉽지 않았다. 참으로 노동 집약적 작업이었다. 역설적으로 말해 코로나 사태가 아니었다면 이 책을 쓰는 게 불가능했을 것이다.

그리고 많은 이들의 도움이 없었다면 이 책은 빛을 보지 못했을 것이다. JTBC의 신예리 국장, KBS의 공용철 PD, 메디치 포럼의 정혜승 작가에게 우선 감사드린다. 이 책의 구상에서 완결까지 연구 조교로 도움을 준 세종연구소의 김세원 연구원에게도 사의를 표한다. 이 책의 초고를 모두 읽고 날카로운 지적을 해준 국립외교원의 김태환 교수, 인남식 교수, 황일도 교수와 「한겨레」의 이제훈 선임기자에게도 감사한 마음이다.

이 책에 대한 논평은 물론 각종 자료의 편의를 베풀어준 대외경제연구원의 연원호 박사에게도 심심한 사의를 표한다. 내가 관여했던 '핵확산 방지 및 핵군축을 위한 아시아태평양 지도자 네트워크Asia-Pacific Leadership Network for Nuclear Non-Proliferation and Disarmament, APLN'의 연구원과 인턴들로부터도 도움을 많이 받았다.

그리고 지난 30여 년 동안 나의 연구는 물론 여러 활동을 물심양면으로 지원해준 미국 태평양세기연구소Pacific Century Institute 설립자 스펜서 김 회장께도 고마운 마음을 표하고자 한다. 수시로 마감 시간을 어기는 나에게 짜증 하나 내지 않고 이 책의 출판을 도맡아준 청림출판에도 감사한 마음을 전한다. 마지막으로 김재옥 교수도 이 책을 처음부터 끝까지 읽고 논평을 해주었다. 고마운 마음이다. 나에게는 7명의 손주가 있다. 청공, 청룡, 우신, 청천, 유신, 은하 그리고 청해의 미래를 위해 이 책을 바친다.

2021년 2월 14일 연희동 우거에서
문정인

서문 누구도 예상하지 못한 바이러스와 그 이후

1 "코너 몰린 아베 '3차 대전, 핵전쟁일 줄 알았는데 코로나였다'", 「중앙일보」, 2020.4.16., https://news.joins.com/article/23755765.

2 Ed Young, "How the Pandemic Defeated America," *The Atlantic*, Aug. 9, 2020.

1장 코로나 사태와 새로운 일상

1 '글로벌 트렌드(Global Trends)'는 미국 국가정보위원회에서 1997년부터 4년마다 발간하는 미래 전략 보고서다. 이 보고서에 관한 내용은 https://www.dni.gov/index.php/global-trends-home에서 확인할 수 있다.

2 https://www.dni.gov/files/documents/Global%20Trends_Mapping%20the%20Global%20Future%202020%20Project.pdf.

3 Laurie Garrett, "The Next Pandemic?," *Foreign Affairs*, 84:4, Jul./Aug. 2005, pp.302-303.

4 Michael T. Osterholm and Mark Olshaker, "Learning from the COVID-19 Failure—Before the Next Outbreak Arrives," *Foreign Affairs*, Jul./Au. 2020, https://reader.foreignaffairs.com/2020/05/21/chronicle-of-a-

pandemic-foretold/content.html.

5 코로나19의 기원과 관련하여, 미국은 중국의 생물 무기 음모론, 우한 바이러스 연구소의 전염병 관련 연구론 등을 제기한 바 있다. 중국 정부는 이에 대해 모든 혐의를 부인했다. 이와 관련한 내용은 다음의 기사에서 확인할 수 있다. 폴 린컨, "코로나 19: 중국 우한 연구실에서 비롯된 것일까?", 「BBC NEWS 코리아」, 2020.4.21., https://www.bbc.com/korean/international-52331523; "코로나19: 트럼프, '우한 연구실 유래' 증거 봤다", 「BBC NEWS 코리아」, 2020.5.1., https://www.bbc.com/korean/news-52497790.

6 중국 확진자와 사망자 수 추세 통계(출처: WHO), https://covid19.who.int/region/wpro/country/cn.

7 "WHO, 신종 코로나 공식 명칭 'COVID-19'로 결정", 「Medical Observer」, 2020년 2월 12일, http://www.monews.co.kr/news/articleView.html?idxno=208240.

8 https://covid19.who.int/.

9 Thomas L. Friedman, *The World Is Flat: A Brief History of the Twenty-first Century*(New York: Farrar, Straus and Giroux), 2005.

10 Felix Salmon, "How pandemics are worse than wars," *Axios*, Apr. 2, 2020, https://www.axios.com/coronavirus-pandemic-worse-than-war-8cada36c-3deb-4335-8863-0fc3b394bbcf.html?utm_source=P%26S%3A+Test&utm_campaign=4a40f76f35-EMAIL_CAMPAIGN_2020_04_09_02_41&utm_medium=email&utm_term=0_475e439b36-4a40f76f35-391812689.

11 Alvin Lum, "Coronavirus Epidemic Will Not End This Year, Hong Kong's Leading Microbiologist Says," *South China Morning Post*, Mar. 8, 2020, https://www.scmp.com/news/hong-kong/health-environment/article/3074127/coronavirus-epidemic-will-not-end-year-hong-kongs.

12 미네소타대학교 감염병연구정책센터(CIDRAP)가 2020년 4월 30일에 발표한 보고서에서 확인할 수 있다. https://www.cidrap.umn.edu/sites/default/files/public/downloads/cidrap-covid19-viewpoint-part1_0.pdf.

13 "WHO '코로나, HIV처럼 사라지지 않는 질병 될 수도'", 「중앙일보」, 2020.5.14., https://news.joins.com/article/23776672.

14   Julie Bort, "Bill Gates Thinks the COVID-19 Pandemic Won't Be Over until the End of 2021, Even for the World's Richest Countries," *Business Insider*, Aug. 8, 2020, https://www.businessinsider.com/bill-gates-thinks-pandemic-could-over-at-the-end-of-2021-2020-8.

15   『페스트』, 알베르 카뮈, 김화영 옮김, 민음사, 2011.

16   Arnold J. Toynbee, *A Study of History*(Oxford: Oxford Univ. Press), 1946, Abridgement of Volumes I-VI, pp.255-260.

17   William McNeil, *Plagues and People*(New York: Anchor, 2010).

18   Jared Diamond, *Guns, Germs, ad Steel*(New York: Norton, 1999).

19   『호모 데우스』, 유발 하라리, 김명주 옮김, 김영사, 2017, 20~31쪽.

20   William McNeil, *Plagues and People*(New York: Anchor, 2010), Ch. III.

21   『삼국지』「위서」'무제기'에는 적벽 전투에 대해 "조조는 적벽에 도착해 유비와 싸웠으나 형세가 불리했다. 이때 역병이 유행해 관리와 병사가 많이 죽었다. 그래서 조조는 군대를 되돌리고, 유비가 형주와 강남의 여러 군을 차지했다"라고 매우 간략하게 기록되어 있으며, 『삼국지』「오서」'주유전'에는 "주유와 정보를 보내 선주(유비)와 힘을 합쳐 조공과 맞서 적벽에서 조우했다. 그때 조공의 군대에는 이미 질병이 퍼져 있어 처음 교전하자 조공(조조)의 군대가 패퇴해 강북으로 후퇴했다"라는 기록이 있어 조조가 백만 대군과 배들을 모두 잃어서가 아니라 당시 조조의 군영에 심한 역병이 돌고 있어 어쩔 수 없이 퇴각했음을 알 수 있다. "삼국지 적벽대전, 백만대군과 동남풍은 없었다", 「스카이데일리」, 2014.6.22., http://www.skyedaily.com/news/news_view.html?ID=19960; "역병 때문인가 화공 때문인가? 조조의 패배", 「제이누리」, 2016.4.26., http://www.jnuri.net/news/articleView.html?idxno=28127; "(박영서 칼럼) 우한폐렴과 적벽대전", 「디지털타임스」, 2020.1.28., http://www.dt.co.kr/contents.html?article_no=202001290210 2269061001.

22   『로마제국 쇠망사』, 에드워드 기번, 강석승 옮김, 동서문화사, 2007, 180~248쪽을 참고하라.

23   William McNeil, *Plagues and People*, New York: Anchor, 2010, pp.131-136.

24   Jared Diamond, *Guns, Germs, ad Steel*(New York: Norton, 1999), pp. 210-211.

25 "코로나19는 시작에 불과, 수십만 개 바이러스가 기다린다", 「조선비즈」, 2020.4.8., https://biz.chosun.com/site/data/html_dir/2020/04/08/ 2020 040804004.html.

26 Martin Wolf, "The World Economy Is Now Collapsing," *Financial Times*, April 15, 2020.

27 "OECD World Economic Outlook June 2020: World Economy on a Tight Rope", http://www.oecd.org/economic-outlook/june-2020/; "OECD, 한국 성장률 전망 −0.8%로 상향 조정⋯37개국 중 1위", 「연합뉴스」, 2020.8.11., https://m.yna.co.kr/view/AKR20200811085500002.

28 "사상 최악의 성적표 받은 세계경제⋯3분기 회복도 '불안'", 「연합뉴스」, 2020.7.31., https://www.yna.co.kr/view/AKR20200731004000072; "한국 경제성장률 OECD 2위⋯'과거 경제위기보다 회복 빨라'", 「아주경제」, 2020. 8.2., https://www.ajunews.com/view/20200802105312117.

29 출처: IMF, World Economic Outlook Update, Jan. 2021.

30 "코로나19가 드리운 대공황의 그림자⋯세계경제, 최악의 실업대란 직면", 「동 아일보」, 2020.4.5., https://www.donga.com/news/article/all/20200405/ 100504653/1.

31 고보현, "밀레니얼세대 잔혹사⋯졸업땐 금융위기, 코로나로 실직", 「매일경 제」, 2020.8.10., https://mk.co.kr/news/world/view/2020/08/821044/.

32 "'코로나發 고용절벽' 취업자 5개월째 감소⋯IMF 이후 최고", 「뉴데일리」, 2020.8.12., http://biz.newdaily.co.kr/site/data/html/2020/08/12/ 202008 1200041.html.

33 "[코로나에 갇힌 200일] 여행사 줄폐업·항공은 줄휴업⋯유통업계도 '급 랭'", 「Monery S」, 2020.8.5., https://moneys.mt.co.kr/news/mwView. php?no=2020080418128055182; "[Post Corona, First Korea!]⑨ 여행·항 공업계 출구 없는 위기⋯자구책 효과 없어", 「아주경제」, 2020.6.24., https:// www.ajunews.com/view/20200622103354362; 오은선. "사회적 거리두 기 2차 확산에 3분기 경기반등론 '비상등'", 「파이낸셜뉴스」, 2020.8.16., https://www.fnnews.com/news/202008161625558795.

34 "제조업 고용 악화 갈수록 '심각'⋯대량 실업 우려도", 「이투데이」, 2020.8.17., https://www.etoday.co.kr/news/view/1930023; "코로나에 2분기 제 조업 국내공급 4.6%↓⋯약 2년 만에 최대 감소", 「연합뉴스」, 2020.8.7.,

https://www.yna.co.kr/view/AKR20200807052500002?input=1195m; "수출로 먹고 사는 한국인데…'…韓 수출 여전히 '정체', '코로나 등 대외 리스크 취약'", 「뉴스워치」, 2020.8.12., http://www.newswatch.kr/news/articleView.html ?idxno=50462.

35 한국금융연구원, "코로나19 위기에 대한 미국, 유럽 정책당국의 대응과 향후 과제", 「금융브리프」 29권 11호, 2020.6. 6., https://eiec.kdi.re.kr/policy/domesticView.do?ac=0000152716; "뉴욕시 코로나19 피해 기업에 무이자 대출", 「중앙일보」, 2020.3.11., http://www.koreadaily.com/news/read.asp?art_id=8108467; "美, 항공·운송에 39.4兆 보조금…獨은 무제한 대출", 「서울경제」, 2020.4.3., https://www.sedaily.com/NewsView/1Z1BZJIZW3.

36 "英 기준금리 0.1%로 인하…294조 원 규모 양적 완화도", 「서울경제」, 2020.3. 20., https://www.sedaily.com/NewsVIew/1Z09TRE8Z7.

37 Rachel Siege, "Fed Chief: New Surge in Cases Is Beginning to Weigh on the Economy," *The Washington Post*, Jul. 30, 2020, https://www.washingtonpost.com/business/2020/07/29/powell-fed-economy/.

38 "'코로나 부도' 쓰나미 온다…6개국 디폴트 선언, 미국도 위험", 「중앙일보」, 2020.11.22., https://news.joins.com/article/23926864.

39 "코로나19 이후 글로벌경제 회복 5가지 시나리오", 「연합뉴스」, 2020.4.2., https://www.yna.co.kr/view/AKR20200402095300009; Simon Kennedy and Michelle Jamrisko, "V, L or 'Nike Swoosh'? Economists Debate Shape of Global Recovery," *Bloomberg*, Apr. 2, 2020, https://www.bloomberg.com/news/articles/2020-04-02/economists-debate-shape-of-a-global-recovery-after-coronavirus.

40 "미 홈리스 재앙 오나…'2300만 명 거리로 내몰릴 위기'", 「연합뉴스」, 2020.8.6., https://www.yna.co.kr/view/AKR20200806081600009?input=1195m.

41 Zia Qureshi, "Tackling the inequality pandemic: Is there a cure?," *Brookings*. Nov. 17, 2020. https://www.brookings.edu/research/tackling-the-inequality-pandemic-is-there-a-cure/.

42 "우리가 알던 세상은 끝났다…'포스트 코로나' 3가지가 바뀐다", 「머니투데이」, 2020.4.14., https://news.mt.co.kr/mtview.php?no= 20200 414100532 20416.

43 Fernanda Staniscuaski et al., "Impact of COVID-19 on Academic Mothers," *Science*, Vol. 368, Issue 6492, p.724, https://science.science mag.org/content/368/6492/724.1.

44 Yuval Noah Harari, "The World After Coronavirus," *The Financial Times*, Mar. 20, 2020, https://www.ft.com/content/19d90308-6858-11ea-a3c9-1fe6fedcca75.

45 "(코로나TALK-12) Small World!, 코로나도 네트워크 문제였어! _장덕진 교수", https://youtu.be/t8wV3gvIT0o.

46 Paul Bischoff, "Surveillance Camera Satistics: Which Cities Have the Most CCTV Cameras?," *comparitech*, Jul. 22, 2020, https://www.compari tech.com/vpn-privacy/the-worlds-most-surveilled-cities/.

47 Sheri Berman, "Crises Only Sometime Lead to Change, Here's Why" *Foreign Policy*, Jul. 4, 2020, https://foreignpolicy.com/2020/07/04/coronavirus-crisis-turning-point-change/.

48 Francis Fukuyama, "The Pandemic and Political Order: It Takes a State," *Foreign Affairs*, Jul./Aug. 2020, https://www.foreignaffairs.com/articles/world/2020-06-09/pandemic-and-political-order.

49 사회계약이란 장자크 루소(Jean-Jacques Rousseau, 1712~1778)의 『사회계약론』(1762)」에 등장한 개념으로, 사회적 실재의 뿌리를 '계약'으로 보는 것이다. 모든 사회적 거래는 동일한 사회 내에 속한 개인들 사이에서 같은 공동체에 소속되어 일정하게 지정된 권위에 복종하기로 하는 최초의 합의에 바탕을 두고 있다는 근본적인 직관에 그 핵심을 두고 있다. 이호선, "헌정질서상의 정의와 사회계약론," 「법학논총」, 30(3), 2008, 359쪽.

50 John Arthers, "How Coronavirus Is Shaking the Moral Universe," *Bloomberg News*, Mar. 29, 2020, https://www.bloombergquint.com/business/coronavirus-pandemic-puts-moral-philosophy-to-the-test.

51 Rawls, J., *A Theory of Justice*, 1971(국내 출간 『정의론』, 존 롤스, 황경식 옮김, 이학사, 2003).

52 John Arthers, "How Coronavirus Is Shaking the Moral Universe," *Bloomberg News*, Mar. 29, 2020.

53 "코로나 유행시대…노인을 위한 나라는 없다", MBC News, 2020.9.3.

54 "'집단면역' 시도하던 스웨덴, 이웃 나라에 의료 도움받아야 할 판", 「경향신

문」, 2020.12.14, http://news.khan.co.kr/kh_news/khan_art_view.html?a
rtid=202012141637001&code=970205.

55   인도 뭄바이 빈민촌의 경우, 인도 정부의 특별한 조치 없이 자연적으로 코로
나19에 대한 집단면역이 생겨 희생자가 더는 나오지 않고 있다고 한다. 따
라서 공리주의 접근의 타당성 여부는 시간을 두고 평가해야 할 것 같다. "빈
민가의 기적, 인도 뭄바이서 코로나 집단면역 도달", 「뉴스1」, 2020.7.30.,
https://www.news1.kr/articles/?4011204.

56   John Locke, *Two Treatises of Government,* edited by Peter Laslett(New
York: Cambridge University Press), 1988(1960)(국내 출간 『통치론』, 존
로크, 강정인·문지영 옮김, 까치, 1996).

57   Rand, A., *The Fountainhead*(New York: Penguin Books, 1971); A. Rand,
Atlas shrugged(New York: Plume, 1999).

58   J. Rawls, *A Theory of Justice*, 1971.

59   R. Nozick, *Anarchy, State, and Utopia*(New York: Basic Books, 1974).

60   F. A. Hayek, *The Road to Serfdom*(Chicago: University of Chicago Press,
1994).

61   "아직도 코로나 무서운 줄 모르는 미국 축제 상황," 「국민일보」, 2020.8.9.,
http://m.kmib.co.kr/view.asp?arcid=0014890854&code=61131111&sid1=
int.

62   "'한국 방역, 극도의 감시 덕분'…佛매체 기고에 韓대사관 발칵", 「중앙일보」,
2020.4.11., https://news.joins.com/article/23752342.

63   M. J. Sandel, *Liberalism and the Limits of Justice*, 1982.

64   Amitai Etzioni, *The Spirit of Community: Rghts, Responsibilities, and the
Communitarian Aenda*(New York: Crown Publishers, 1993); Amitai
Etzioni, *The New Golden Rule: Community And Morality In A Democratic
Society*(New York: Basic Books, 1996); Amitai Etzioni, *The Common
Good*(Cambridge: Polity Press, 2004).

65   토머스 프리드먼과의 대담. Thomas Friedman, "Finding the 'Common
Goods' in a Pandemic," *The New York Times*, Mar. 24, 2020, https://
www.nytimes.com/2020/03/24/opinion/covid-ethics-politics.html.

66   조영남, "중국은 어떻게 코로나19를 통제했는가?", 서울대 국제학연구소
「Issue Brief」, No. 2020-01(2020.7.).

67 "日 감염자 1만 명…묻지 않고 순응하는 日 사회가 부른 국가 위기", 「중앙일보」, 2020.4.19., https://news.joins.com/article/23757576.

68 "하버드大 조사 보고서, '중국 국민, 대정부 만족도 93.1%'", 「인민망」 한국어판, 2020.7.17., http://kr.people.com.cn/n3/2020/0717/c208059-9711589. html.

69 "'코로나19 사망' 세계 두 번째 이탈리아…국민 60% '정부 잘 대처'", 「매일경제」, 2020.4.29., https://www.mk.co.kr/news/world/view/2020/04/4469 10/; "獨 메르켈 지지율 79% 伊 콘테 71%…코로나가 그들을 띄웠다", 「중앙일보」, 2020.4.16., https://news.joins.com/article/23756090.

70 "'무기력한 아베'…일본 내 비판 여론 최고조", 「한겨레」, 2020.8.10., http://www.hani.co.kr/arti/international/japan/957188.html.

71 "日 아베 내각 지지율 32%까지 곤두박질, 코로나 대책 60% 평가 못해", 「한국면세뉴스」, 2020.8.15., http://www.kdfnews.com/news/articleView. html?idxno=53359.

72 "잘나가던 3色 '매드맨 리더십'…'코로나'에 민낯을 드러내다", 「문화일보」, 2020.7.6., http://www.munhwa.com/news/view.html?no=202007060103 1739274001.

73 Slavoj Žižek, *COVID-19 Shakes the World*(London: Polity Press, 2020).

2장 코로나19와 국제 정치 변화의 동학

1 Peter S. Goodman, "A Global Outbreak Is Fueling the Backlash to Globalization," *The New York Times*, Mar. 5, 2020, https://www.nytimes. com/2020/03/05/business/coronavirus-globalism.html.

2 국립외교원도 최근에 코로나 사태가 국제정치에 미치는 영향을 다룬 보고서를 출판했다. 『코로나 이후 국제 정세』, 국립외교원 외교안보연구소 편, 국립외교원, 2020.

3 Edward Azar and Chung-in Moon(eds.), *National Security in the Third World: The Management of Internal and External Threats*(London: Edward Elgar Press, 1988).

4 Dennis Pirages and Theresa DeGeest, *Ecological Security*(Lanham: Rowman and Littlefield, 2003), ch. 2.

5 Lisa Monaco, "Pandemic Disease Is a Threat to National Security,"

Foreign Affairs, Mar. 3, 2020, https://www.foreignaffairs.com/articles/ 2020-03-03/pandemic-disease-threat-national-security.

6　필립 레이 마리, "국방의 영역이 된 전염병 퇴치", 「르몽드디플로마티크」, 2021 년 2월 호.

7　"기온 0.5도 오르면 난민 1억…한국이 첫 위기국 될 가능성", 「중앙일보」, 2020.8. 15., https://news.joins.com/article/23849423.

8　『2050년 거주불능 지구』, 데이비드 월러스 웰즈, 김재경 옮김, 추수밭, 2020.

9　Gareth Evans and Chung-in Moon, "Remembering Hiroshima and Nagasaki," *The Japan Times*, Aug. 5, 2020, https://www.japantimes.co.jp/ opinion/2020/08/05/commentary/japan-commentary/remembering-hiroshima-nagasaki/.

10　Sadako N. Ogata, *Defiance in Manchuria-The Making of Japanese Foreign Policy*(Berkeley: University of California Press, 1964), pp.20-73.

11　Barry Posen, "Do Pandemics Promote Peace?," *Foreign Affairs*, Apr. 23, 2020, https://www.foreignaffairs.com/articles/china/2020-04-23/do-pandemics-promote-peace.

12　이는 아우구스티누스(Augustine of Hippo)의 정의로운 전쟁론과 맥을 같 이한다. 아우구스티누스는 정통성을 가진 권위 있는 행위자가 올바른 목적 과 의도를 가지고 전쟁의 승산이 있을 때 행하는 것이 정의로운 전쟁이라고 주장했다. 이 밖에도 전쟁은 최후의 수단이어야 하며, 전쟁의 이익이 손실 보다 커야 한다는 것을 정의로운 전쟁의 조건으로 내걸었다. https://en.m. wikipedia.org/wiki/Just_war_theory.

13　"김여정 '분노의 삐라 담화' 전문…'쓰레기들이 무엄하게 최고존엄 건드 렸다'", 「조선비즈」, 2020.6.4., https://biz.chosun.com/site/data/html_ dir/2020/06/04/2020060403048.html.

14　"[전문] 北 인민군 총참모부, 금강산·개성공단 병력 배치 공식화 '공화국 주 권지역'", 「뉴스핌」, 2020.6.17., https://www.newspim.com/news/view/20 200617000232.

15　"[단독] 3차 추경 위해 국방예산 7000억 또 줄인다", 「동아일보」, 2020.5.12., https://www.donga.com/news/Politics/article/all/20200512/100999727/1.

16　"군사 대국 러시아, 자존심 꺾었다…'국방비 대거 삭감'", 「아시아경제」, 2020. 9.22., https://view.asiae.co.kr/article/2020092209234530623.

17 Susan M. McMillan, "Interdependence and Conflicts," *Mershon International Studies*, 41:1(1997).

18 Stephen Walt, "Will a Global Depression Trigger Another World War?," *Foreign Policy*, May 13, 2020, https://foreignpolicy.com/2020/05/13/coronavirus-pandemic-depression-economy-world-war/.

19 Greg Cashman, *What Causes War?*(Lanham: Lexington Books, 1993), pp.145-146.

20 이라크와 아르헨티나의 두 사례는 다음을 참고하라. Jessica I. P. Weeks, *Dictators at War and Peace*(Ithaca: Cornell Univ. Press, 2014), pp.82-95, pp.107-117.

21 https://en.m.wikipedia.org/wiki/Military_Keynesianism.

22 Daniel Wirls, *Irrational Security: The Politics of Defense from Reagan to Obama*(Baltimore: The Johns Hopkins University, 2010), pp.128-167.

23 Tom Mctague, "The Pandemic's Geopolitical Aftershocks Are Coming," *The Atlantic*, May 18, 2020, https://www.theatlantic.com/international/archive/2020/05/coronavirus-pandemic-second-wave-geopolitics-instability/611668/.

24 Edward W. Said, *Orientalism*, 1979(국내 출간 『오리엔탈리즘』, 에드워드 사이드, 박홍규 옮김, 교보문고, 2007).

25 『문명론의 개략』, 후쿠자와 유키치, 임종원 옮김, 제이앤씨, 2012.

26 『서유견문: 조선 지식인 유길준 서양을 번역하다』, 유길준, 허경진 옮김, 서해문집, 2004.

27 "우리가 알던 세상은 끝났다…'포스트 코로나' 3가지가 바뀐다", 「머니투데이」, 2020.4.14., https://news.mt.co.kr/mtview.php?no=2020041410 05322 0416.

28 Benjamin M. Rowland(ed.), *Is the West in Decline*(Lanham: Lexington Books, 2016).

29 Linda Hasanuma, "We are all Chinese Now: COVID-19 and anti-Asian Racism in the United States," *The Asia-Pacific Journal*, Vol. 18: No. 14, Aug. 2020.

30 "코로나 확산으로 '아시안 혐오' 심각…조롱부터 폭력까지", 「시사위크」, 2020. 3.6., https://www.sisaweek.com/news/curationView.html?idxno= 131712.

31 Manfred Gerstenfeld, "Anti-Jewish Coronavirus Conspiracy Theories in Historical Context," *Begin-Sadat Perspective Paper* #1513, Mar. 31, 2020, https://besacenter.org/perspectives-papers/coronavirus-conspiracy-theories-jews/.

32 https://en.m.wikipedia.org/wiki/Yellow_Peril.

33 이 자료는 얼마 전까지 프랑스 주재 대사로 있었던 외교부 최종문 제2차관의 도움을 받았다.

34 일명 가쓰라-태프트 협약이다. 1905년 러일 전쟁이후 미국은 조선반도에 대한 일본의 지배권을 인정하는 한편, 일본은 필리핀에 대한 미국의 식민 지배를 인정하는 미국과 일본 간의 비밀 협약 또는 구두 양해를 지칭한다. 출처: 『한국민족문화대백과사전』, "가쓰라-태프트협약", http://encykorea. aks.ac.kr/Contents/Item/E0066158(검색 2020.8.23.).

35 대동아 공영권(大東亞共榮圈): 중일 전쟁기부터 제2차 세계대전 종전 때까지 일본이 아시아 대륙 침략을 합리화하기 위해 내세운 정치 구호. 일본은 아시아·태평양 전쟁을 '서양 제국주의 침략에 대항하여 동아시아를 지키기 위한 전쟁', 그리고 새로운 세계 질서를 수립하기 위한 전쟁이라고 주장했다. 대동아 공영권은 바로 이를 뒷받침하는 구호였다. 서구로부터 아시아 민족을 해방하고 공존공영한다는 명분이 제시되었지만, 실상은 식민지와 피점령국의 자원과 노동력을 수탈하려는 의도가 담긴 슬로건에 지나지 않았다. 결국 일제가 서구 열강을 대신하여 아시아에서 맹주가 되려 했던 꿈은 일본의 패망과 각지 민족 해방 운동의 고양 속에 무너졌다. 출처: 「우리역사넷」, "대동아 공영권", http://contents.history.go.kr/front/tg/view.do?treeId=0201&levelId=tg_004_2540&ganada=&pageUnit=10(검색 2020.8.23.).

36 플라자 합의(Plaza Accord): 1985년 9월 22일 미국의 뉴욕에 있는 플라자 호텔에서 프랑스, 독일, 일본, 미국, 영국으로 구성된 G5의 재무장관들이 외환시장 개입에 의한 달러화 강세를 시정하도록 결의한 조치. 이들은 미 달러화의 가치를 떨어뜨리고, 일본 엔화와 독일 마르크화의 가치를 높이는 데 합의했다. 그 결과 달러 가치는 급락했다. 미 달러화에 대한 엔화 환율은 235엔에서 하룻밤 새 20엔이 내렸다. 1년 뒤에는 120엔대까지 떨어졌다. 일본은 대미(對美) 무역에서 번 부(富)의 절반을 불과 1년 만에 날렸다. "〔통화전쟁 2.0〕 '플라자 합의'부터 '양적 완화'까지", 「조선비즈」, 2013.5.15., https://news.chosun.com/site/data/html_dir/2013/05/15/

2013051501793.html.

37 Samuel P. Huntington, *The Clash of Civilizations and Remaking of World Order*(New York: Simon and Schuster, 1994). (국내 출간 『문명의 충돌』, 새뮤얼 헌팅턴, 이희재 옮김, 김영사, 1997.)

38 여기서 흥미롭게 관찰해야 할 대상은 일본이다. 일본은 반중국 서구 연합에 적극적으로 참여하고 있다. 19세기 말 청나라에 대항하고 아시아의 맹주국으로 군림하기 위해 탈아입구 전략을 채택했던 것을 상기해 볼 필요가 있다.

39 "Global Leadership Is Missing in Action," *Economist*, Jun. 18, 2020.

40 "코로나19: WHO, '팬데믹' 공식 규정⋯왜 지금 팬데믹 표현 쓰나?", 「BBC News 코리아」, 2020.3.12., https://www.bbc.com/korean/news-51847678.

41 "WHO '100년에 한 번 나올 보건 위기'", KBS, 2020.8.1., http://news.kbs.co.kr/news/view.do?ncd=4507959.

42 CEPI는 국경과 관계없이 모든 인간에게 영향을 미치는 전염병에 대비하기 위해 공공, 민간, 자선단체 및 시민사회단체가 모여 만든 글로벌 파트너십이다. CEPI는 신종 감염병의 백신을 개발하고, 전염병 발생 시 사람들이 평등하게 백신에 접근할 수 있도록 협력하고자 한다. https://cepi.net/about/whoweare/.

43 Will Hurd, "Leaving the WHO Shows Poor Leadership," *The New York Times*, May 29, 2020, https://www.nytimes.com/2020/05/29/opinion/trump-who-world-health-organization.html.

44 https://corriere.it/politica/20_marzo_10/coronavirus-mille-respiratori-cina-telefonata-maio-wang-yi-faa5f50a-62b6-11ea-a693-c7191bf8b498.shtml.

45 "WHO에 수천억 원 쏟아붓는 독일, 미국 빈자리 노리나," 「중앙일보」, 2020.8.31., https://news.joins.com/article/23861181.

46 "권준욱 '일부 선진국 백신 사재기 아쉬워'⋯WHO에 개입·중재 거듭 촉구", 「뉴스1」, 2020.8.1., https://www.news1.kr/articles/?4013613.

47 "독일 제약사 코로나19 백신 독점하려던 트럼프, 여론에 뭇매", 「한겨레」, 2020.3.16., http://www.hani.co.kr/arti/international/america/932749.html.

48 "코로나 백신 출시 전 입도선매⋯미국, 9조 원대 사재기", JTBC, 2020.8.1., http://news.jtbc.joins.com/html/518/NB11962518.html.

49 Thomas J. Bollyky and Chad Bown, "The Tragedy of Vaccine

Nationalism—Only Cooperation Ends the Pandemic," *Foreign Affairs*, Jul. 29, 2020, https://www.foreignaffairs.com/articles/united-states/2020-07-27/vaccine-nationalism-pandemic.

50 MBC 뉴스, 2021년 1월 16일.

51 "빌 게이츠 '코로나19 백신, 전 세계적으로 70억 회분 이상 필요'", 「경향신문」, 2020.7.23., http://news.khan.co.kr/kh_news/khan_art_view.html?art_id=202007232041025.

52 "손정의 '100만 명 코로나19 검사 무상제공' 의사 철회", 「연합뉴스」, 2020.3.12., https://www.yna.co.kr/view/AKR20200312049000073.

53 "마윈이 보내온 일본산 마스크", 「한국경제」, 2020.3.12., https://www.hankyung.com/society/article/2020031272141.

54 Raymond Vernon, *Sovereignty at Bay: The Multinational Spread of U.S. Enterprises*(New York: Basic Books, 1971).

55 Kenichi Ohmae, *The Borderless World*(New York: HarperBusiness, 1990).

56 Thomas Friedman, *The World Is Flat*(New York: Picador, 2007). (국내 출간 『세계는 평평하다』, 토머스 프리드먼, 김상철·이윤섭 옮김, 창해, 2005.)

57 "현대기아차 10일 전면 생산중단…중국 부품조달 아직 불안정", 「연합뉴스」, 2020.2.9., https://www.yna.co.kr/view/AKR20200208034600003.

58 "신종 코로나가 '글로벌 공급망' 끊었다…애플 출시도 '지장'", 「뉴스핌」, 2020.2.6., https://www.newspim.com/news/view/20200206001374.

59 Henry Farrell and Abraham Newman, "Will the Coronavirus End Globalization as We Know It? The Pandemic Is Exposing Market Vulnerabilities No One Knew Existed," *Foreign Affairs*, Mar. 16, 2020, https://www.foreignaffairs.com/articles/2020-03-16/will-coronavirus-end-globalization-we-know-it.

60 Peter S. Goodman. "A Global Outbreak Is Fueling the Backlash to Globalization". *The New York Times*, Mar. 5, 2020, https://www.nytimes.com/2020/03/05/business/coronavirus-globalism.html.

61 Stephen Walt, "The Realist's Guide to the Coronavirus Outbreak: Globalization is Heading for the ICU, and Other Foreign-policy Insights into the Nature of the Growing International Crisis," *Foreign Policy*, Mar. 9, 2020, https://foreignpolicy.com/2020/03/09/coronavirus-

economy-globalization-virus-icu-realism/.

62 Ruchir Sharma, "The Pandemic Isn't Changing Everything," *The New York Times*, May 3, 2020, https://www.nytimes.com/2020/05/03/opinion/coronavirus-economy-nationalism.html.

63 Ross Douthat, "The End of the New World Order," *The New York Times*, May 23, 2020, https://www.nytimes.com/2020/05/23/opinion/sunday/the-end-of-the-new-world-order.html.

64 Thomas Kuhn, *Structure of Scientific Revolutions*(Chicago: University of Chicago Press, 1970). (국내 출간 『과학혁명의 구조』, 토머스 쿤, 김명자·홍성욱 옮김, 까치글방, 2013.)

65 월트는 코로나 사태가 현실주의 접근의 승리라고 규정한다. Stephen Walt, "The Realist's Guide to the Coronavirus Outbreak: Globalization is Heading for the ICU, and Other Foreign-policy Insights into the Nature of the Growing International Crisis," *Foreign Policy*, Mar. 9, 2020. 그러나 반론도 만만치 않다. Seth Johnston, "The Pandemics and the Limits of Realism," *Foreign Policy*, Jun. 24, 2020, https://foreignpolicy.com/2020/06/24/coronavirus-pandemic-realism-limited-international-relations-theory/; Francis A. Beer and Robert Harriman, "Nature Plays Last: Realism, Post-realism, Post-pandemic," *E-International Relations*, Jun. 7, 2020, https://www.e-ir.info/2020/06/07/nature-plays-last-realism-post-realism-post-pandemic/.

66 이 세 가지 이론의 개괄적 소개서로 존 베일리스 등이 편저한 『세계정치론』(을유문화사, 2006)을 추천한다.

67 Edward H. Carr, *The Twenty Years' Crisis 1919-1939*(New York: Harper Torchbooks, 1964), pp.63-88.

68 현실주의에는 여러 분파가 있다. 고전적 현실주의는 Hans Morgenthau, *Politics among Nations*(New York: Knopf, 1960), 신고전적 현실주의는 Kenneth Waltz, *Theory of International Politics*(Reading, MA: Addison-Wesley, 1979), 그리고 공세적 현실주의는 John Mearsheimer, *The Tragedy of Great Power Politics*(New York: Norton, 2001)을 참고하라. (국내 출간 『국가 간의 정치』, 한스 모겐소, 엄태아·이호재 옮김, 김영사, 2014; 『국제정

치이론』, 케네스 월츠, 박건영 옮김, 사회평론, 2000; 『강대국 국제정치의 비
극』, 존 미어샤이머, 이춘근 옮김, 나남출판, 2004.)

69   John Mearsheimer, *The Tragedy of Great Power Politics*(New York: Norton, 2001).

70   Walt, S. M., *The Origins of Alliances*(Ithaca: Cornell University Press, 1987). (국내 출간 『동맹의 기원』, 스티븐 월트, 박민형·김성아 옮김, 국방대학교 국가안전보장연구소, 2016.)

71   자유주의도 여러 분파가 있다. Michael Doyle, *Ways of Peace, Ways of War* (New York: Norton, 1997), pp.205-200을 참고하라.

72   John Burton, *World Society*(Cambridge: Cambridge University Press, 1972).

73   Robert Koehane and Joseph Nye Jr., *Power and Interdependence*(Boston: Little, Brown, 1977).

74   Alex Wendt, *Social Theory of International Politics*(Cambridge: Cambrdige University Press, 1999); Peter Katzenstein, ed., *The Culture of National Security: Norms and Identity in World Politics*(New York: Columbia University Press, 1996).

75   Richard Ned Lebow, *Cultural Theory of International Relations* (Cambridge: Cambridge University Press, 2008), pp.66-88.

76   Richard Ned Lebow, *Why Nations Fight*(Cambridge: Cambridge University Press, 2010), pp.113-114.

77   Chung-in Moon and Ildo Hwang, "Identity, Supreme Dignity, and North Korea's External Behavior: A Cultural/Ideational Perspective," *Korea Observer* Vol. 45 No. 1(2014), pp.1-37.

3장 포스트 코로나 시대의 세계 질서: 5가지 미래 시나리오

1   John Allen, "How the World Will Look after the Coronavirus Pandemic," *Foreign Policy*, Mar. 20, 2020, https://foreignpolicy.com/2020/03/20/world-order-after-coroanvirus-pandemic/.

2   언급한 기관들이 코로나19를 중점적으로 다룬 링크는 다음과 같다.
브루킹스 연구소: https://www.brookings.edu/topic/coronavirus-covid19/.

애틀랜틱 카운실: https://www.atlanticcouncil.org/issue/coronavirus/.
국제전략문제연구소: https://www.csis.org/tags/covid-19.
카네기 평화재단: https://carnegieendowment.org/specialprojects/coronavirus/.
포린어페어스: https://www.foreignaffairs.com/tags/coronavirus.
포린폴리시: https://globalresponseindex.foreignpolicy.com/?_ga=2.910
06610.904706662.1602217454-463747166.1598110380.
애틀랜틱: https://www.theatlantic.com/category/coronavirus-covid-19/.

3   Mathew J. Burrows and Peter Engelke, "What world post-COVID-19? Three Scenarios," *Atlantic Council*, Jul. 7, 2020, https://www.atlanticcouncil. org/content-series/shaping-post-covid-world-together/what-world-post-covid-19-three-scenarios/.

4   Michael J. Green, "Geopolitical Scenarios for Asia after Covid-19," *CSIS*, Mar. 31, 2020, https://www.csis.org/analysis/geopolitical-scenarios-asia-after-covid-19.

5   Chung-in Moon, "The Age of Uncertainty: Reflections on Post-Covid-19 World Order and the Future of Korea," *Jeju Forum Journal*, Vol.1(Sep. 2020), http://jpi.or.kr/wp-content/uploads/2020/09/jfj1a1n.pdf.

6   일반적으로는 이 가운데 세 가지 시나리오를 제시하고 있다.

1) 현상 유지: Jeffrey Cimmino, Matthew Kroenig, and Barry Pavel, "Taking Stock: Where Are Geopolitics Headed in the COVID-19 Era?," *Atlantic Council*, Jun. 1, 2020, https://www.atlanticcouncil.org/in-depth-research- reports/issue-brief/taking-stock-where-are-geopolitics-headed-in-the-covid-19-era/; Carnegie, Evan Feigenbaum on China, Ch. 3 (status quo) and 4, https://carnegieendowment.org/ 2020/09/09/asia-s-future-beyond-u.s.-china-competition-pub-82503.

2) 팍스 아메리카나: Michael Green and Evan S. Medeiros, "The Pandemic Won't Make China the World's Leader," *Foreign Affairs*, Apr. 15, 2020, https://www.foreignaffairs.com/articles/united-states/2020-04-15/pandemic-wont-make-china-worlds-leader.

3) 팍스 시니카: Michael J. Green, "Geopolitical Scenarios for Asia after Covid-19", *CSIS*, Mar. 31, 2020, https://www.csis.org/analysis/

geopolitical-scenariosasia-after-covid-19.

7   Stanley Hoffman(ed.), *Conditions of World Order*(New York: Clarion Book, 1970), pp.1-2.

8   Richard Falk, Samuel Kim, and Saul Mendlovitz, *The UN and a Just World Order*(Boulder; Westview Press, 1991).

9   통상적으로 국제 질서는 국가 간의 관계를 규정하는 한편, 세계 질서는 개인, 국가, 국제기구, 비국가적 행위자 등 모든 행위자의 관계를 규정한다. 그러나 여기서는 세계 질서와 국제 질서를 혼용하고 있다.

10 Mutiah Alagappa, *Asian Security Order* (Stanford: Stanford Univ. Press, 2003), p.39.

11 앞의 책, pp.4-52.

12 Henry Kissinger, *World Order*(New York: Penguin Books, 2014), pp.49-95; Hans Morgenthau, *Politics among Nations*(New York: McGraw Hills, 1993), pp.183-214.

13 David A. Lake, *Hierarchy in International Relations*(Ithaca: Cornell University Press, 2009).

14 John Ikenberry, *After Victory*, pp.117-162.

15 여기서 집단안보 시스템과 집단방위(collective defense) 시스템을 구분할 필요가 있다. 집단안보란 모든 국가가 하나의 안보 공동체를 구성하고 그 구성원 중 한 국가가 다른 국가를 침략할 때 안보 공동체의 모든 구성원이 그 침략국에 집단적 응징을 가하는 것으로 유엔헌장의 기본 규범이 되고 있다. 북한이 남침한 6·25 당시 16개 유엔 회원국이 참전한 것도 이 규범에 따른 것이다. 반면에 집단방위란 공동의 위협에 처한 국가들이 군사동맹을 결성하여 대처하는 것으로 NATO가 대표적인 예다. 집단안보는 비배타성을, 집단방위는 배타성을 전제로 한다.

16 John Ikenberry, *After Victory*, pp.163-212.

17 Henry Kissinger, *A World Restored: Metternich, Castlereagh and the Problems of Peace 1821-1822*(New York: Friedland, 2017).

18 John K. Fairbank, Edwin O. Reischauer, and Albert M. Graig, *East Asia: Tradition and Transformation*(Boston: Houghton Mifflin, 1989), pp.195-204; David C. Kang, *East Asia before the West*(Columbia Univ. Press, 2010); Fei-ling Wang, *The China Order: Centralia, World Empire, and the*

Nature of Chinese Power(Albany: State University of New York, 2017), p.4.

19 Henry Kissinger, *On China*(New York: Penguin Book, 2011), pp.18-22. (국내 출간『헨리 키신저의 중국 이야기』, 헨리 키신저, 권기대 옮김, 민음사, 2012.)

20 Takeshi Hamashita, "The Intra-Regional System in East Asia in Modern Times" in Peter Katzenstein and Takashi Shiraishi(eds.), *Network Power: Japan and Asia*(Ithaca: Cornell University Press, 1997), pp.113-135.

21 문정인,「이슬람의 평화사상」,『21세기 평화학』, 하영선 편, 풀빛, 2002.

22 Henry Kissinger, *World Order*, pp.9-10.

23 Jacek Kugler and A. F. K. Organski, "The Power Transition: A Retro-spective and Prospective Evaluation," in Manus Midlarsky(ed.), *Handbook of War Studies*(Boston: Unwin Hyman, 1989), pp.171-194; 김우상, "세력전이와 동아시아 안보질서에 관한 경험적 연구",「한국정치학회보」, 35(4), 2000, 377~394쪽.

24 Henry Kissinger, *World Order*, pp.82-86.

25 Robert Keohane, *After Hegemony*(Princeton: Princeton University Press, 1984).

26 Joseph Nye Jr., "No, the Coronavirus Will Not Change the Global Order," *Foreign Policy*, Apr. 16, 2020, https://foreignpolicy.com/2020/04/16/coronavirus-pandemic-china-united-states-power-competition/.

27 Richard Haass, "The Pandemic Will Accelerate History Rather Than Reshape It," *Foreign Affairs*, Apr. 7, 2020, https://www.foreignaffairs.com/articles/united-states/2020-04-07/pandemic-will-accelerate-history-rather-reshape-it.

28 2020년 뮌헨안보회의에서 폼페이오 국무장관과 에스퍼 국방장관이 발언한 내용을 참조하라. Feb. 19, 2020, https://lu.usembassy.gov/secretary-pompeo-and-secretary- esper-speak-at-munich-security-conference-2020/.

29 Bruce Jones, "The New Geopolitics," *Brookings*, Nov. 28, 2017, https://www.brookings.edu/blog/order-from-chaos/2017/11/28/the-new-geopolitics/; Tunsjø Øystein, *The Return of Bipolarity in World Politics: China, the United States and Geostructural Realism*(New York: Columbia

University Press, 2018).

30 일반적으로 극(polarity)은 핵무기를 가진 국가의 숫자를 뜻한다. 한 국가만 핵을 가지면 일극체제, 두 국가가 가지면 양극체제, 두 국가 이상이 가지면 다극체제라고 부른다. 그러나 현재는 총체적 국력을 기초로 극 개념을 설명하고 있다.

31 "Number of Military and DOD Appropriated Fund (APF) Civilian Personnel Permanently Assigned By Duty Location and Service/ Component (as of June 30, 2020)," Defense Manpower Data Center, Aug. 7, 2020.

32 "중국 경제, 2030년 美 추월…2050년엔 美 패권 종지부", 「중앙일보」, 2020. 8.23., https://news.joins.com/article/23854466.

33 『2019 국방과학 기술조사서』, 국방기술품질원, 2019.12.

34 환태평양경제동반자협정(Trans-Pacific Strategic Economic Partnership, TPP)은 아·태 지역 12개국 간에 상품 및 서비스 교역의 자유화뿐 아니라 비관세 분야 등을 대상으로 하는 광범위한 자유무역 협정이다. 2014년 7월 현재 미국·호주·뉴질랜드·캐나다·멕시코·칠레·페루·싱가포르·말레이시아·베트남·브루나이·일본이 TPP 협상에 참여하고 있다. TPP는 전 세계 GDP의 38%, 전 세계 무역의 26%를 차지하는 거대 경제권이다. 유럽연합은 전 세계 GDP의 23%, 역내포괄적경제동반자협정(RCEP)은 전 세계 GDP의 30%의 비중을 차지하고 있다. 출처: 김준동, "TPP(환태평양경제동반자협정)를 말하다!", KDI 경제정보센터, 2014.9.1., https://eiec.kdi.re.kr/material/clickView.do?click_yymm=201512&cidx=2226.

35 중국 공산당 기관지 「인민일보」 2020년 8월 25일. 2020년 7월 23일 미 폼페이오 국무장관의 닉슨 기념관 연설에 대한 반박이 자세히 담겨 있다. "Fact check: Pompeo's fact-twisting China speech versus the truth," *People's Daily Online*, Aug. 25, 2020, http://en.people.cn/n3/2020/0825/c90000-9738008.html.

36 Asia-Pacific Economic Cooperation, APEC. 아시아·태평양 지역의 지속 가능한 경제 발전과 번영을 도모하기 위해 구성된 역내 각료들의 최고 협의 기구. 무역 및 투자의 자유화, 지역경제 통합 촉진, 경제적·기술적 협력, 역내 복지 증진, 우호적·지속적 기업 환경 조성을 통해 아시아·태평양 지역 내 국가들의 역동적이고 조화로운 공동체 형성을 꾀하

고 있다. (출처: KDI 경제정보센터 『시사용어사전』, "APEC", https://eiec.
kdi.re.kr/material/wordDic.do?stype=all&skey=%EC%95%84%EC%
8B%9C%EC%95%84-%ED%83%9C%ED%8F%89%EC%96%91%20
%EA%B2%BD%EC%A0%9C%ED%98%91%EB%A0%A5%20
%EA%B0%81%EB%A3%8C%ED%9A%8C%EC%9D%98 (검색 2020.10.
10.) 더 자세한 내용은 APEC 공식 홈페이지에서 확인할 수 있다(https://
www.apec.org/).

37 Schengen Acquis. 셍겐조약은 유럽 지역 26개 국가가 여행과 통행의 편의
를 위해 체결한 협약으로서, 가입국을 여행할 때는 마치 국경이 없는 한 국
가를 여행하는 것처럼 자유로이 이동할 수 있다. (출처: 외교부 해외안전여
행 홈페이지, https://www.0404.go.kr/consulate/visa_treaty.jsp.)

38 Henry Kissinger, *On China*(New York: Penguin Book, 2011), pp.527-
530.

39 Henry Kissinger, "The Coronavirus Pandemic Will Forever Alter the
World Order," *The Wall Street Journal*, Apr. 3, 2020, https://www.wsj.
com/articles/the-coronavirus-pandemic-will-forever-alter-the-
world-order-11585953005?mod=searchresults&page=1&pos=2.

40 다른 국가의 경제를 희생시키면서, 즉 궁핍하게 만들면서 자국의 경기회복
을 도모하려는 경제정책으로, 영국의 경제학자 J. V 로빈슨이 명명한 용어다.
'Beggar-my-neighbor'는 '상대방의 카드를 전부 빼앗아 온다'는 트럼프 용
어에서 유래한 것으로, 세계경제가 전체적으로 침체되어 어려움을 겪을 때
흔히 행해진다. 예컨대 이 정책을 시행하는 국가는 무역 상대국으로부터 수
입을 줄이고 대신 자국의 수출량을 늘림으로써 자국의 경기를 부흥시키고
자 한다. 이를 위해 환율 인상, 임금 인하, 수출보조금 지급, 관세율 인상 등
이 대표적 수단으로 사용된다. (출처: 『시사상식사전』(pmg 지식엔진연구소),
"근린 궁핍화 정책", https://terms.naver.com/entry.nhn?docId=929649&ci
d=43667&categoryId=43667.)

41 Thomas Wright, "Stretching the International Order to Its Beaking
Point", *Brookings*, Apr. 6, 2020, https://www.brookings.edu/blog/order-
from-chaos/2020/04/06/stretching-the-international-order-to-its-
breaking-point/.

42 Mireya Solis, "The Post COVID-19 World: Economic Nationalism

Triumphant?," *Brookings*, Jul. 10, 2020, https://www.brookings.edu/blog/order-from-chaos/2020/07/10/the-post-covid-19-world-economic-nationalism-triumphant/.

43   Seth J. Frantzman, "Coronavirus Is Empowering Dictators And Changing The World Order," *National Interest*, Apr. 4, 2020, https://nationalinterest.org/feature/coronavirus-empowering-dictators-and-changing-world-order-139127?page=0%2C1.

44   예컨대 헝가리와 필리핀 정부는 위기를 이용해 비상지휘권(emergency powers)을 부여하고 민주주의와 멀어지고 있다. Francis Fukuyama, "The Pandemic and Political Order," *Foreign Affairs*, Jul./Aug. 2020, https://www.foreignaffairs.com/articles/world/2020-06-09/pandemic-and-political-order.

45   Kevin Rudd, "On America, China, and Saving the WHO," *Economist*, Apr. 15, 2020, https://www.economist.com/by-invitation/2020/04/15/kevin-rudd-on-america-china-and-saving-the-who.

46   https://cnx.org/contents/VWekHxMD@2/%E2%9C%92%EF%B8%8F-George-H-W-Bush-Address-to-the-United-Nations-General-Assembly-September-23-1991.

47   "World Leaders Adopt Declaration Promising Safer, More Resilient World for Future Generations, as General Assembly Marks United Nations Seventy-fifth Anniversary," UN75 GA/12267, Sep. 21, 2020, https://www.un.org/press/en/2020/ga12267.doc.htm.

48   Joseph Nye, *Do Morals Matter?*(Cambridge: Cambridge Univ. Press, 2020).

49   Kishore Mahbubani, "Why China and the US Must Set aside their Differences to Tackle the Coronavirus Crisis," SCMP, Mar. 13, 2020; Amitav Acharya, "How Coronavirus May Reshape the World Order," *National Interest*, Apr. 18, 2020, https://nationalinterest.org/feature/how-coronavirus-may-reshape-world-order-145972.

50   Lee Hsien-Loong, "The Endangered Asian Century," *Foreign Affairs*, Jun. 4, 2020, https://www.foreignaffairs.com/articles/asia/2020-06-04/lee-hsien-loong-endangered-asian-century/; Kevin Rudd, "The

Coming Post-COVID Anarchy," *Foreign Affairs*, May 6, 2020, https://www.foreignaffairs.com/articles/united-states/2020-05-06/coming-post-covid-anarchy.

51 Kevin Rudd, "On America, China, and Saving the WHO," *Economist*, Apr. 15, 2020, https://www.economist.com/by-invitation/2020/04/15/kevin-rudd-on-america-china-and-saving-the-who.

52 Chinmay Dandekar, "Post-Covid World Order: Globalized Cooperation," *Asia Times Financial*, May 19, 2020에서 재인용; Yubal Noah Harari, "Yuval Noah Harari: The World After Coronavirus," *Financial Times*, Mar. 20, 2020, https://www.ft.com/content/19d90308-6858-11ea-a3c9-1fe6fedcca75.

53 라틴어로 '팍스(Pax)'는 평화 또는 평화로운 세계 질서를 의미한다. 그 어원은 팍스 로마나(Pax Romana)에서 찾을 수 있다. 2세기부터 4세기 사이 로마제국은 내부는 물론이고 주변국들과도 평화로운 관계를 유지했다. 로마법에 기초한 통치를 했기 때문이다. 그다음으로는 팍스 브리타니카(Pax Britannica)를 흔히 쓴다. 이는 영국 패권에 의한 세계 평화 또는 세계 질서를 의미한다. 1815년 빈 체제 이후 1914년 제1차 세계대전이 일어날 때까지 영국은 유럽에서는 패권적 안정자의 지위를, 그리고 세계적으로는 식민지 확장을 통해 패권적 지위를 굳혔다. 무력, 외교력, 국제법, 그리고 경제적 우위를 통한 팍스 브리타니카는 제1차 세계대전 이후 미국이 새로운 패권국으로 등장할 때까지 세계 질서의 기조가 되었다.

54 G. John Ikenberry, "The Next Liberal Order," *Foreign Affairs*, Jul./Aug. 2020, https://www.foreignaffairs.com/articles/united-states/2020-06-09/next-liberal-order.

55 『다가오는 폭풍과 새로운 미국의 세기』, 조지 프리드먼, 홍지수 옮김, 김앤김 북스, 2020.

56 Joseph Nye Jr., *Do Morals Matter?*(Oxford: Oxford Univ. Press, 2020), pp. 199-201.

57 제2차 세계대전 이후 미국이 전쟁의 피해가 컸던 서유럽 16개국에 시행한 대외 원조 계획. 1947년부터 1951년까지 이뤄졌으며, 조지 마셜 당시 미 국무장관의 이름에서 따왔다. 원조 규모는 약 120억 달러였다. 당시 미국은 서유럽 경제를 재건해야 공산주의 확대를 막을 수 있다고 판단해 이 계획

을 실행했다. 미국은 이 프로그램을 자국의 경제성장을 촉진하고 위상도 강화하는 계기로 삼았다. (출처: 『한경 용어사전』, "마셜 플랜", https://terms.naver.com/entry.nhn?docId=2066596&cid=42107&categoryId=42107.)

58 M. Webb & S. Krasner, "Hegemonic Stability Theory: An Empirical Assessment," *Review of International Studies*, 15:2(1989), 183-198; Charles Kindleberger, *The world in depression, 1929-1939*(Berkeley: University of California Press, 1973).

59 G. John Ikenberry, "The Next Liberal Order," *Foreign Affairs*, Jul./Aug. 2020, https://www.foreignaffairs.com/articles/united-states/2020-06-09/next-liberal-order.

60 Joseph Nye Jr. *Do Morals Matter?*(Oxford: Oxford Univ. Press, 2020), pp.197-211. 특히 루치르 샤르마는 금융 부문의 비교우위를 지적한다. 그는 미국 달러의 압도성이 미국 경제를 회복할 수 있게 해줄 것이라고 믿는다. 그 근거로 전 세계 주식시장의 56%를 미국이 점유하고, 세계 최대 상장회사 10개 중 일곱 개가 미국 기업이고, 세계 금융의 90%가 달러 거래이고, 세계의 중앙은행 역할을 미국 연방준비은행이 하며, 대부분 국가의 외환 보유고가 달러라는 점 등을 제시한다. Ruchir Sharma, "The Comeback Nation," *Foreign Affairs*, May/Jun. 2020, https://www.foreignaffairs.com/articles/united-states/2020-03-31/comeback-nation.

61 Salvatore Barones, "In the Post-Coronavirus World, Chinese Power Is Overrated," *Foreign Policy*, Apr. 14, 2020, https://foreignpolicy.com/2020/04/14/in-the-post-coronavirus-world-dont-write-off-american-leadership/.

62 Walter Mead, "China is the Real Sick Man of Asia," *The Wall Street Journal*, Feb. 3, 2020, https://www.wsj.com/articles/china-is-the-real-sick-man-of-asia-11580773677.

63 Stephen M. Walt, "The United States Can Still Win the Coronavirus Pandemic," *Foreign Policy*, Apr. 3, 2020, https://foreignpolicy.com/2020/04/03/united-states-can-still-win-coronavirus-pandemic-power/.

64 David P. Goodman, *You Will Be Assimilated: China's Plan to Sino-Form the World*(New York: Posthill Press, 2020), ch. 4.

65 OFFICE OF THE SECRETARY OF DEFENCE(2020), "Military and

Security Developments Involving the People's Republic of China 2020," ANNUAL REPORT TO CONGRESS, https://www.defense.gov/Newsroom/Releases/Release/Article/2332126/dod-releases-2020-report-on-military-and-security-developments-involving-the-pe/.

66   G. John Ikenberry, "The Next Liberal Order," *Foreign Affairs*, Jul./Aug. 2020.

67   John Mearsheimer, *Great Delusion: Liberal Dreams and International Realities*(New Haven: Yale University Press, 2018); Patrick Porter, *False Promise of Liberal Order*(Cambridge, UK: Polity Press, 2020).

68   『한중관계사연구』, 전해종, 일조각, 1970; 『한국민족주의』, 이용희, 서문사, 1977; 『세계관 충돌의 국제정치학: 동양 禮와 서양 公法』, 김용구, 나남출판, 1997.

69   Kishore Mahbubani, *Has China Won?* (New York: Public Affairs), 2020.

70   Mark T. Esper, "As Prepared Remarks by Secretary of Defense Mark T. Esper at the Munich Security Conference," Secretary of Defense Speech, Feb. 15, 2020, https://www.defense.gov/Newsroom/Speeches/Speech/Article/2085577/as-prepared-remarks-by-secretary-of-defense-mark-t-esper-at-the-munich-security/.

71   『중국의 국가 대전략 연구』, 이희옥, 폴리테이아, 2007; 『중국의 외교전략과 국제질서』, 김재철, 폴리테이아, 2007.

72   「1장 화평굴기―중국 위협론과 붕괴론을 넘어서」(정비젠), 『중국의 내일을 묻다 : 중국 최고 지성들과의 격정토론!!』, 문정인 편, 삼성경제연구소, 2010.

73   「2장 중국굴기의 길―왕도인가 패도인가」(옌쉐퉁), 앞의 책.

74   Henry Kissinger, *On China*(New York: Penguin Book, 2011), pp.8-12.

75   "인민일보 '인류 운명 공동체' 이념 풀이", 인민망 한국어판, 2017.1.15., http://kr.people.com.cn/n3/2017/0115/c203278-9167136.html.

76   『베이징 컨센서스』, 황핑, 조슈아 쿠퍼 레이모, 존 윌리엄스, 조셉 스티글리츠, 추이즈위안, 중국사회과학원 문헌출판사, 2015. (국내 출간 『베이징 컨센서스』, 김진공·류준필 옮김, 소명출판, 2016.)

77   앞의 글, pp.7-138.

78   앞의 글, pp.139-170.

79   「중국 제조 2025 추진 성과와 시사점」, 한국무역협회, 국제무역연구원 전

략시장연구실/신성장연구실, 2019, http://iit.kita.net/newtri2/report/
iitreporter_view.jsp?sNo=1896&sClassification.

80 "동아시아 발전국가 모델과 중국 경제성장"(한석희, 2007), 전남대학교 글로
    벌디아스포라연구소 국제학술회의, 227-245; "'중국모델'에 관한 담론 연구"
    (장윤미, 2011), 「현대중국연구」, 13(1), 75-116; 「중국모델의 등장과 의미」
    (전성흥, 2008), 『중국모델론』, 전성흥 편, 부키, 2008.

81 "중국 특색의 민주주의"(조영남, 2009), 「중국과 중국학」, 10(2), 1-40.

82 Daniel A. Bell, *The China Model: Political Meritocracy and the Limits of
    Democracy*(Princeton: Princeton University Press, 2017). (국내 출간 『차
    이나 모델: 중국의 정치지도자들은 왜 유능한가?』, 서해문집, 2017.)

83 Martin Jaques, *When China Rules the World* (New York: Penguin Books,
    2009), ch. 11. (국내 출간 『중국이 세계를 지배하면』, 마틴 자크, 안세민 옮
    김, 부키, 2010.)

84 Kurt M. Campbell and Rush Doshi, "The Coronavirus Could Reshape
    Global Order," *Foreign Affairs*, Mar. 18, 2020, https://www.foreignaffairs.
    com/articles/china/2020-03-18/coronavirus-could-reshape-global-
    order; Wade Davis, "The Unraveling of America," *Rolling Stone*, Aug.
    6, 2020, https://www.rollingstone.com/politics/political-commentary/
    covid-19-end-of-american-era-wade-davis-1038206/; Stephen M.
    Walt, "How to Ruin a Superpower", *Foreign Policy*, Jul. 23, 2020, https://
    foreignpolicy.com/2020/07/23/how-to-ruin-a-superpower/.

85 "중국 2분기 경제성장률 3.2%…코로나19 후 첫 경기 반등(종합2보)", 「연합
    뉴스」, 2020.7.16., https://www.yna.co.kr/view/AKR20200716072853089.

86 Wade Davis, "The Unraveling of America," *Rolling Stone*, Aug. 6, 2020.

87 Kishore Mahbubani, "Why China and the US Must Set aside Their
    Dfferences to Tackle the Coronavirus Crisis," SCMP, Mar. 13, 2020;
    "China: Threat Or Opportunity?," *Noema Magazine*, Jun. 8, 2020,
    https://www.noemamag.com/china-threat-or-opportunity/.

88 Stephen M. Walt, "How to Ruin a Superpower", *Foreign Policy*, Jul. 23,
    2020.

89 Yan Xuetong, *Leadership and the Rise of Great Power*(Princeton:
    Princeton University Press, 2019), pp.42-47. 이 책에서 옌쉐퉁 교수는 왕

도, 패도, 강권 이외에 아네모네(변덕스러운) 리더십을 제시하고 있으나 이는 중국 사례에 해당하지 않기 때문에 제외했다.

90　"Who Runs the World?: As America Gets Tired, China Gets Busy," *Economist*, Jun. 18, 2020, https://www.economist.com/special-report/2020/06/18/who-runs-the-world.

91　Kurt M. Campbell and Rush Doshi, "The Coronavirus Could Reshape Global Order," *Foreign Affairs*, Mar. 18, 2020.

92　「일본경제신문」, 2020.8.7.

93　See special issue on China's Push for a New Global Order, *Global Asia* 15:2, Jun. 2020, www.globalasia.org.

94　https://eiuperspectives.economist.com/.

95　『2023년: 세계사 불변의 법칙』, 옌쉐퉁, 고상희 옮김, 글항아리, 2014.

96　"중국 경제, 2030년 美 추월…2050년엔 美 패권 종지부", 「중앙일보」, 2020. 8.23., https://news.joins.com/article/23854466?cloc=joongang-mhome-group4; "린이푸 '2020년까지 중국 경제 6.5% 중고속 성장 유지할 것'", 「데일리차이나」, 2018.11.16., http://m.dailychina.co.kr/2476.

97　Salvatore Babones, "China's Superpower Dreams Are Running out of Money," *Foreign Policy*, Jul. 6, 2020, https://foreignpolicy.com/2020/07/06/china-superpower-defense-technology-spending/.

98　Tai Ming Cheung, "The Chinese National Security State Emerges from the Shadows to Center Stage," *China Leadership Monitor*, Issue 65 (Fall 2020).

99　Michael Green and Evan S. Medeiros, "The Pandemic Won't Make China the World Leader," *Foreign Affairs*, Apr. 15, 2020, https://www.foreignaffairs.com/articles/united-states/2020-04-15/pandemic-wont-make-china-worlds-leader.

100　Celine Sui, "China's Racism Is Wrecking Its Success in Africa," *Foreign Policy*, Apr. 15, 2020, https://foreignpolicy.com/2020/04/15/chinas-racism-is-wrecking-its-success-in-africa/.

4장 신냉전 구도와 미중 경쟁

1　Henry Kissinger, *On China*(New York: Penguin Book, 2011), p.525.

2 .미중 관계의 다양한 미래 시나리오에 대한 워싱턴 내 논의에 대해서는 다음 문헌이 아주 유용하다. 강수정, "미중 관계 전망 시나리오 분석: 2010년대 미국의 싱크탱크들의 미래 전망 보고서를 중심으로," 「아태 연구」 27:2(2020), 5~36쪽.

3 Mike Gallagher, "Yes, America Is in a Cold War With China," *Wall Street Journal*, Jun. 7, 2020, https://www.wsj.com/articles/yes-america-is-in-a-cold-war-with-china-11591548706

4 Michael R. Pompeo, "Communist China and the Free World's Future," U.S. Department of State, Jul. 23, 2020, https://www.state.gov/communist-china-and-the-free-worlds-future/.

5 역사학자 니얼 퍼거슨과 언론인 로버트 카플란은 2019년에 이미 신냉전이 시작되었다고 진단했다. Nial Ferguson, "The New Cold War? It's with China, and It Has Already Begun," *The New York Times*, Dec. 2, 2019; Robert Kaplan, "A New Cold War Has Begun," *Foreign Policy*, Jan. 7, 2019. 반면에 세계적인 냉전사 연구가인 예일대학교의 오드 아른 베스타드 교수는 반대 입장을 취하고 있다. Odd Arne Westad, "Are Washington and Beijing Fighting a New Cold War?," *Foreign Affairs*, Sep./Oct. 2019, https://www.foreignaffairs.com/articles/china/2019-08-12/sources-chinese-conduct.

6 White House, *United States Strategic Approach to the People's Republic of China*, Washington, DC: Executive Office of the US President, May 2020.

7 National Security Council, "The Chinese Communist Party's Ideology and Global Ambitions," Jun. 26, 2020, https://www.whitehouse.gov/briefings-statements/chinese-communist-partys-ideology-global-ambitions/.

8 Christopher Wray, "The Threat Posed by the Chinese Government and the Chinese Communist Party to the Economic and National Security of the United States," Federal Bureau of Investigation, Washington, D.C., Jul. 7, 2020, https://www.fbi.gov/news/speeches/the-threat-posed-by-the-chinese-government-and-the-chinese-communist-party-to-the-economic-and-national-security-of-the-united-states.

9   William P. Barr, "Remarks on China Policy at the Gerald R. Ford Presidential Museum," U.S. Department of Justice, Jul. 16, 2020, https://www.justice.gov/opa/speech/attorney-general-william-p-barr-delivers-remarks-china-policy-gerald-r-ford-presidential.

10 미중 관계의 진전에 대한 간결한 시계열적 고찰로는 Council on Foreign Relations, "Timeline U.S. Relations with China 1949-2020"을 권한다. https://www.cfr.org/timeline/us-relations-china.

11 『프레너미』, 박한진·이우탁, 틔움출판, 2016, 29~30쪽.

12 Hal Brands and Jake Sullivan, "China Has Two Paths to Global Domination," *Foreign Policy*, May 22, 2020, https://foreignpolicy.com/2020/05/22/china-superpower-two-paths-global-domination-cold-war/.

13 Christopher Layne, "Coming Storms—The Return of Great Power War," *Foreign Affairs*, Nov./Dec., 2020, https://www.foreignaffairs.com/articles/united-states/2020-10-13/coming-storms.

14 Soong-Bum Ahn, "China as Number One," *Current History*, Sep. 2001, p.251-256. 당시 한국계 미국인인 안승범은 미 육군 소령으로 미 육군사관학교 조교수였다.

15 John J. Mearsheimer, *The Tragedy of Great Power Politics*(W. W. Norton & Company, 2014); Aaron L. Friedberg, *A Contest for Supremacy: China, America, and the Struggle for Mastery in Asia*(W. W. Norton & Company, 2012); Edward N. Luttwak, *The Rise of China vs. the Logic of Strategy* (Cambridge: Harvard University Press, 2012).

16 Hal Brands and Jake Sullivan, "China Has Two Paths to Global Dominance," *Foreign Policy*, May 22, 2020, https://foreignpolicy.com/2020/05/22/china-superpower-two-paths-global-domination-cold-war/.

17 「미중 전략대결과 군비경쟁」(김동엽), 『미중 전략적 경쟁』, 이관세 외, 경남대 극동문제연구소, 2020, 43~74쪽.

18 『중국의 내일을 묻다』, 문정인, 삼성경제연구소, 2010; 『중국의 국가 대전략 연구』, 이희옥, 폴리테이아, 2007; 『중국의 부상과 한반도의 미래』, 정재호, 서울대학교출판문화원, 2011.

19 Zheng Bijian, "China's 'Peaceful Rise' to Great-Power Status," *Foreign Affairs*, Vol. 84 Issue 5(2005), pp.18-24.

20 인민해방군 판정찬 예비역 소장과의 인터뷰, 2015.9.15.

21 国分良成, 『中国は'いま』, 岩波新書, 2011.

22 Taiming Cheung, "The Chinese National Security State Emerges from the Shadows to Center Stages," *China Monitor* Issue 65, Fall 2020.

23 『중국의 내일을 묻다』(정비젠 선생과의 인터뷰), 문정인, 삼성경제연구소, 2010, 21~40쪽.

24 앞의 책(왕이저우 교수와의 인터뷰), 93~116쪽.

25 대표적인 대국굴기론자는 칭화대학교의 옌쉐통 교수다. 앞의 책, 41~70쪽; 『2023년: 세계사 불변의 법칙』, 옌쉐통, 고상희 옮김, 글항아리, 2014; 朱鋒, 『中國崛起:理論與政策的視覺』, 上海人民出版社, 2008도 참고하라.

26 Andrew Nathan, "What China Wants—Bargaining With Beijing," *Foreign Affairs*, Jul./Aug. 2011. 이 글에서 앤드루 네이선 교수는 상하이파 대 크로파 간의 대립 구도를 설정하고 있다.

27 Kurt Campbell and Jake Sullivan, "Competition without Catastrophe— How American Can Both Challenge and Coexist with China," *Foreign Affairs*, Aug. 1, 2019, https://www.foreignaffairs.com/articles/china/competition-with-china-without-catastrophe.

28 Henry Kissinger, *On China*(New York: Penguin Book, 2011), pp.518-522.

29 Aaron Friedberg, *A Contest for Supremacy: China, America, and the Struggle for Mastery in Asia*(Norton & Co., 2011).

30 「중미 관계와 한국의 선택」, 『중미 관계 변화와 한국의 선택』, 문정인, 원광대학교 한중관계연구원, 2015, 169쪽에서 재인용.

5장 신냉전과 지정학적 대결

1 "중국 스인훙, '한반도는 잠재적 지뢰, 언제 터질지 몰라,'" 「중앙일보」, 2020. 11.26.

2 Klaus Dodds, *Geopolitics-A Very Short Introduction*(Oxford: Oxford Univ. Press, 2014).

3 https://www.youtube.com/watch?v=qH5QzuzD01A.

4 진주목걸이 전략은 중국이 파키스탄·미얀마·방글라데시 등 인도양 주변 국가에 대규모 항만을 건설하려는 전략을 일컫는 말로, 전략적 진출 거점을 연결하면 마치 진주목걸이와 비슷하다는 의미에서 붙여졌다. (출처: 『시사상식사전』(pmg 지식엔진연구소), "진주목걸이 전략", https://terms.naver.com/entry.nhn?docId=1689757&cid=43667&categoryId=43667; 김민석의 Mr. 밀리터리, "중국 진주목걸이냐 미국 다이아몬드냐…한국의 선택은", 「중앙일보」, 2017.12.22.

5 Halford John Mackinder, *The geographical pivot of history*(Royal Geographical Society, 1904); Alfred Thayer Mahan, *The influence of sea power upon history, 1660-1783*(Boston: Little Brown and Company, 1918); Nicholas J. Spykman, *The geography of the peace*(Hamden, Conn: Archon Books, 1969).

6 이에 대한 반론으로는 다음 문헌을 참고하라. Teng Jianqun, "Three Geopolitical Theories and the 'Belt and Road' Initiative," Department for American Studies, China Institute of International Studies, Nov. 7, 2018, http://www.caifc.org.cn/index.php?m=content&c=index&a=show&catid=22&id=539#:~:text=Outwardly%2C%20the%20%22Belt%20and%20Road,the%20Heartland%20depicted%20by%20Mackinder; 刘宗义, "美国的全球战略枢纽建设及其影响" 国际展望 2020年 第4期.

7 Robert D. Kaplan, *The Revenge of Geography: What the map tells us about coming conflicts and the battle against fate*(New York: Random House, 2013), pp.188-227.

8 中国中共党史人物研究会, 「人物春秋: 刘华清—新中国最早主张建造航空母舰的人」, 『党史文苑』, 2020年4期, http://www.fx361.com/page/2020/0709/6848619.shtml.

9 2005년 미국 국방부 연례 보고서 "The Military Power of the People's Republic of China 2005"에서 'anti-access/sea-denial'이라는 용어로 처음 쓰였다. 그러나 2016년 해군 참모총장 존 리처드슨(John Richardson) 제독은 A2AD 전략이 새로운 개념이 아니라는 점과 정의의 모호성 등을 문제 삼아 A2AD라는 단어의 사용에 주의하라고 당부한 바 있다.

10 중국의 전략적 의도는 중국 정부의 백서에 잘 나타나 있다. http://english.www.gov.cn/archive/whitepaper/page_1.html.

11   Barack Obama, "Remarks by President Obama to the Australian Parliament," Parliament House, Canberra, Australia 17 (2011); Kurt Campbell, *The pivot: The future of American statecraft in Asia*(Hachette UK, 2016).

12   "Indo-Pacific Strategy Report: Preparedness, Partnerships, and Promoting a Networked Region," The Department of Defense, Jun. 1, 2019, https://media.defense.gov/2019/Jul/01/2002152311/-1/-1/1/ DEPARTMENT-OF-DEFENSE-INDO-PACIFIC-STRATEGY-REPORT-2019.PDF.

13   Donald J. Trump, *National security strategy of the United States of America*. Executive Office of The President Washington DC Washington United States, 2017, https://www.whitehouse.gov/wp-content/uploads/2017/ 12/NSS-Final-12-18-2017-0905.pdf.

14   US Department of Defense, "Indo-Pacific Strategy Report: Preparedness, Partnership, and Promoting a Networked Region", Jun. 1, 2019, p.41, 48; "Hearing on the Chinese View of Strategic Competition with the U.S.," The United States-China Economic and Security Review Commission, Jun. 24, 2020, p. 80, https://www.uscc.gov/sites/default/ files/2020-08/June_24_2020_Hearing_Transcript_0.pdf.

15   US Department of Defense, *Military and Security Developments Involving the People's Republic of China 2020*, A Report to Congress Pursuant to the National Defense Authorization Act for Fiscal Year, https://media. defense.gov/2020/Sep/01/2002488689/-1/-1/1/2020-DOD-CHINA-MILITARY-POWER-REPORT-FINAL.PDF.

16   IISS, *The Military Balance 2020*(Routledge, 2020); 박용한, "미중 첨단무기 남중국해 총집결…전쟁 땐 美 승리 장담 못한다", 「중앙일보」, 2020.9.6., https://news.joins.com/article/23865273.

17   여기서 미국 국방성과 영국 국제전략연구소의 평가가 다르다. IISS는 전투함에서 미국 110척, 중국 83척, 상륙함에서 미국 32척, 중국 6척으로 미국이 우세한 것으로 평가했다.

18   U.S. Office of the Secretary of Defense, *Annual Report to Congress: Military and Security Developments Involving the People's Republic of*

China 2019*, https://media.defense.gov/2019/May/02/2002127082/-1/-1/1/2019_CHINA_MILITARY_POWER_REPORT.pdf.

19 "미, 중거리 핵전력조약 파기", VOA, 2019.8.2., https://www.voakorea.com/world/us/5026310.

20 https://en.m.wikipedia.org/wiki/List_of_countries_with_overseas_military_bases; "군사제국 미국의 기지들을 둘러보다", 「충청일보」, 2007.8.13., http://www.ccdailynews.com/news/articleView.html?idxno=15922.

21 DOD, Military Security Developments involving PRC: Annual Report to Congress, Aug. 2020.

22 「미중 패권경쟁과 양안관계」(이상만), 『미중 전략적 경쟁』, 이관세 외, 141~176쪽.

23 Wikipedia, "Third Taiwan Strait Crisis," last modified Jul. 2017, https://en.wikipedia.org/wiki/Third_Taiwan_Strait_Crisis.

24 유상철, "시진핑 '모든 생각 전쟁에 두라'…대만 무력통일 힘쏟는 中", 「중앙일보」, 2020.10.15., https://news.joins.com/article/23894896.

25 윤고은, "중 극초음속 탄도미사일 둥펑-17, 대만 겨냥 남동부 배치", 「연합뉴스」, 2020.10.18.

26 Sophia Yang, "Former Top US Officials Say China Could Take Taiwan in 3 Days in Early 2021," *Taiwan News*, Aug. 15, 2020.

27 김철민, "마이주 전 대만 총통, '양안 전쟁 시 미국 개입전에 끝나'", 「연합뉴스」, 2020.8.12.

28 East Asia Forum. "The Status Quo on Taiwan and the Importance of Strategic Ambiguity," *Weekly Digest*, Aug. 24, 2020.

29 앞의 글.

30 윤고은, "중 극초음속 탄도미사일 둥펑-17, 대만 겨냥 남동부 배치", 「연합뉴스」, 2020.10.18.

31 Paul Wolfowitz, "The Korean War's Lesson for Taiwan," *Wall Street Journal*, Oct. 13, 2020, https://www.wsj.com/articles/the-korean-wars-lesson-for-taiwan-11602628554; Joseph Bosco, "The End of Strategic Ambiguity on Taiwan?" *The Hill*, Feb. 2, 2019, https://thehill.com/opinion/national-security/428093-the-end-of-strategic-ambiguity-

on-taiwan.

32   Ching-Tse Cheng, "At Least 131 Pro-Taiwan Lawmakers Re-elected in U.S.," *Taiwan News*, Nov. 12, 2020.

33   센카쿠 또는 조어도(釣魚島)를 둘러싼 동중국해도 쟁점 지역 중 하나다. 그러나 이 지역은 일차적으로 중국과 일본 간의 분쟁 지역이기 때문에 분석에서 제외했다.

34   "미중 첨단무기 남중국해 총집결…전쟁 땐 美 승리 장담 못한다", 「중앙일보」, 2020.9.6., https://news.joins.com/article/23865273.

35   9단선을 둘러싼 남중국해 분쟁에 대해서는 Bill Hayton, *The South China Sea: The Struggle for Power in Asia*(New Haven: Yale University Press, 2014); M. Taylor Fravel, Strong Borders, *Secure Nation*(Princeton: Princeton Univ. Press, 2008), pp.267-299를 참고하라.

36   U.S. Department of States, Policy Planning Staff. *The Elements of China Challenge*(Washington, D.C.: Department of State, 2020).

37   「남중국해 문제와 미중 갈등」, 공감한반도연구회(박창희), 2020.9.22.; "남중국해에서 미중 군사적 충돌 가능성", 「정세와 정책」, 이대우, 세종연구소, 2020.9.2.

38   Leszek Busynski, "The South China Sea: Oil, Maritime Claims, and U.S.-China Strategic Rivalry," *The Washington Quarterly* 35:2 (2012), pp.139-156.

39   Mark J. Valencia, "The Folly of America's 'New Policy' on the South China Sea," *Global Asia* 15:3 (2020), pp.76-81.

40   앞의 글.

41   Michael R. Pompeo, "U.S. Position on Maritime Claims in the South China Sea," U.S. Department of State, Jul. 13, 2020, https://www.state.gov/u-s-position-on-maritime-claims-in-the-south-china-sea/.

42   Si-soo Park, "Second Korean War 'Possible,'" *Korea Times*, Oct. 12, 2019, https://www.koreatimes.co.kr/www/nation/2019/12/205_280269.html.

43   문정인, "국익, 가치, 그리고 동맹의 미래," 「한겨레」, 2020.11.2.

6장 지경학적 대결 구도

1   Nathan Gardels, "China Readies For A New Cold War," NOEMA, Dec. 11,

2020, https://www.noemamag.com/china-readies-for-a-new-cold-war/.

2 경제상호원조회의(the Council for Mutual Economic Assistance, COMECON)
   는 1949년에 설립된 사회주의국가 간 경제협력 조직으로, 새로운 유형의 경
   제 관계, 우애적인 협동과 사회주의 국제 원칙, 완전한 평등, 회원국 간 동지
   적 관계와 상호원조 등을 주목적으로 했다. 1960년대 이후 유럽경제공동체
   (ECC)의 발전에 대항하기 위해 경제협력에서 경제통합으로 형태를 바꾸고
   국가 간 발전을 위해 노력했으나, 1989년 사회주의권이 잇달아 붕괴함에 따
   라 1990년 시장무역제도로 전환을 협의하고 1991년 냉전의 종결과 함께 완
   전히 해체되었다. 출처: 네이버 지식백과(시사상식사전), "경제상호원조회의",
   https://terms.naver.com/entry.nhn?docId=2784152&cid=43667&categor
   yId=43667.

3 문정인, "패권적 안정논리와 상호주의," 「국제정치논총」 27:2(1987).

4 김기수, "미국과 중국의 신냉전(New Cold War)은 시작됐나: 신냉전의 실체",
   세종 정책브리프 2020-18(2020.11.30.), http://www.sejong.org/boad/1/
   egoread.php?bd=3&seq=5681.

5 "〔2016 미 대선〕 당선 유력?…트럼프 핵심 공약 7가지", 「조선일보」, 2016.11.9.,
   https://www.chosun.com/site/data/html_dir/2016/11/09/2016110901879.
   html.

6 스무트-홀리 관세법(Smoot-Hawley Tariff Act). 미국이 대공황 초기인 1930
   년 산업 보호를 위해 제정한 관세법. 공화당 소속 리드 스무트 의원과 윌
   리스 홀리 의원이 주도한 법안으로, 2만여 개 수입품에 평균 59%, 최고
   400%의 관세를 부과하도록 한 법안이다. 이로 인해 세계 각국에 보호무
   역이 번졌고, 대공황을 더 심화했다는 평가를 받는다. 출처: 네이버 지식백
   과(한경 경제용어사전), "스무트 홀리 관세법(Smoot-Hawley Tariff Act),
   https://terms.naver.com/entry.nhn?docId=5570435&cid=42107&categor
   yId=42107.

7 "'中 지적재산권 조사' 포문 연 트럼프…中 '좌시 않겠다'", 「서울신문」, 2017.8.
   15., https://seoul.co.kr/news/newsView.php?id=20170816006008;
   "USTR Announces Initiation of Section 301 Investigation of China,"
   Office of the UNITED STATES TRADE REPRESENTATIVE, Aug. 18,
   2017, https://ustr.gov/about-us/policy-offices/press-office/press-

releases/2017/august/ustr-announces-initiation-section; USTR(2018b), "Findings of the Investigation into China's Acts, Policies, and Practices Related to Technology Transfer, Intellectual Property, and Innovation under Section 301 of the Trade Act of 1974," Mar. 22, 2018, https://ustr.gov/sites/default/files/Section%20301%20FINAL.PDF.

8   "트럼프 '9월부터 3천 억 달러 中 제품에 10% 관세 부과'(종합2보)", 「연합뉴스」, 2019.8.2., https://www.yna.co.kr/view/AKR20190802016200071; "미국·중국은 왜 싸운 거야···Q&A로 본 미중 무역합의", 「중앙일보」, 2019.12.15., https://news.joins.com/article/23657268.

9   이원석, "미중 무역 분쟁의 최근 흐름과 중국 수입시장의 영향", 「KITA 통상 리포트」 Vol.14, 2020.10.12., https://kita.net/pdf/US_China_trade_dispute/index.html#p=1.

10 "'무역전쟁 4년' 트럼프의 패배···대중국 적자 되레 늘었다", 「한겨레」, 2020.11. 13., http://www.hani.co.kr/arti/economy/marketing/969790.html.

11 *The People's Daily Online*, Aug. 25, 2020, http://en.people.cn/n3/2020/0825/c90000-9738008.html.

12 "미국의 '중국 때리기'에도 중국 경제가 미국 압도", 「뉴스1」, 2020.11.3., https://www.news1.kr/articles/?4106710.

13 "U.S.-China Trade War Has Cost up to 245,000 U.S. Jobs: Business Group Study," Reuters, Jan. 15, 2021, https://www.reuters.com/article/us-usa-trade-china-jobs/us-china-trade-war-has-cost-up-to-245000-us-jobs-business-group-study-idUSKBN29J2O9.

14 Chalmers Johnson, *MITI and the Japanese Miracle: the Growth of Idustrial Policy, 1925-1975*(Stanford University Press, 1982).

15 Laura Tyson and John Zysman, "American Industry in International Competition: Government Policies and Corporate Strategies," *California Management Review* 25, no. 3, Apr. 1983, 27-52, https://doi.org/10.2307/41165015.

16 Andrew J. Nathan. "How China Really Sees the Trade War," *Foreign Affairs*, Jun. 27, 2019, https://www.foreignaffairs.com/articles/china/2019-06-27/how-china-really-sees-trade-war.

17   연원호 외 3인, 「미중 간 기술패권 경쟁과 시사점」, 대외경제정책연구원 연구
      보고서 20-04, 2020.8.31., 31~45쪽.

18   "캐리람: 홍콩 행정장관 '집에 현금 쌓아 둘 수밖에 없어'", BBC KOREA
      NEWS, 2020.11.29., https://www.bbc.com/korean/news-55119736.

19   미중 통화 경쟁의 개요는 「미중 무역/통화 경쟁」(이왕휘), 『미중 전략적 경쟁』,
      이관세 외, 경남대 극동문제연구소, 2020, 75~106쪽을 참고하라.

20   China Power Team, "Will China's Push to Internationalize the Renminbi
      Succeed?," *China Power*, Apr. 1, 2020, Updated Aug. 26, 2020, Accessed
      Jan. 5, 2021, https://chinapower.csis.org/china-renminbi-rmb-interna
      tionalization/.

21   박민희, "(유레카) 달러의 종말?", 「한겨레」, 2020.8.9., http://www.hani.co.
      kr/arti/opinion/column/957060.html.

22   "'달러의 덫' 벗어나자…中, 美 국채는 다이어트. 日 국채는 폭식", 「중앙일
      보」, 2020.11.20., https://news.joins.com/article/23926033.

23   앞의 글.

24   China Power Team, "Will China's Push to Internationalize the Renminbi
      Succeed?," *China Power*, Apr. 1, 2020.

25   이성현, "중국의 디지털 화폐 추진 현황과 함의", 세종정책브리프 No.
      2020-20, 2020.12.14., https://www.ifs.or.kr/bbs/board.php?bo_table=
      research&wr_id=709.

26   Vinod K. Aggarwal and Tim Marple, "Digital Currency Wars? US-China
      Competition and Economic Statecraft," *Global Asia*, 15(4), https://
      www.globalasia.org/v15no4/feature/digital-currency-wars-us-china-
      competition-and-economic-statecraft_vinod-k-aggarwaltim-marple.

27   Karen Yeung, "China's digital currency no threat to global monetary
      systems, former central bank chief says", SCMP, 2020.12.14., https://
      www.scmp.com/economy/china-economy/article/3113786/chinas-
      digital-currency-no-threat-global-monetary-systems.

28   당시 베이징에서는 중국의 대전략(Grand Strategy)이 무엇이냐를 두고 열띤
      논쟁이 벌어지고 있었는데, 일대일로는 이에 대한 중국 정부의 화답이라고
      할 수 있다.

29   Wang Yiwei, *The Belt and Road Initiative: What Will China Offer The*

World in Its Rise(Beijing: New World Press, 2016); 『일대일로 다이제스트』, 성균중국연구소 편저, 다산, 2016.

30 Yang Jian, "China's Economic Initiatives in the Arctic," *Global Asia*, 15(4), Dec. 2020, https://www.globalasia.org/v15no4/cover/chinas-economic-initiatives-in-the-arctic_yang-jian.

31 Joshua Kurlantzick, "China's Digital Silk Road Initiative: A Boon for Developing Countries or a Danger to Freedom?," *The Diplomat*, Dec. 17, 2020, https://thediplomat.com/2020/12/chinas-digital-silk-road-initiative-a-boon-for-developing-countries-or-a-danger-to-freedom/.

32 習近平, 論堅持推動構建 人類運命共同體, 北京:中共 中央黨史文獻研究院, 2018.

33 「人民日報」, 2008.10.15.; Wang Yiwei, "America's Belt and Road Syndrome," *China US Focus*, Apr. 24, 2019, https://www.chinausfocus.com/finance-economy/americas-belt-and-road-syndrome.

34 일대일로를 신마셜 플랜과 연계하여 분석한 연구로는 다음을 참고하라. Jonathan E. Hillman, *The Emperor's New Road: China and the Project of the Century*(Yale University Press, 2020).

35 Shirley Yu, "The Belt and Road Initiative: Modernity, Geopolitics, and the Developing Global Order," *Asian Affairs*, 50:2, 2019, pp.187-201.

36 "Meeting Asia's Infrastructure Needs," Asia Development Bank, Feb. 2017, https://www.adb.org/publications/asia-infrastructure-needs.

37 Jonathan E. Hillman. "China's Belt and Road Is Full Of Holes," CSIS Briefs, Sep. 4, 2018, https://www.csis.org/analysis/chinas-belt-and-road-full-holes.

38 1. 중국-몽골-러시아 경제회랑 2. 신(新)유라시아 육상 교량 3. 중국-중앙아시아-서아시아 4. 중국-인도차이나반도 5. 중국-파키스탄 6. 방글라데시-중국-인도-미얀마(BCIM).

39 Jonathan Wheatley and James Kynge, "China Curtails Overseas Lending in Face of Geopolitical Backlash," *Financial Times*, Dec. 8, 2020, https://www.ft.com/content/1cb3e33b-e2c2-4743-ae41-d3fffffa4259.

40 The Policy Planning Staff, Office of the Secretary of State, "The

Elements of the China Challenge," United States Department of State, Nov. 2020, https://www.state.gov/wp-content/uploads/2020/11/20-02832-Elements-of-China-Challenge-508.pdf; 반론: Amitai Etzioni, "Is China a New Colonial Power?," *The Diplomat*, Nov. 9, 2020, https://thediplomat.com/2020/11/is-china-a-new-colonial-power/.

41　Jonathan E. Hillman. "The Imperial Overreach of China's Belt and Road Initiative," *Wall Street Journal*, Oct. 1, 2020, https://www.wsj.com/articles/the-imperial-overreach-of-chinas-belt-and-road-initiative-11601558851.

42　Jonathan Wheatley and James Kynge. "China Curtails Overseas Lending in Face of Geopolitical Backlash," *Financial Times*, Dec. 8, 2020.

43　"트럼프 '중국과 모든 관계 끊을 수도'…미 상장 중국 기업도 겨냥", 「연합뉴스」, 2020.5.14., https://www.yna.co.kr/view/AKR20200514182851009.

44　한국무역협회, "글로벌 가치사슬(GVC)의 패러다임 변화와 한국무역의 미래", 국제무역연구원, 2020.2.18., http://iit.kita.net/newtri2/report/iitreporter_view.jsp?sNo=2041&sClassification=1.

45　"Where is The US-China Economic Decoupling Heading?," *Global Times*, 2020.11.17., https://www.globaltimes.cn/content/1207166.shtml.

46　Keith Krach, "Under Secretary Keith Krach Briefs the Press on Huawei and Clean Telcos," U.S. DEPARTMENT OF STATE, REMARKS AND RELEASES-ASIA ACIFIC MEDIA HUB, Jun. 25, 2020, https://www.state.gov/telephonic-briefing-with-keith-krach-under-secretary-for-economic-growth-energy-and-the-environment/.

47　정구현, "트럼프 이후의 미중 관계: 진검승부가 시작된다", *J COMMENTARY*, 2020.12.

48　"Where is The US-China Economic Decoupling Heading?," *Global Times*, 2020.11.17.

49　*The People's Daily Online*, Aug. 25, 2020, http://en.people.cn/n3/2020/0825/c90000-9738008.html.

50　David Dollar, "The Future of Global Supply Chains: What Are The Implications for Iternational Trade?," *Brookings Issues*, Nov. 17, 2020, https://www.brookings.edu/research/the-future-of-global-supplychains-what-are-the-implications-for-international-trade/.

51   "Trade Shows Falsehood of Decoupling: China Daily Editorial," *China Daily*, 2020.12.16., http://www.chinadaily.com.cn/a/202012/16/WS5fda 0478a31024ad0ba9c3bb.html.

52   "China Is Winning the Trade War and its Exports Have Never Been Higher," CNN, Jan. 14, 2021, https://www.cnn.com/2021/01/14/economy/ china-trade-surplus-intl-hnk/index.html.

53   Peter McGill, "US-China Decoupling? Wall Street Missed the Memo," *South China Morning Post*, Oct. 14, 2020, https://www.scmp.com/ comment/opinion/article/3105348/us-china-decoupling-wall-street-missed-memo.

54   "시진핑이 입에 달고 사는 말…공자님 말씀 같은 '쌍순환' 함의," 「중앙일보」, 2020.9.5., https://news.joins.com/article/23865029.

55   Chris Buckley, "Xi's Post-Virus Economic Strategy for China Looks Inward," *The New York Times*, Sep. 7, 2020, https://www.nytimes.com/ 2020/09/07/business/china-xi-economy.html.

56   연원호, 「미국의 대중 Tech Decoupling 정책과 중국의 대응」, 대한상공회의 소 발표자료, 2020.11.23.

57   James Crabtree, "China's Radical New Vision Of Globalization," NOEMA, Dec. 10, 2020, https://www.noemamag.com/chinas-radical-new-vision-of-globalization/.

58   Stuart Tait, "RCEP Signing Signals Asian Nations Taking Rightful Place in New World Trading Order," *SOUTH CHINA MORNING POST*, Nov. 19, 2020, https://www.scmp.com/business/article/3110201/rcep-signing-signals-asian-nations-taking-rightful-place-new-world-trading.

59   "China Outlines Four-Point Proposal for the Future of APEC," CGTN, Nov. 21, 2020, https://news.cgtn.com/news/2020-11-20/Xi-attends-APEC-Economic-Leaders-Meeting-via-video-link-VzP48BmIBW/ index.html.

60   Lu Yang, "BRI, RCEP Best Solution for South Asia And Southeast Asia Recovery," *Global Times*, Dec. 23, 2020, https://www.globaltimes.cn/ content/1210800.shtml.

7장 기술민족주의의 충돌

1 기술민족주의와 대칭되는 개념으로는 기술세계주의(techno-globalism)을 들 수 있다. 후자는 기술 개발이나 전이를 국가의 개입 없이 시장에 일임해야 한다는 자유방임적 시각을 의미한다. 미국적 시각에서 기술민족주의를 다룬 책으로 Wayne Sandholtz and Michael Borrus, et. al., *Higher Stake-The Economic Foundation of the Next Security System, A BRIE Report*(Oxford : Oxford University Press, 1992)를 참고하라.

2 Alex Capri, "The US-China Tech Rivalry Is Fracturing the World and Affecting Trade, Firms and Jobs," CNA, Jan. 13, 2020, https://www.channelnewsasia.com/news/commentary/us-china-technology-rivalry-5g-hua-wei-12240624.

3 David Goldman, *You Will Be Assimilated: China's Plan to Sino-form the World*(New York: Post Hill Press, 2020).

4 Robert Manning, "The U.S. Finally Has a Sputnik Moment With China," *Foreign Policy*, Oct. 29, 2020, https://foreignpolicy.com/2020/10/29/us-china-sputnik-moment-technology-competition-semiconductors/.

5 Salvatore Babones, "Note to Biden: Forget Trade, the Real War With China Is Over Tech," *Foreign Policy*, Nov. 18, 2020, https://foreignpolicy.com/2020/11/18/biden-china-huawei-technology-manufacturing/.

6 연원호 외 3인, 「미중 간 기술패권 경쟁과 시사점」, 대외경제정책연구원 연구보고서 20-04, 2020.8.31., 34~35쪽; 박지영, 「미중 기술패권전쟁의 의미」, 아산정책연구원, 2020.5.28., http://www.asaninst.org/contents/%EB%AF%B8%EC%A4%91-%EA%B8%B0%EC%88%A0%ED%8C%A8%EA%B6%8C%EA%B2%BD%EC%9F%81%EC%9D%98-%EC%9D%98%EB%AF%B8/.

7 샤를 페라갱 외, "우주패권을 겨루는 미중 오디세이," 「르몽드 디플로마티크」, 2020.8.31. https://www.ilemonde.com/news/articleView.html?idxno=13246.

8 『인공지능 시대 중국의 혁신』, 성균중국연구소(기획), 이희옥·양철(책임편집), 지식공작소, 2020.

9 연원호, 「미국의 대중 Tech Decoupling 정책과 중국의 대응」, 대한상공회의소 발표자료, 2020.11.23.

10 얼굴 인식 AI로 유명한 상탕커지(商湯科技, Sense Time)의 공동 창업자 탕 샤오어우(湯曉鷗)와 텐센트(Tencent)에 영입된 장퉁(张潼), 그리고 양자 암호 통신기술의 대가 판젠웨이(潘建伟) 중국과학 기술대학 총장도 모두 천인 계획으로 초빙된 인사다.

11 연원호 외 3인, 「미중 간 기술패권 경쟁과 시사점」, 대외경제정책연구원 연구 보고서 20-04, 2020.8.31., 70~71쪽.

12 앞의 글, 90~99쪽.

13 "Patent Wars in Digital Era," *Nikkei Asia*, Feb. 12, 2020, https://vdata. nikkei.com/en/newsgraphics/patent-wars/.

14 Masashi Uehara, Akira Tanaka, "China to Overtake US Economy by 2028-29 in COVID's Wake: JCER," *Nikkei Asia*, Dec. 10, 2020, https:// asia.nikkei.com/Economy/China-to-overtake-US-economy-by-2028-29-in-COVID-s-wake-JCER; Frank Tang, "China to Overtake US as World's Top Economy in 2032 Despite Washington Hostilities, State Think Tank Predicts," SCMP, Sep. 2, 2020, https://www.scmp.com/ economy/china-economy/article/3099951/china-overtake-us-worlds-top-economy-2032-despite-washington.

15 "Global 500," *Fortune*, Aug. 10, 2020.

16 David Goldman, *You Will Be Assimilated: China's Plan to Sino-form the World*(New York: Post Hill Press, 2020).

17 The Policy Planning Staff, Office of the Secretary of State, "The Elements of the China Challenge," Nov. 2020, https://www.state. gov/wp-content/uploads/2020/11/20-02832-Elements-of-China-Challenge-508.pdf; National Counterintelligence and Security Center, "Foreign Economic Espionage in Cyberspace," 2018, https://www.dni. gov/files/NCSC/documents/news/20180724-economic-espionage-pub.pdf; 미국 백악관 「중국의 기술 및 지식재산권, 경제 침략 보고서 (2018)」, https://www.whitehouse.gov/wp-content/uploads/2018/06/ FINAL-China-Technology-Report-6.18.18-PDF.pdf; Department of Justice, "The China Initiative: Year-in-Review(2019-20), https://www. justice.gov/opa/pr/china-initiative-year-review-2019-20.

18 "10년 새 1300% 급증한 중국 스파이들…한국은 무풍지대?", 「조선일보」,

2020.9.10., https://www.chosun.com/international/china/2020/09/10/
YEONUFKRSRHTRJORC63DBIG2HM/.

19   John Seaman, "China and the New Geopolitics of Technical Standardi-
zation", Notes de l'Ifri, Jan. 2020, https://www.ifri.org/en/publications/
notes-de-lifri/china-and-new-geopolitics-technical-standardization.
기술 표준에 대한 국내 문헌으로는 다음을 참고하라. 『표준으로 바라본 세
상』, 이희진, 한울아카데미, 2020.

20   James Kynge and Nian Lin, "From AI to Facial Recognition: How China
Is Setting the Rules in New Tech," *The Financial Times*, Oct. 7, 2020,
https://www.ft.com/content/188d86df-6e82-47eb-a134-2e1e45c777b6.

21   Christopher Ford, "Technology and Power in China's Geopolitical
Ambition," https://www.state.gov/technology-and-power-in-chinas-
geopolitical-ambitions/.

22   Raythan Asat, "The World's Most Technologically Sophisticated
Genocide Is Happening in Xinjiang," *Foreign Policy* Jul. 15, 2020,
https://foreignpolicy.com/2020/07/15/uighur-genocide-xinjiang-china-
surveillance-sterilization/.

23   USTR, "Findings of the Investigation into China's Acts, Policies, and
Practices Related to Technology Transfer, Intellectual Property, and
Innovation under Section 301 of the Trade Act of 1974," https://ustr.
gov/sites/default/files/Section%20301%20FINAL.PDF.

24   White House, "United States Strategic Approach to the People's
Republic of China," May 21, 2020, https://www.whitehouse.gov/wp-
content/uploads/2020/05/U.S.-Strategic-Approach-to-The-Peoples-
Republic-of-China-Report-5.20.20.pdf.

25   Task Force on American Innovation, "Second Place America? Increasing
Challenges to U.S. Scientific Leadership," May 7, 2019, http://www.
innovationtaskforce.org/wp-content/uploads/2019/05/Benchmarks-
2019-SPA-Final4.pdf.

26   Robert Manning, "The U.S. Finally Has a Sputnik Moment With China,"
Foreign Policy, Oct. 29, 2020.

27   Jordan Schneider and Coby Goldberg, "A Divided Washington Is (Sort

of) United on China," *Foreign Policy*, Nov. 9. 2020, https://foreignpolicy.com/2020/11/09/biden-china-republicans-democrats-congress/.

28 연원호 외 3인, 「미중 간 기술패권 경쟁과 시사점」, 대외경제정책연구원 연구보고서 20-04, 2020.8.31., 123~126쪽.

29 앞의 글, 157~158쪽.

30 앞의 글, 159~160쪽.

31 Fan Yu, "Americans Have Billions Invested in Companies with Ties to Chinese Military," *The Epoch Times*, Nov. 23, 2020, https://www.theepochtimes.com/us-invested-billions-into-companies-with-ties-to-chinese-military_3587923.html.

32 Michael Pompeo, "Secretary Michael R. Pompeo At a Press Availability," https://www.state.gov/secretary-michael-r-pompeo-at-a-press-availability-10/; U.S. Department of State, "The Clean State," https://www.state.gov/the-clean-network/.

33 Yun Wen, *The Huawei Model The Rise of China's Technology Giant* (Urbana-Champaign: University of Illinois Press, 2020).

34 예브게니 모로조프, "중국이 이끄는 '5G 지정학' 전쟁", 「르몽드 디플로마티크」, 2020.10.30.; "화웨이의 대장정, '불균질하게' 갈라지는 세계," 「한겨레」, 2020.12.22.

35 Stu Woo, "The U.S. vs. China: The High Cost of the Technology Cold War," *Wall Street Journal*, Oct. 23, 2020, https://www.wsj.com/articles/the-u-s-vs-china-the-high-cost-of-the-technology-cold-war-11603397438.

36 "화웨이 창업자 '미국은 우리를 때려 죽이려 해'", 「조선일보」, 2020.12.1., https://www.chosun.com/economy/int_economy/2020/12/01/YADXRS3F7NCDNBXDFX5XEGE7PY/.

37 예브게니 모로조프, "중국이 이끄는 '5G 지정학' 전쟁", 「르몽드 디플로마티크」, 2020.10.30.

38 "이 사진 한 장으로…對美 결사항전 선포한 화웨이," 「조선일보」, 2020.5.18., https://www.chosun.com/site/data/html_dir/2020/05/18/2020051800164.html.

39 예브게니 모로조프, "중국이 이끄는 '5G 지정학' 전쟁", 「르몽드 디플로마티

크」, 2020.10.30.

40 연원호 외 3인, 「미중 간 기술패권 경쟁과 시사점」, 대외경제정책연구원 연구
보고서 20-04, 2020.8.31., 166~172쪽.

41 연원호, 「미국의 대중 Tech Decoupling 정책과 중국의 대응」, 대한상공회의
소 발표자료, 2020.11.23., 39쪽.

8장 미중 이념 대결과 소프트 파워 경쟁

1 Steven Lee Myers and Paul Mozur, "Caught in 'Ideological Spiral,' U.S.
and China Drift Toward Cold War," *The New York Times*, Jul. 14, 2020,
https://www.nytimes.com/2020/07/14/world/asia/cold-war-china-us.
html.

2 『중국의 내일을 묻다』, 문정인, 삼성경제연구소, 2010, 244쪽.

3 Robert O'Brien, "The Chinese Communist Party's Ideology and Global
Ambitions," National Security Council, Jun. 26, 2020, https://www.
whitehouse.gov/briefings-statements/chinese-communist-partys-
ideology-global-ambitions/.

4 Michael R. Pompeo, "Communist China and the Free World's Future," U.S.
Department of State, Jul. 23, 2020, https://www.state.gov/communist-
china-and-the-free-worlds-future/.

5 Jude Blanchette, "Ideological Security as National Security," CSIS, Dec.
2, 2020, https://www.csis.org/analysis/ideological-security-national-
security.

6 "시진핑 '어떤 국가, 사람도 중화민족 부흥 막을 수 없다'", 「조선일보」, 2020.7.
31., https://www.chosun.com/site/data/html_dir/2020/07/31/202 00731
00608.html.

7 *The People's Daily Online*, Aug. 25, 2020, http://en.people.cn/n3/2020/
0825/c90000-9738008.html.

8 "중국 외교부 '폼페이오 「중국 세계위협론」 황당하고 웃기는 소리'", 「이투데
이」, 2020.8.25., https://www.etoday.co.kr/news/view/1933344.

9 Michael McFaul, "Xi Jinping Is Not Stalin," *Foreign Affairs*, Aug. 10, 2020,
https://www.foreignaffairs.com/articles/united-states/2020-08-10/xi-
jinping-not-stalin.

10   William Overholt, "Myths and Realities in Sino-American Relations," *China Wire*, Jan. 10, 2021.

11   Henry Kissinger, *Diplomacy* (New York: Simon and Schuster, 1994), pp.704-707.

12   "United States Strategic Approach to the People's Republic of China," National Security Council, May 26, 2020, pp.4-6, https://www.whitehouse.gov/wp-content/uploads/2020/05/U.S.-Strategic-Approach-to-The-Peoples-Republic-of-China-Report-5.20.20.pdf.

13   The Policy Planning Staff, Office of the Secretary of State, "The Elements of the China Challenge," Nov. 2020, https://www.state.gov/wp-content/uploads/2020/11/20-02832-Elements-of-China-Challenge-508.pdf.

14   Bret Stephens, "China and the Rhineland Moment," *The New York Times*, May 29, 2020, https://www.nytimes.com/2020/05/29/opinion/china-hong-kong.html.

15   김하중, "미국의 홍콩정책 관련 주요법령 현황과 시사점", 「의회 외교 동향과 분석」 제60호, 국회입법조사처, 2020.8.4., https://www.nars.go.kr/_upload/attFile/CM0130/20200803161350_nhvhn.pdf.

16   Sean R. Roberts, *The War on the Uyghurs* (Princeton: Princeton University Press, 2020).

17   "청나라 때 중국 편입…260년간 분리독립 저항", 「조선일보」, 2011.8.2., https://www.chosun.com/site/data/html_dir/2011/08/02/2011080200104.html; "The Persecution of the Uyghurs Is a Crime Against Humanity," *The Economist*, Oct. 17, 2020, https://www.economist.com/leaders/2020/10/17/the-persecution-of-the-uyghurs-is-a-crime-against-humanity.

18   "Data Leak Reveals How China 'Brainwashes' Uighurs in Prison Camps," BBC. Nov. 24, 2019, https://www.bbc.com/news/world-asia-china-50511063.

19   앞의 글.

20   Rayhan Asat and Yonah Diamond, "The World's Most Technologically Sophisticated Genocide Is Happening in Xinjiang," *Foreign Policy*,

Jul. 15, 2020, https://foreignpolicy.com/2020/07/15/uighur-genocide-xinjiang-china-surveillance-sterilization/.

21   John Sudworth, "China's Pressure and Propaganda—the Reality of Reporting Xinjiang," BBC, Jan. 15, 2021, https://www.bbc.com/news/world-asia-china-55666153.

22   Chris Buckley, "'Clean Up This Mess': The Chinese Thinkers Behind Xi's Hard Line," *The New York Times*, Aug. 2, 2020, https://www.nytimes.com/2020/08/02/world/asia/china-hong-kong-national-security-law.html.

23   *The People's Daily Online*, Aug. 25, 2020, http://en.people.cn/n3/2020/0825/c90000-9738008.html.

24   안양봉, 특파원 리포트, "미, 홍콩 압박에도 중 여유, 왜", KBS, 2020.5.29.

25   *Global Times*, May 30, 2020. Editorial on American sanctions on China.

26   *The People's Daily Online*, Aug. 25, 2020, http://en.people.cn/n3/2020/0825/c90000-9738008.html.

27   Joseph S. Nye Jr., *The Future of Power*(NY: Public Affairs, Feb. 1, 2011), pp.81-86.

28   THE SOFT POWER 30 Overall Ranking 2019, https://softpower30.com/.

29   731부대는 제2차 세계대전 시기 일본이 중국의 하얼빈에 주둔시켰던 세균전 부대다. 1936년부터 1945년 여름까지 전쟁포로 및 기타 구속된 사람 3000여 명을 대상으로 각종 세균 실험과 약물 실험 등을 자행하는 등 인간을 '마루타'로 부르며 생체 실험용으로 사용했다. 출처: 네이버 지식백과(두산백과), "731부대", https://terms.naver.com/entry.nhn?docId=1211080&cid=40942&categoryId=31744.

30   John Ratcliffe, "China Is National Security Threat No. 1," *The Wall Street Journal*, Dec. 3, 2020, https://www.wsj.com/articles/china-is-national-security-threat-no-1-11607019599.

31   공자학원은 중국 정부가 중국의 문화와 언어 등 소프트 파워를 국제사회에 전파할 목적으로 세계 각국의 대학들에 설치하고 있는 교육기관이다. 출처: 네이버 지식백과(시사상식사전), "공자학원", https://terms.naver.com/entry.nhn?docId=1528767&cid=43667&categoryId=43667.

32   "미국, 중국 공산당원 방문비자 제한…NYT '고위인사 겨냥'", 「연합뉴스」,

2020.12.3., https://www.yna.co.kr/view/AKR20201203162700009.

33 https://www.state.gov/bureaus-offices/under-secretary-for-public-diplomacy-and-public-affairs/global-engagement-center/.

34 Daniel A. Bell, "Demonizing China: A Diagnosis with No Cure in Sight," in Geir Helgesen and Rachel Harrison. (eds.), *East–West Reflections on Demonization: North Korea Now, China Next?*(Copenhagen: NIAS Press, 2020), pp.225-238.

35 Laura Silver, Kat Devlin and Christine Huang, "Americans Fault China for Its Role in the Spread of COVID-19," Pew Research Center. Jul. 30, 2020, https://www.pewresearch.org/global/wp-content/uploads/sites/2/2020/07/PG_20.07.30_U.S.-Views-China_final.pdf.

36 "미중 갈등 속 부각되는 중국의 애국주의", 「동아일보」, 2020.8.6., https://www.donga.com/news/Opinion/article/all/20200806/102319308/1.

37 "시진핑의 유엔총회 일반토의 연설 담화 3대 주제 '꽉 찬 내용'", 「인민망」 한국어판, 2020.9.23., http://kr.people.com.cn/n3/2020/0923/c416424-9763349.html.

38 David Culver and Nectar Gan, "China Has Promised Millions of Coronavirus Vaccines to Countries Globally. And It Is Ready to Deliver Them," CNN, Dec. 2, 2020, https://edition.cnn.com/2020/12/01/asia/china-coronavirus-vaccine-diplomacy-intl-hnk/index.html.

39 Jonathan Kearsley, Erky Bagshaw, Anthony Galloway, "If you make China the enemy, China will be the enemy", *Sydney Morning Herald*, Nov. 18, 2020.

40 늑대전사(戰狼)란 용어는 중국의 특수부대를 지칭한다. 2015, 2017년 두 차례 액션 영화의 테마가 되기도 했다. 중국 특수전 부대의 활약상을 그린 영화로 중국 애국주의의 상징이 되고 있다.

41 Chen Weihua, "If China's Diplomats Are 'Wolf Warriors', What Is Pompeo?," *China Daily*, Dec. 11, 2020, https://global.chinadaily.com.cn/a/202012/11/WS5fd2b457a31024ad0ba9b229.html.

42 Ye Min, "Wolf Warriors Blow Hot Before Cooling Down," *Global Asia* 15:3, Sep. 2020, https://www.globalasia.org/v15no3/focus/wolf-warriors-blow-hot-before-cooling-down_ye-min.

43 "'글로벌 리더십' 깎아먹은 트럼프…미, 중국과 1%P 차 '아슬한 2위'", 「경향신문」, 2020.7.28., http://news.khan.co.kr/kh_news/khan_art_view.html?art_id=202007282041005.

9장 바이든 행정부 출범과 신냉전의 미래

1   Peter Martin, "Kissinger Warns Biden of U.S.-China Catastrophe on Scale of WWI," *Bloomberg*, Nov. 16, 2020, https://www.bloomberg.com/news/articles/2020-11-16/kissinger-warns-biden-of-u-s-china-catastrophe-on-scale-of-wwi.

2   Ian Bremmer, "No, the U.S. and China Are Not Heading Towards a New Cold War," *Time*, Dec. 28, 2020, https://time.com/5920725/us-china-competition.

3   "〔문정인 칼럼〕'신냉전'을 만드는 세 개의 악마", 「한겨레」, 2020.8.9., http://www.hani.co.kr/arti/opinion/column/957041.html.

4   Stephen M. Walt, "Everyone Misunderstands the Reason for the U.S.-China Cold War," *Foreign Policy*, Jun. 30, 2020, https://foreignpolicy.com/2020/06/30/china-united-states-new-cold-war-foreign-policy/.

5   Michael Beckley and Hal Brands, "Competition With China Could Be Short and Sharp," *Foreign Affairs*, Dec. 17, 2020, https://www.foreignaffairs.com/articles/united-states/2020-12-17/competition-china-could-be-short-and-sharp.

6   Henry Kissinger, *On China*(New York: Penguin Book, 2011), pp.22-25.

7   시진핑은 바둑의 10대 요결 중에서 최소한 일곱 개를 대미 전략에 활용하고 있는 것으로 보인다. 상대를 공격하기 전에 내 허점부터 돌아보라(攻彼顧我)/희생을 감수하더라도 선수(先手)를 잡아라(棄子爭先)/작은 것을 버리고 큰 것을 취하라(捨小就大)/신중하라, 경솔하거나 급해지지 마라(愼勿輕速)/마땅히 서로 호응하도록 움직여라(動須相應)/적이 강하면 나부터 지켜라(彼强自保)/세력이 고립되면 조화를 취하라(勢孤取和). 조혜연, 「바둑 이야기」, 한국기원, 2015.2.25., https://terms.naver.com/entry.nhn?docId=3579229&cid=58773&categoryId=58776.

8   Joseph R. Biden, Jr., "Why America Must Lead Again," *Foreign Affairs*, Mar./Apr. 2020, https://www.foreignaffairs.com/articles/united-

states/2020-01-23/why-america-must-lead-again; Thomas L. Friedman, "Biden Made Sure 'Trump Is Not Going to Be President for Four More Years," *The New York Times*, Dec. 2, 2020, https://www. nytimes.com/2020/12/02/opinion/biden-interview-mcconnell-china-iran.html.

9   Kurt M. Campbell and Jake Sullivan, "Competition Without Catastrophe— How America Can Both Challenge and Coexist With China," *Foreign Affairs*, Sep./Oct. 2019, https://www.foreignaffairs.com/articles/china/ competition-with-china-without-catastrophe.

10 Hal Brands and Jake Sullivan, "China Has Two Paths to Global Domination," *Foreign Policy*, May 22, 2020, https://foreignpolicy.com/ 2020/05/22/china-superpower-two-paths-global-domination-cold-war/.

11 Ana Swanson, "Biden's China Policy? A Balancing Act for a Toxic Relationship," *The New York Times*, Nov. 17, 2020, https://www.nytimes. com/2020/11/16/business/economy/biden-china-trade-policy.html.

12 정시행, 박수찬, "중국은 미국의 적…", 「조선일보」, 2021.1.22.

13 Thomas L. Friedman, "Biden Made Sure 'Trump Is Not Going to Be President for Four More Years," *The New York Times*, Dec. 2, 2020.

14 박병희, "美, 44개 中 블랙리스트 기업 투자금지 시행 4개월 연기", 「아시아경제」, 2021.1.29., https://www.asiae.co.kr/article/2021012915195374939.

15 Kurt Campbell and Rush Doshi, "How America Can Shore Up Asian Order," *Foreign Affairs*, Jan. 12, 2020, https://reader.foreignaffairs.com/ 2021/01/12/how-america-can-shore-up-asian-order/content.html.

16 박현영, "블링컨, '미중관계가 가장 중요…'", 「중앙일보」, 2021.1.29.

17 Antony J. Blinken and Robert Kagan, "'America First' Is Only Making the World Worse. Here's a Better Approach," *The Washington Post*, Jan. 2, 2019, https://www.washingtonpost.com/opinions/america-first-is-only-making-the-world-worse-heres-a-better-approach/ 2019/01/01/1272367c-079f-11e9-88e3-989a3e456820_story.html.

18 Kurt Campbell and Rush Doshi, "How America Can Shore Up Asian Order," *Foreign Affairs*, Jan. 12, 2020.

19   Robert Wright, "Biden's Foreign Policy Team Is Full of Idealists Who Keep Getting People Killed," *The Washington Post*, Dec. 15, 2020, https://www.washingtonpost.com/outlook/2020/12/15/biden-foreign-policy-interventionism-war/.

20   "Should U.S. Foreign Policy Focus on Great-Power Competition?," *Foreign Affairs*, Oct. 13, 2020, https://www.foreignaffairs.com/ask-the-experts/2020-10-13/should-us-foreign-policy-focus-great-power-competition.

21   "中国能应对好美国 新冷战攻击", 環球時報, 2020.7.2.

22   Peter Martin, "Kissinger Warns Biden of U.S.-China Catastrophe on Scale of WWI," *Bloomberg*, Nov. 16, 2020.

23   Henry Kissinger, *On China*(New York: Penguin Book, 2011), pp.529.

24   William Overholt, "Myths and Realities in Sino-American Relations," *China Wire*, Jan. 10, 2021.

25   Evan Osnos, "The Future of America's Contest with China," *The New Yorker*, Jan. 6, 2020, https://www.newyorker.com/magazine/2020/01/13/the-future-of-americas-contest-with-china.

결론 코로나19, 미중 신냉전, 한국의 선택

1   최근 중국의 부상 논쟁은 19세기 말 러시아의 남하 정책을 우려한 조선의 책략 논쟁과 유사하다. 황준헌, 『조선책략』, 범우사, 2007.

2   Robert J. Ross, "Balance of Power Politics, the Rise of China: Accommodation and Balancing in East Asia," *Security Studies* 15:3, Jul.-Sep. 2006, pp.355-395; Joseph M. Grieco, "Theories of International Balancing, The Rise of China, and Political Alignments in the Asia Pacific," a paper presented at the annual convention of the Korean Association of International Studies, Dec. 13-14, 2013.

3   David Kang, "Between Balancing and Bandwagoning: South Korea's Response to China," *Journal of East Asian Studies*, 9(2009), pp.1-9.

4   Sukhee Han, "From Engagement to Hedging: South Korea's New China Policy," *Korea Journal of Defense Analysis* 20:4, Dec. 2008, pp.335-351.

5   정 교수가 제시하는 아홉 가지 전략적 선택으로는 예방전쟁, 중국과 거리두

기, 관계 격하(downgrading), 중립으로 가는 길, 중국에 편승하기, 양자 동맹 또는 다자 협력으로 구속(binding)하는 것, 균형과 봉쇄, 위험 분산, 그리고 전략적 모호성이다. Jae Ho Chung, *Between Ally and Partner: Korea-China Relations and the U.S.*(New York: Columbia University Press, 2007), pp.111-115; 정재호, 『중국의 부상과 한반도의 미래』, 서울대 출판문화원, 2011, 396~408쪽.

6 『신조선책략』, 최영진, 김영사, 2013, 제4장; 『피스 크리에이션: 한미동맹과 평화창출』, 정경영, 한울아카데미, 2020; 김용호, "중국의 '강군夢' 방파제는 韓美동맹", 「문화일보」, 2018.3.6., http://www.munhwa.com/news/view.html?no=2018030601073111000005; 『신한국 책략 III』, 김우상, 세창출판사, 2012; 『21세기 한반도의 꿈 선진통일전략』, 박세일, 21세기북스, 2013; 조중식, "(태평로) 한미동맹, 안녕한가", 「조선일보」, 2019.8.12., https://www.chosun.com/site/data/html_dir/2019/08/11/2019081101836.html; 최명상, "(기고) 한미동맹, 미영동맹 수준으로 발전해야", 「매일경제」, 2020.12.23., https://www.mk.co.kr/opinion/contributors/view/2020/12/1311656/.

7 『한반도에 드리운 중국의 그림자』, 복거일, 문학과지성사, 2009.

8 Kenneth Waltz, *Theory of International Politics*(Boston: Addison-Wesley, 1979), p.127, 168.

9 John J. Mearsheimer, "The Rise of China and the Fate of South Korea," In The Korean Institute of Foreign and National Security Affairs(ed.), *Korean Questions: Balancing Theory and Practice*(Seoul: IFANS, 2011), p.77.

10 여기서 핀란드화란 과거 소련의 막강한 영향력 때문에 자율성을 상실하고 소련의 주변부로 전락했던 핀란드의 운명을 빗대어 표현한 것이다. 『한반도에 드리운 중국의 그림자』, 복거일, 문학과지성사, 2009.

11 중국의 부상에 따른 손익 계산과 관련해서는 「신동아」 2016년 10월 호의 '중국 부상' 특집을 참고하라.

12 『한국과 중국에 대한 국민의식 조사』, 고려대학교 동아시아연구원, 2011.10.

13 Laura Silver, "How People in Asia-Pacific View China," *Facttank*, Oct. 16, 2017, https://www.pewresearch.org/fact-tank/2017/10/16/how-people-in-asia-pacific-view-china/.

14　『병자호란』 1~2, 한명기, 푸른역사, 2013.

15　『남한산성』, 김훈, 학고재, 2017.

16　"정세 오판 '병자년 참극' G2 시대에 던지는 교훈", 「한겨레」, 2013.11.3., http://www.hani.co.kr/arti/culture/book/609660.html.

17　『한국의 신국부론, 중국에 있다: 10년 후 한국의 부와 미래는 중국에 달려 있다』, 전병서, 참돌, 2014. 중국 편승론을 주장하는 이들은 『2023년 세계사 불변의 법칙』, 옌쉐퉁, 고상희 옮김, 글항아리, 2014(원서 閻學通, 歷史的 慣性, 中信出版社, 2013)와 『중국이 세계를 지배하면』, 마틴 자크, 안세민 옮김, 부키, 2010을 주로 인용한다.

18　John J. Mearsheimer, *The Tragedy of Great Power Politics*, pp.162-163.

19　Randall Schweller, "Bandwagoning for Profit: Bringing the Revisionist State Back In," *International Security* 19: 1, Summer, 1994, pp.72-107.

20　『2023년 세계사 불변의 법칙』, 옌쉐퉁, 고상희 옮김, 글항아리, 2014.

21　Chung-in Moon, "China's Rise and Security Dynamics on the Korean Peninsula," in Robert Ross and Tunso Oynstein(eds.), *Strategic Adjustment and the Rise of China*(Ithaca: Cornell Univ. Press, 2017), pp.196-232.

22　Hans J. Morgenthau, *Politics among Nations* 7th edition(New York: McGraw Hill, 2006), p.189.

23　정몽준, "북핵 앞에서 우리는 무엇을 할 수 있는가?", http://blog.naver.com/globalmj/220613981473/; 김대중, "[김대중 칼럼] 우리도 核을 갖자", 「조선일보」, 2019.1.29., https://www.chosun.com/site/data/html_dir/2019/01/28/2019012802626.html; 변소인, "[색다른 시선, 김종배입니다] 조갑제 '핵에는 핵이 가장 확실한 억제방법, 공포의 균형 이뤄야'", TBS, 2016.2.23., http://tbs.seoul.kr/news/newsView.do?seq_800=10137770&typ_800=12; "김태우 전 통일연구원장 '자위적 핵무장 가능성 열어둬야'", 「연합뉴스」, 2017.2.15., https://www.yna.co.kr/view/AKR20170215054700004.

24　"MJ '찢어진 핵우산 고쳐야'…전술핵 도입 거듭 주장", 「연합뉴스」, 2013.2.18., https://www.yna.co.kr/view/AKR20130218192000001.

25　신원식, "[신원식] 핵 공유 협정이 전술핵 재배치보다 시급하다", 「NK 조선」, 2017.9.25., http://nk.chosun.com/news/articleView.html?idxno=167570. NATO의 핵 공유란 독일 등 유럽 내 비핵국가 다섯 개 회원국이 미국과 핵

무기 공유 협정을 맺고 핵전쟁이 발발하면 핵확산금지조약(NPT) 체제에서 탈퇴해 자국에 배치돼 있는 미국의 전술핵무기를 사용할 수 있는 권한을 부여받는 것을 말한다. ("다시 주목받는 나토식 핵 공유", 「주간조선」, 2019.8.19., http://weekly.chosun.com/client/news/viw.asp?nNewsNumb=002571100009&ctcd=C02.)

26 김대중, "〔김대중 칼럼〕南이 核 가져야 北이 협상한다", 「조선일보」, 2011.1.10., https://www.chosun.com/site/data/html_dir/2011/01/10/2011011002356.html; 김태우, "〔김태우 칼럼〕핵에는 핵, 남북 핵균형으로 가야", 「펜앤드마이크」, 2018.1.6., https://www.pennmike.com/news/article View.html?idxno=641.

27 「조선일보」는 사설을 통해 핵무기 보유를 공개적으로 지지하고 나선 바 있다.

28 Elbridge Colby, "Choose Geopolitics Over Nonproliferation," *National Interest*, Feb. 28, 2014, https://nationalinterest.org/commentary/choose-geopolitics-over-nonproliferation-9969.

29 『한반도의 중립화 통일은 가능한가?』, 강종일·이재봉(공편), 들녘, 2001.

30 앞의 책(유길준), 16~22쪽.

31 앞의 책(강종일), 256~259쪽.

32 윤태룡 교수가 나에게 보낸 메모. 윤태룡, "국내외 한반도 중립화 논쟁의 비교분석: 찬반논쟁을 넘어서," 「평화학연구」14:3, 2013, 73~101쪽을 참고하라.

33 "〔안보특집 II | 핵무장론 불붙다!〕대통령 결단하면 18개월 내 핵무장 가능", 「신동아」, 2016.3.9.

34 Peter Hayes and Chung-in Moon, "Korea: Will South Korea's Non-nuclear Strategy Defeat North Korea's Nuclear Breakout?" in George P. Schults and James Goodby (eds.), *The War that Must Never Be Fought* (Stanford: Hoover Institution, 2015), pp.377-436.

35 『코리아 생존전략: 패권 경쟁과 전쟁위기 속에서 '새우'가 아닌 '돌고래'가 되기 위한 전략』, 배기찬, 위즈덤하우스, 2017.

36 『김대중전집I, 9권』, 김대중 도서관(편), 연세대 대학출판문화원, 2015, 108쪽.

37 「매일경제」, 2013.12.6.

38 Paul Schroeder, "Historical Reality vs. Neo-realist Theory," *International Security*, 19:1(Summer 1991), p.117.

39 「균형 외교는 왜 필요한가?」(문정인), 『노무현이 꿈꾼 나라』, 이정우 외, 동녘, 2010, 405~415쪽.

40 『한국의 중견국 외교: 역사, 이론, 실제』, 손열·김상배·이승주(편), 명인문화사 2016.

41 한국 정부가 제안하여 2013년 9월 유엔 총회를 계기로 만들어진 지역 간 중견국 협의체로 멕시코, 인도네시아, 터키, 한국, 호주가 회원국이다. 유엔 등 국제 무대에서 공동의 의제를 협의·제시하는 데 목적이 있다.

42 문정인, "'노무현 신외교,' 어떻게 볼 것인가?(1) 동북아 균형자 역할론." 「조선일보」, 2005.4.11.

43 자유주의 국제정치학자들은 가치를 국익의 핵심으로 간주한다. 그러나 보편적 가치를 국익으로 환치하는 것은 문제가 있다고 본다. 그런 점에서 저자는 키신저 박사의 제안대로 가치를 국익과 분리하고 있다.

44 Edward Azar and Chung-in Moon, *National Security in the Third World: The Management of Internal and External Threats*(London: Edward Elgar Press, 1988), ch.4.

45 맥락적 정보의 개념에 대해서는 Joseph Nye, *Do Morals Matter*(Oxford University Press, 2020), p.39를 참고하라.

STATUS QUO

NEW MEDIEVAL AGE

PAX UNIVERSALIS

PAX AMERICANA II

PAX SINICA

문정인의
미래
시나리오
코로나19,
미·중 신냉전,
한국의 선택

1판 1쇄 발행 2021년 3월 24일
1판 4쇄 발행 2021년 4월 14일

지은이 문정인
펴낸이 고병욱

책임편집 유나경 **기획편집** 윤현주 장지연
마케팅 이일권 한동우 김윤성 김재욱 이애주 오정민
디자인 공희 진미나 백은주 **외서기획** 이슬
제작 김기창 **관리** 주동은 조재언 **총무** 문준기 노재경 송민진

펴낸곳 청림출판(주)
등록 제1989-000026호

본사 06048 서울시 강남구 도산대로 38길 11 청림출판(주) (논현동 63)
제2사옥 10881 경기도 파주시 회동길 173 청림아트스페이스 (문발동 518-6)
전화 02-546-4341 **팩스** 02-546-8053
홈페이지 www.chungrim.com
이메일 cr1@chungrim.com
블로그 blog.naver.com/chungrimpub
페이스북 www.facebook.com/chungrimpub

© 문정인, 2021

ISBN 978-89-352-1345-0 (03340)